読めばわかるパーリ語文法

木岡　治美 著

山喜房佛書林

Namo Tassa Bhagavato Arahato Sammā Sambuddhassa

阿羅漢であり、正自覚者であり、福運に満ちた世尊に私は敬礼いたします。

まえがき

平成十三年二月十七日母を見送って後、以前から興味のあったテーラワーダ仏教を学んでみようと、日本テーラワーダ仏教協会の会員となり、送られてきた日常読誦経典を読んでいますと、そこに書かれてあるパーリ語のお経を何とか原文で読みたいと思い、山喜房佛書林発行水野弘元著「パーリ語文法」と春秋社発行水野弘元著「パーリ語辞典」を購入して学び始めたところが「パーリ語文法」を読んでも一向に解りません。単語の意味の方は山喜房佛書林発行雲井昭善著「パーリ語佛教辞典」を購入して使い始めると殆どの単語が載っていましたので、よく解るようになり、そんな時正田大観氏が、関西でもパーリ語を教えて下さるとのことでありましたので、参加してパーリ語文法の基本を三日間で教えていただいたらよく解るようになりました。

それ以後パーリ語を学ぶと同時に次の年にはパーリ語の基本的なことを学びたい人に教え始め、今はパーリ語の基本的なことを教えることと、ダンマパダを皆さんと読んでいくことをしております。

この本ではパーリ語の基本的なことを理解すること、そして水野弘元先生の「パーリ語文法」を理解することに重きをおき最後に宝経のパーリ語解析をしております。学術的ではなくて実用的にパーリ語が解ることを目指して本書を出版した。

水野弘元先生の「パーリ語文法」についてはこの本で使われているほとんどのパーリ語について、曲用の性・数・格や活用の法、人称、数などについて解説しています。

そこでパーリ語初心者の方がこの本を読めば、パーリ語を学ぶに当ってのほとんどの疑問は解消されることと思います。ご自分で、水野先生の「パーリ語文法」とこの本とをじっくり読んでいけば徐々にパーリ語が解ってくることと思います。

さあ、一緒にお釈迦様の話されていたお言葉を学びましょう。

この本を上梓するに当っては多くの方々にお世話になり感謝申し上げます。

中でも、テーラワーダ仏教をご指導いただいているアルボムッレ・スマナサーラ長老に深く感謝いたします。

また、長井真琴博士の「独習巴利語文法」をいただいて、一つの切っ掛けをつくって下さったヤサ長老、そしてコンピュータへの入力や編集などあらゆる面でお世話になりました末釜明美様、また、パーリ語を教えていただいた正田大観様、そして、この本の出版のすべてにわたってお世話になりました株式会社山喜房佛書林の浅地康平様、また、勝山昌幸様に深く感謝いたします。

五月の満月の日に父母の輪廻からの解脱の早からんことを願いつつ。

平成二十八年　五月二十二日　記す

木岡治美

目　次

まえがき

略語表

第一章　パーリ語を学ぶに当って ……………………… 3

第二章　パーリ語の発音 ……………………… 10

　辞書の見方について ……………………… 18

第三章　連声

　①母音の連声 ……………………… 25

　②子音の連声 ……………………… 28

　③抑制音 ṃ の連声 ……………………… 30

　④混合連声 ……………………… 32

第四章　名詞・形容詞の曲用

　八つの格と曲用 ……………………… 61

　曲用表 ……………………… 68

　格の用法について

　　主格 nom. の用法 ……………………… 105

　　対格 acc. の用法 ……………………… 108

　　具格 instr. の用法 ……………………… 113

　　奪格 abl. の用法 ……………………… 126

　　与格 dat. の用法 ……………………… 134

　　属格 gen. の用法 ……………………… 138

　　処格 loc. の用法 ……………………… 148

　　形容詞の用法について ……………………… 158

第五章　動詞（現在・未来・命令・願望）

　動詞の活用 ……………………… 160

　動詞の出来方 ……………………… 161

直説法現在形……163
直説法未来形……171
命令法……177
直説法過去形アオリスト……185
条件法……191
願望法……193
受動動詞と使役動詞……208
分詞……211
連続体……217
不定体……221
第六章　構文法……226
第七章　六合釈
㈠持業釈……239
㈡帯数釈……245
㈢依主釈……248
㈣相違釈……258
㈤隣近釈……260
㈥有財釈……263
第八章　宝経……270

参考文献

SUTTA-NIPĀTA（Pali text Society）

DHAMMAPADA（Pali text Society）

PĀḶIDAKKHIṆĀPATHA BUDDHA-BHĀSĀ MŪLAPADHĀNA PAṬIPADĀ
[Bhaddanta Vepulla]

「パーリ語文法」 水野弘元著（山喜房佛書林）

「独習巴利語文法」 長井真琴著（山喜房佛書林）

「原始仏教聖典パーリ語入門」 吉元信行著（文栄堂）

「宝経」　A・スマナサーラ著（日本テーラワーダ仏教協会）
「慈経」　A・スマナサーラ著（日本テーラワーダ仏教協会）
「Sallekha Sutta」　A・スマナサーラ著（誓教寺・日本テーラワーダ仏教協会）
「日常読誦経典」（日本テーラワーダ仏教協会）

「日常読誦経典パーリ語ノート」　木岡治美
「転法輪経無我相経パーリ語ノート」　木岡治美

略語表

品詞

男性名詞（m. = masculine）
中性名詞（n. = neutral）
女性名詞（f. = feminine）
形容詞（a. = adjective）
代名詞（pron. = pronoun）
数詞（num. = numeral）
動詞（v. = verb）
副詞（adv. = adverb）
接続詞（conj. = conjunction）
間投詞（interj. = interjection）
前置詞（prep. = preposition）
不変詞（indecl. = indeclinable）

単語構成要素

接頭辞（pref. = prefix）
接尾辞（suf. = sufix）

人称

第一人称（1 = first person）
第二人称（2 = second person）
第三人称（3 = third person）

数

単数（sg. = singular）
複数（pl. = plural）

性

男性（m. = masculine）
中性（n. = neutral）
女性（f. = feminine）

曲用

主格：「～は、～が」
（nom. = nominative）
対格：「～を、～に」
（acc. = accusative）
具格：「～によって、～とともに」
（instr. = instrumental）
奪格：「～から、～ゆえに」
（abl. = ablative）
与格：「～に、～のために」
（dat. = dative）
属格：「～の、～にとって」
（gen. = genetive）
処格：「～において、～で、～について」
（loc. = locative）
呼格：「～よ」
（voc. = vocative）

動詞

受動動詞（pass. = passive）
使役動詞（caus. = causative）

時

現在形（pr. = present）
未来形（fut. = future）
アオリスト（aor. = aorist）
完了形（pf. = perfect）

法

命令法（imper. = imperative）
願望法（opt. = optative）

動詞から派生したもの

連続体（ger. = gerund）
不定体（inf. = infinitive）

分詞

現在分詞（ppr. = present participle）
過去分詞（pp. = past participle）
未来受動分詞（grd. = gerundive）
（分詞は動詞から派生した名詞・形容詞形のものです。）

読めばわかるパーリ語文法

第一章　パーリ語を学ぶにあたって

パーリ語はお釈迦様が仏教を広められていらっしゃった頃インドで実際に話されていた言葉です。今はテーラワーダ仏教に伝わっている経典の中にしか残っていませんが、当時は人々が話していました。今、お釈迦様の教えられたことを知ろうとすれば、テーラワーダ仏教のお坊様にお聞きする以外はパーリ語の文献を読む以外に方法はありません。

私もテーラワーダ仏教に触れた時、パーリ語の原文でお釈迦様がおっしゃったことが知りたいと思いました。それで辞書とパーリ語文法の本を買って勉強を始めました。単語の意味は辞書で調べて解ったのですが、パーリ語文法の本を読んでも文法は理解できませんでした。今回この本を書いたのも、始めてパーリ語を習う人が、パーリ語文法の本と共にこの私の本を読めば難解なパーリ語の文法も何とか解っていただけるようにと思ってのことです。

さて、私のパーリ語の文法ですが、その後正田大観氏がパーリ語を教えて下さるということで、パーリ語の文法などを教えていただいて、ようやく文法が解ってきました。

私がパーリ語を学んでいくうちに思ったことは、パーリ語は数百年の期間、口から口へ、耳から耳へと口伝で伝えられて来たから、何にも増して発音が大事であるということでした。

私は今、何名かの人にパーリ語を教えておりますが、いつも発音からお教えします。正確な発音が出来るようにと、心を配りながら教えています。それでこの本でも最初に発音を持って来ました。発音が違えば当然意味が違ってしまいますので、正確な意味を理解しようと思えば正確に発音することが必要です。

またパーリ語のお経の中では、繰り返しが多く用いられていますが、この繰り返しがお経を記憶するために大変役に立っているなと感じます。

さらにパーリ語では連声の法則を知っておくことも重要です。なぜかと言えば、連声の法則を知らなければその本来の言葉が解らず、意味をとることが出来ないからです。（連声とは単語と単語などの音と音とが結合する場合に生ずる音の変化を指します。単語の語尾の音とその次に来る単語の語頭の音が結合して一つの音のようになります。全く別の音に変化してしまうこともあります。）

たとえばパーリ語文法 p188 に sakkā panāyam mayhaṃ pi dātuṃ という文章があります。この文章で panāyam はいくら辞書を引いても全く出てきません。ここで panāyam は本来は panāyaṃ ですが、mayhaṃ の m にあわせて ṃ が m に変わっています。これは m を発音する口の形が mayhaṃ の m を発音する口の形と全く同じのため発音しやすいためこのようになっています。panāyam という言葉がいくら辞書を引いても出てこないときは、まず、すべきことは連声を疑ってみることです。ここでは pa と nāyaṃ か pana と āyaṃ か、panā と ayaṃ か pana と ayaṃ かといろんな可能性を探してみます。すると pana は辞書にありますが、panā はありません。また āyaṃ もありません。それで pana と ayaṃ にしぼられてきます。pana は辞書に「adv.conj. また、然し、然るに、然らば、しかも」と出ています。また ayaṃ は「pron.(pron. は代名詞の略字）これ、この」と出ていますので panāyaṃ は pana と ayaṃ の連声と解ります。

a と a で ā となる連声はパーリ語文法 p57 ③に出ています。また、沢山パーリ語文法から例を出して解説しましたが、こういう連声があるのだなと読んでいただいて、実際のパーリ文を読む時に役立てていただきたいと思います。

さて、この本では、連声が終われば、名詞・形容詞・数詞の曲用に入ります。

パーリ語の単語には大別して語尾の変化するものと語尾の変化しないものがあります。

語尾の変化するものには名詞・形容詞・数詞のグループと動詞のグループがあります。

名詞・形容詞・数詞の語尾の変化を曲用と言っています。曲用するものは性（男性・中性・女性）によって語尾が変化しますし、数（単数・複数）によっても語尾が変化します。そして格（主格・呼格・対格・具格・奪格・与格・属格・処格）によっても語尾が変化します。それぞれの語尾によってその単語の意味が決まってきますので、この性数格の変化と意味を把握することは重要です。

名詞の語尾の変化から学んで代名詞・数詞も学びます。さらに、パーリ語文法 p171 からの格の用法を学びます。この格の用法は動詞の活用したものなども出てきますので動詞の活用などを学んでから学ばれるのもよいと思います。

次に動詞の活用を学びます。動詞は人称（第一人称・第二人称・第三人称）数（単数・複数）態（能動態・反照態）法（直説法・命令法・願望法・条件法）によって（そして法の中の直説法には時によって現在形・アオリスト（過去形、不定過去と完了を含む）・未来形があります。語尾が変化して活用します。動詞の部分ではこの語尾の様々な変化とその意味を学びます。

次にパーリ語文法 p158 の構文法の解説に入ります。

次に六合釈の解説をいたします。これは言葉と言葉が合わさって一つの言葉になってしまう、その言葉と言葉の結合の仕方について学びます。cha samāsā という言葉を漢訳した言葉が六合釈で、その日本語読みがリクガッシャクです。

そして最後に、宝経をどのように日本語訳するかについて私の一つの例を書いてみました。皆様も参考になさって訳をされると私は幸いです。

それではパーリ語の勉強をはじめましょう。

パーリ語の品詞について表にまとめました。参考にして下さい。

表1

		語尾変化の形	
語尾変化あり	名詞	曲用（性・数・格）	→表2
	形容詞		
	代名詞		
	数詞		
	動詞の分詞形		
	動詞	活用（数・人称）	→表3
語尾変化なし	副詞		
	接続詞		
	間投詞		
	前置詞		
	※動詞の連続体		
	※動詞の不定体		

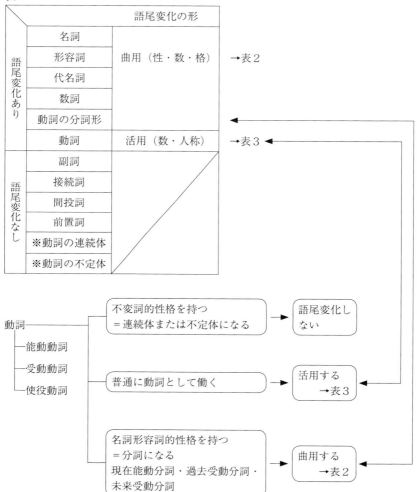

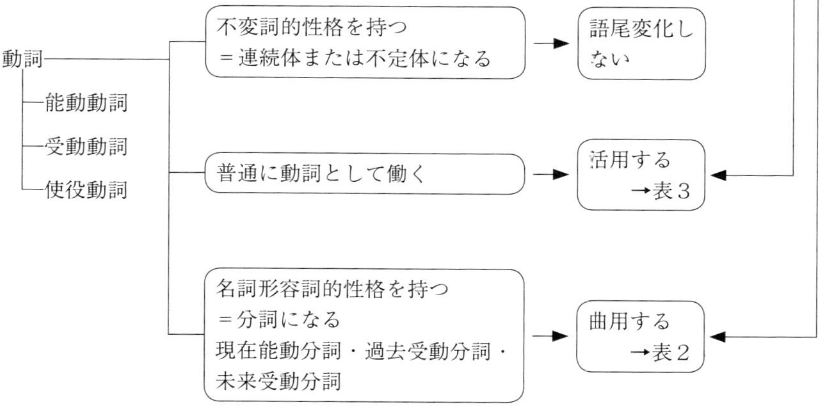

曲用とは、名詞・代名詞・形容詞・数詞などが性・数・格などの違いに応じて行う語形変化です。動詞の語形変化を活用と呼ぶのに対する語です。曲用する品詞の仲間は、①性と②数と③格の違いによって語尾が変化します。

表２　曲用語尾変化

①性	②数	③格		例
男性	単数 sg.	主格	nom.	Buddho
		対格	acc.	Buddhaṃ
		具格	instr.	Buddhena
		奪格	abl.	Buddhā 等
		与格	dat.	Buddhāya 等
		属格	gen.	Buddhassa
		処格	loc.	Buddhe
		呼格	voc.	Buddha
	複数 pl.	主格	nom.	Buddhā
		対格	acc.	Buddhe
		具格	instr.	Buddhehi 等
		奪格	abl.	Buddhehi 等
		与格	dat.	Buddhānaṃ
		属格	gen.	Buddhānaṃ
		処格	loc.	Buddhesu
		呼格	voc.	Buddhā

中性・女性の単語も同様に数と格で語尾が異なります。

①性：単語は語尾の変化のパターンにより、男性（masculine）、中性（neutral）、女性（feminine）という三つのグループ分けがあります。

②数：単数（singular）と複数（plural）で語尾が違います。

③格：語尾の変化が英語などにおける前置詞とおなじようなはたらきをします。それを格と言っています。八つの格があります。

動詞は人称、数、態、法、時などによって、それぞれ語尾が変化します。

①人称　人称は第一人称、第二人称、第三人称があります。動詞を表すには第三人称、単数、現在形をもってし、辞書にも第三人称、単数、現在形が出ています。

②数　数は単数と複数の二種があります。

③態　態には能動態（parassapada）為他言と反照態（attanopada）為自言があります。この表では省略しています。

④法　法には直説法、命令法、願望法、条件法があります。そのうち直説法はさらに五種の時に分かれます。この表では条件法は省略しています。

⑤時　五種の時とは現在、不定過去、完了、アオリスト、未来です。この表では不定過去と完了は省略しています。

表3　活用語尾変化

④法	⑤時	②数	①人称	代表的な語尾
直説法	現在 pr.	単数	第一人称	mi
			第二人称	si
			第三人称	ti
		複数	第一人称	ma
			第二人称	tha
			第三人称	nti
	アオリスト aor.	単数	第一人称	aṃ ṃ iṃ a ā
			第二人称	i o ā
			第三人称	ā i ī
		複数	第一人称	imha imhā ma
			第二人称	ittha
			第三人称	uṃ iṃsu ū
	未来 fut.	単数	第一人称	issāmi
			第二人称	issasi
			第三人称	issati
		複数	第一人称	issāma
			第二人称	issatha
			第三人称	issanti
命令法 imper.		単数	第一人称	mi
			第二人称	hi, -
			第三人称	t
		複数	第一人称	ma
			第二人称	tha
			第三人称	ntu
願望法 opt.		単数	第一人称	eyyaṃ
			第二人称	eyyāsi
			第三人称	eyya
		複数	第一人称	eyyāma
			第二人称	eyyātha
			第三人称	eyyuṃ

第二章　パーリ語の発音
（発音・名詞曲用・数詞）

パーリ語は８個の母音と 33 個の子音から成り立っています。

①母音と子音

母音 a（ア）、ā（アー）、i（イ）、ī（イー）、u（ウ）、ū（ウー）、e（エー）、o（オー）

短音 a, i, u,　　長音 ā, ī, ū, e, o

子音		k 群	k, kh, g, gh, ṅ	喉音（こうおん）
		c 群	c, ch, j, jh, ñ	口蓋音（こうがいおん）
	五群	ṭ 群	ṭ, ṭh, ḍ, ḍh, ṇ	反舌音（そりじたおん）
		t 群	t, th, d, dh, n	歯音（しおん）
		p 群	p, ph, b, bh, m	唇音（しんおん）
	非群	y, r, l, ḷ, v, s, h, ṃ		

②喉音

母音 a を発音する時の口の形で k などを発音する。その同じ口の形で ṃ（niggahīta）を発音すると ṅ となる。k 群の発音をするときその前に ṃ が来ていると ṃ は ṅ に変化する。それは喉音を発音する口の形で ṃ を発音すると ṅ になり、その ṅ と同じ口の形で k, kh, g, gh を発音するとスムーズに発音できるからである。

（例）　saṃ + kilissati = saṅkilissati

kilissatiという動詞（v. 汚れる、染まる）にsaṃ（共に、正しく、同じ、集まる）という接頭辞がついて、saṃkilissatiという動詞（v. 汚れる、悩む、雑染す）となる場合、saṃkilissatiはṃがkの前に来ているのでṅに変わります。saṅkilissatiとなります。ただ、時にパーリ語の文章ではsaṃkilissatiとして出ている場合があるので、その時はsaṅkilissatiに直して辞書を引いて下さい。saṃkilissatiでは辞書に出ていない時があります。

③口蓋音

先の喉音よりは発音の地点が少し前に来て、母音iを発音する時の口の形でc, ch, j, jhを発音する。その同じ口の形でṃを発音するとñになる。C群を発音するときその前にṃが来ているとṃはñに変化する。それは口蓋音を発音する口の形でṃを発音するとñになり、そのñと同じ口の形でc, ch, g, ghは発音されるから、ñのあとスムーズにc, ch, g, ghの発音に移行できるからである。

（例）　mettaṃ + ca = mettañ ca

これはcの前にṃが来ているので、それが発音しやすいように変化したものです。本来はmettaṃです。それがcの前に来ているので、cと同じ発音の仕方で発音するためṃがñに変わったものです。意味は本来の形mettaṃで見ます。するとmettā（f. 慈しみ）という名詞のacc. 対格であることが解ります。caはconj. 接続詞で「～と」という意味です。この例は慈教（スッタニパータ第150偈）にあります。

diṭṭhiṃ + ca = diṭṭhiñ ca

これはdiṭṭhiñはcの前にṃが来ているのでñに変わったもので、本来はdiṭṭhiṃです。diṭṭhiṃはdiṭṭhi（f. 見、見解）の単数、対格です。それで意味は「また（ca）、［邪］見に（diṭṭiñ）」となります。

④反舌音

反舌音は口蓋音よりは発音の地点が前に来て、舌をそらせて上顎のまん中あたりにつけてタ（ṭa）などと発音します。その同じ口の形でṃを発音するとṇとなります。ṭ群を発音するとき、その前にṃが来ているとṃはṇ

に変化します。それは反舌音を発音する口の形で ṃ を発音すると ṇ になり、その ṇ と同じ口の形で ṭ, ṭh, ḍ, ḍh は発音されるから、ṇ のあとスムーズに ṭ, ṭh, ḍ, ḍh の発音に移行できるからです。

（例） saṃ + ṭhāna = saṇṭhāna

saṃ という接頭辞と ṭhāna（n. 処、位置、場所、地位、状態、要点、事、問題、道理）という中性名詞が saṃṭhāna という中性名詞となる場合、saṃ の ṃ は発音しやすいため、ṭ と同じ口の形で発音できる ṇ となります。saṇṭhāna という単語になります。これが辞書に出ています。saṇṭhāna は中性名詞で意味は「形、形状、休息所」です。

⑤歯音

歯音は反舌音よりは発音の地点が前に来て、舌を上前歯の根元につけてタ（ta）などと発音します。日本語タ（ta）と同じような発音です。その同じ口の形で ṃ を発音すると n となります。t 群を発音するとき、その前に ṃ が来ていると ṃ は n に変化します。それは歯音を発音する口の形で ṃ を発音すると n となり、その n と同じ口の形で t, th, d, dh は発音されるから、n のあとスムーズに t, th, d, dh に移行できるからです。

（例） ariyasaccaṃ + ti = ariyasaccan ti

“idaṃ dukkhaṃ ariyasaccan “ ti. という転法輪経の言葉があります。idaṃ は imaṃ「これ」という指示代名詞の単数主格です。dukkaṃ は dukka「苦」という中性名詞の単数主格です。ariyasaccan ti は ariyasaccaṃ と iti の連声です。ariyasaccaṃ は ariya と saccaṃ のコンパウンドです。ariya は「聖なる」という形容詞の語基です。saccaṃ は sacca「真理」という意味の中性名詞の単数主格です。ariyasaccaṃ で「聖なる真理は」あるいは「聖諦は」という意味になります。ところで、ariyasaccaṃ と iti が連声するとき、iti の i がとれて ariyasaccaṃ + ti となります。それで ariyasaccaṃ の ṃ は ti という言葉の t にスムーズに移行するため n に変化します。ariyasaccan の本当の意味を知ろうとすれば、ariyasaccaṃ という本来の言葉に直して調べる必要があります。ここでの意味は「これが（idaṃ）苦（dukkhaṃ）という聖なる真理（ariyasaccan）です。」と（ti）。となります。このように t

やdの前のṃは発音しやすくするためにnに変化します。

⑥唇音

唇音はくちびるで発音します。自分で発音してみると解るようにパ（pa）などの音はくちびるで発音しています。その同じ口の形でṃを発音するとmとなります。p群を発音するとき、その前にṃが来ているとṃはmに変化します。それは唇音を発音する口の形でṃを発音するとmとなり、そのmと同じ口の形でp, ph, b, bhは発音されるから、mのあとスムーズにp, ph, b, bhに移行できるからです。

（例）　sataṃ + pasatthā = satam pasatthā

スッタニパータ227偈（宝経6偈)satam pasatthāのmは本来はsataṃのṃでしたが、次にpasatthāのpが来ているので、pと同じ口の形で発音できるmに変化しています。sataṃはatthi「ある」という動詞の現在分詞sant(存在せる、真実の、善き）のpl.gen.(複数、属格）です。pasatthāはpasattha(称賛された）の男性、複数、主格です。意味は「善き人々に（satam）賞賛された（pasatthā)」となります。

⑦非群の子音

Yrlḷvshṃはそれぞれ英語の発音と同じように発音します。なおrは舌はどこにもつけないでrの発音をします。lは舌を上前歯の根元につけてlの発音をします。ḷはlの反舌音です。vは英語のvあるいはwに相当するものであり、vはヴァと発音したりワと発音したりします。thera vādaのワーダ（vāda）のvāがこのワの発音に当たります。ṃは抑制音（niggahīta）といわれ、日本語の「ん」に相当します。また鼻音（息を口から出さず、鼻に通して出す有声子音）は字（ŋ）で表される時もあります。ここまでを表にまとめると次のようになります。(パーリ語文法より引用)

	母音				子音							
	短音	長音			硬音		軟音					硬音
					無気	含気	無気	含気	鼻音			
喉音	a ①	ā ②			k ⑨	kh ⑩	g ⑪	gh ⑫	ṅ		h ㊱	
口蓋音	i ③		e ⑦		c ⑬	ch ⑭	j ⑮	jh ⑯	ñ ⑰		y ㉛	
反舌音		ī ④		o ⑧	ṭ ⑱	ṭh ⑲	ḍ ⑳	ḍh	ṇ	ṃ	r ㉜ ḷ	
歯音					t ㉑	th ㉒	d ㉓	dh ㉔	n ㉕		l ㉝	s ㉟
唇音	u ⑤	ū ⑥			p ㉖	ph ㉗	b ㉘	bh ㉙	m ㉚		v ㉞	

◇①、②等は、辞書に記載されている順番。
◇ṅ, ḍh, ṇ, ḷ, ṃ で始まる単語はない。
◇ṃ, ṁ は抑制音 niggahīta［sk.anusvāra］と呼ばれ日本語の「ン」に相当。
◇kha のように h がつくと、息を強く出して発音する。

a ①　ā ②　i ③　ī ④　u ⑤　ū ⑥　e ⑦　o ⑧
ア　アー　イ　イー　ウ　ウー　エー　オー

⑨ka　kā　ki　kī　ku　kū　ke　ko
カ　カー　キ　キー　ク　クー　ケー　コー

⑩kha　khā　khi　khī　khu　khū　ke　ko
カッ　カッー　キッ　キッー　クッ　クッー　ケッー　コッー
（クァッ）（クァッー）

⑪ga　gā　gi　gī　gu　gū　ge　go
ガ　ガー　ギ　ギー　グ　グー　ゲー　ゴー

⑫gha　ghā　ghi　ghī　ghu　ghū　ghe　gho
ガッ　ガッー　ギッ　ギッー　グッ　グッー　ゲッー　ゴッー
（グアッ）（グアッー）

ṅ は k, kh, g, gh の四音の前に来て鼻音として用いられるのみである。
ṅk と ṅg は、Honkong の nk, ng にあたる。

⑬ca　cā　ci　cī　cu　cū　ce　co
チャ　チャー　チ　チー　チュ　チュー　チェー　チョー

⑭cha　chā　chi　chī　chu　chū　che　cho

チャッ　チャッー　チッ　チッー　チュッ　チュッー　チェッー　チョッー

⑮ja　jā　ji　jī　ju　jū　je　jo

ジャ　ジャー　ジ　ジー　ジュ　ジュー　ジェー　ジョー

⑯jha　jhā　jhi　jhī　jhu　jhū　jhe　jho

ジャッ　ジャッー　ジッ　ジッー　ジュッ　ジュッー　ジェッー　ジョッー

⑰ña　ñā　ñe　-ñū 単語はこれのみ

ニャ　ニャー　ニェー　ñū の前に - があるのはそこに言葉が入り、ñū はその言葉の接尾辞となる。

⑱ ṭ は ṭīkā(f.)（復注）しか単語はない。

ティーカー☆反舌音は、舌を反り上口蓋の真ん中あたりにつけて発音する。

⑲ ṭh は ṭha　ṭhā　ṭhi しか単語はない。

タッ　タッー　ティッ

⑳ ḍ は ḍa　ḍā　ḍe しかない。

ダ　ダー　デー

ṇ で始まる単語は存在しない。

ṇ は ṭ, ṭh, ḍ, ḍh の四音の前に鼻音として用いられる。

㉑ta　tā　ti　tī　tu　tū　te　to

タ　ター　ティ（チではない）　ティー　トゥ　トゥー　テー　トー

㉒tha　thā　thi　thī　thu　thū　the　tho

タッ　タッー　ティッ　ティッー　トゥッ　トゥッー　テッー　トッー

(タアッ)(タアッー)

㉓da　dā　di　dī　du　dū　de　do

ダ　ダー　ディ　ディー　ドゥ　ドゥー　デー　ドー

㉔dha　dhā　dhi　dhī　dhu　dhū　dhe　dho

ダッ　ダッー　ディッ　ディッー　ドゥッ　ドゥッー　デッー　ドッー

(ダアッ)(ダアッー)

㉕na　nā　ni　nī　nu　nū　ne　no

ナ　ナー　ニ　ニー　ヌ　ヌー　ネー　ノー

㉖pa pā pi pī pu pū pe po

パ パー ピ ピー プ プー ペー ポー

㉗pha phā phi phī phu phū phe pho

パッ パッー ピッ ピッー プッ プッー ペッー ポッー

（パアッ）（パアッー）

㉘ba bā bi bī bu bū be bo

バ バー ビ ビー ブ ブー ベー ボー

㉙bha bhā bhi bhī bhu bhū bhe bho

バッ バッー ビッ ビッー ブッ ブッー ベッー ボッー

（バアッ）

㉚ma mā mi mī mu mū me mo

マ マー ミ ミー ム ムー メー モー

㉛ya yā yi yī yu yū ye yo

ヤ ヤー イ イー ユ ユー イェー ヨー

㉜ra rā ri rī ru rū re ro

ラ ラー リ リー ル ルー レー ロー ☆舌はどこにもつかない。

㉝la lā li lī lu lū le lo

ラ ラー リ リー ル ルー レー ロー ☆舌は上前歯の根元につける。

㉞va vā vi vī vu vū ve vo

ヴァ ヴァー ヴィ ヴィー ヴ ヴー ヴェー ヴォー

（ワ）

㉟sa sā si sī su sū se so

サ サー シ シー ス スー セー ソー

㊱ha hā hi hī hu hū he ho

ハ ハー ヒ ヒー フ フー ヘー ホー

◎発音の注意点

①eとoが子音が二つ続く前にくるときは短音となる。

（例） hontu ここではn, t二つの子音の前なのでoは短音になっている。

ホントゥ

同じ子音が二つ続く前に e, o がくるときは促音（つまった音）となる。

（例） mettā　ここでは促音

メッター

②同じ子音が二つ続く場合（n, m, ñ など）前の子音は「ン」と読み、後の子音はその音そのものの発音になる。

（例） dhamma　最初の m はダンマの「ン」と読みます。

ダンマ（法）　次の m はマ（ma）と、m 本来の音で読みます。

saññā　最初の ñ は「ン」と読みます。

サンニャー（想）次の ñ はニャー（ña）と、ñ 本来の音で読みます。

③ taṇhā　三文字目の ṇ を「ン」と読みます。

タンハー

④ atha + assa は ath'assa と atha と assa の a が連声して atha の a がとれて assa の前の a だけとなる。

◆辞書の見方について

◎辞書にのっている品詞について

水野先生の辞書のXiページに「本書に使用した略字および符号」が出ています。これを見ますと、「a.」が形容詞の略字、「m.」が男性名詞であることが解ります。

例えば辞書でdhammaという語を引いて見ます。

dhamma m. n.[Sk.dharma] **法、教法、真理、正義：もの、一切法、諸法の法.** dhamma-vādino parisā **説法者の衆会……（略）……** -akkhāna **法話.** …… （以下略） （パーリ語辞典：水野弘元：春秋社 p161 参照）

このうち、m.は男性名詞（masculine）の略字です。n.は中性名詞（neutral）の略字です。

ここまでで、dhammaという名詞は男性名詞（m.）である場合もあるし、中性名詞（n.）である場合もあることを示しています。

次のSk.はサンスクリット語（梵語）の略字であることを示しています。次にdharmaとあるのは、パーリ語のdhammaはサンスクリット語ではdharmaという言葉ですということを表しています。

次に**法、教法、真理、**……などと書いてあるのは意味です。

次にdhamma-vādino parisā **説法者の衆会**とあるのはdhammaとvādinoのコンパウンド、そしてそのparisāということで、dhammaは（m.法）語基、vādinoはvādin（a.説者 a.は形容詞の略字、意味は「説者」）の男性（m.）単数（sg.）属格（gen.）であることを示しています。またparisāはf.（女性名詞）の単数（sg.）、主格（nom.）であり、意味は「衆、衆会」などです。dhamma-vādinoで「説法者の」parisāで「衆会」です。

次から-akkhāna **法話**とあるのは「-」のところにdhammaが来て、dhammakkhānaというコンパウンド（合成語）となって、その意味は「法話」であることを示しています。因みにakkhānaを辞書で引いて見ますと「物語、語り物」などと出ています。それでdhammakkhānaは「dhamma法」と「-akkhāna話、物語」のコンパウンドで意味は「法話」ということになります。この場合、連声の法則からdhammaakkhānaのようにaが二つ続くということはありません。

◎次に代名詞の例を見てみましょう。

saを例にしてみます。

sa ① pron. **彼は、それは、** = so. ② prep. **共に、有する、同じ** = saha -uttara **有上の、劣った……（略）……**③ pron.［Sk.sva］ **自己、自ら.** cf.sayaṃ, saka.acc.saṃ; instr.sena; loc.samhi. -adhīna **自依の、**-desa **自分の地方、自国、**-rajja-samiddhi- karaṇa **自国繁栄の行政.** ④ num. **六.** = cha saḷāyatana **六処**
（パーリ語辞典：水野弘元：春秋社 p312 参照）

saを見ますと、① pron. **彼は、それは、** = soとあります。

①とあるのは、saは①②③④の四つの意味の言葉に分けられ、その第一番目であることを示しています。

pron.は代名詞の略です。「彼は、それは」の意味です。

= soとあるのは、saはsoと同じ言葉であることを示しています。

② prep. **共に、有する、同じ** = sahaとあるのは、

二番目には、prep.は前置詞の略ですので、saは前置詞で、意味は「共に、有する、同じ」で、saはsahaと同じ言葉であることを示しています。

次に書いているのは、saが前に付いて出来る言葉の例です。-uttaraはsaが-の所に入ってsauttaraという言葉になるということで、意味は「より上が有る、有上、劣った」です。

③ pron.［Sk.sva］ **自己、自ら**とあるのは、

三番目には、pron.は代名詞の略字ですので、saが代名詞であることを示すものです。cf. sayaṃ, sakaとあるのは、cf.は比較参照の意味の略字ですので、sayaṃやsakaと比較参照して下さいという意味です。sayaṃはadv.

副詞で、意味は「自ら、自分で」です。また、saka は a. 形容詞で、意味は「自分の、自己の」です。

acc. saṃは sa の対格 acc. が saṃ であることを示しています。意味は「自己を、自らを」です。

instr. senaは sa の具格 instr. が sena であることを示しています。意味は「自己によって、自らによって」などです。

loc. samhiも sa の処格 loc. が samhi であることを示しています。意味は「自己において、自らにおいて」などです。

また［Sk. sva］は、Sk. はサンスクリット語の略で、サンスクリット語では、パーリ語の sa は sva という単語になっていることを示しています。

-adhīna **自依の**は sa-adhīna が「自依の」意味であることを示しています。

-desa **自分の地方、自国**は「sadesa」が「自分の地方、自国」であることを示しています。

-rajja-samiddhi-karaṇa **自国繁栄の行政**とあるのは、rajja は n.(中性名詞) 統治、samiddhi は f.(女性名詞) 繁栄 karaṇa は n.(中性名詞) 作すこと、なすもの、ですから、sa-rajja-samiddhi-karaṇa は「自国繁栄の統治を作すこと」すなわち「自国繁栄の行政」となります。

④ num. 六. ＝ chaとあるのは、num. は数詞の略字です。sa は数詞の六であることを示しています。saḷāyatana **六処**はその例で、āyatana が「処(n.)」で saḷāyatana は六処であることを示しています。ḷ は連声の法則による挿入です。

◎動詞については gacchati を例にして説明します。

gacchati［〃 <gam］行く.［gaccha-］pr. gacchati, gaccāmi; imper. gaccha, gacchāhi, gacchassu; opt.gacche, gaccheyya; fut. gacchaṃ, gacchissaṃ (1sg.), gacchissati, gacchisi; aor.gacchi, agacchi, gacchaṃ, agañchi, gañchisi; ppr.gacchanta, gacchamāna, gacchataṃ(pl.dat.gen.); ［gama-］fut.gamissati, gamissaṃ, gamissase; aor.gami, agamā, agamāsi,

agamaṃsu, agamiṃsu, agamuṃ; ger.gamya, gamma, gantvā, gamitvā; grd.gamanīya, gantabba; inf.gantuṃ, gantave;[ga-]aor.agā, agū; pp.gata

（パーリ語辞典：水野弘元：春秋社　p115 参照）

gacchati[〃 <gam] 行く、とありますが、〃は gacchati という動詞はサンスクリット語でも gacchati という同じつづりの言葉であることを示しています。

<gamは gacchati の語根が gam であることを示しています。

「日常読誦経典パーリ語ノート」（13 ページ）に書いたとおり、動詞は語根＋縁語＋活用語尾で出来ています。

「行く」は意味です。

次に［gaccha-］と書いてあるのは、語基が gaccha であるということです。gacchati の語基には gaccha だけではなくて、gama- と ga- も語基になることがあります。これはこの後に順に書かれています。

pr.とあるのは「現在形」の略字です。その pr. 現在形には３人称単数の gacchatiと１人称単数のgacchāmiが例として書かれています。

次にimper.とあるのは「命令法」の略で、２人称単数のgaccha、gacchāhiと（以上は能動態）、反照態・２人称単数のgacchassuが書かれています。gaccha、gacchāhi の方は「行きなさい」という程度の意味です。反照態の gacchassu になりますと「［あなた自身のために］行きなさい」という意味になってきます。能動態は「他者に及ぼす動作」を表すときに使われます。これは一般的なものと思っていいでしょう。

反照態は「自分自身のための動作」を表すときに使われます。「～の動作、あるいは行為をすることは自分自身のためになりますよ」というような意味で使用されることが多いです。

Opt.は願望法の略で、gacche（１人称単数と２人称単数、３人称単数など）と、gaccheyya（２人称単数と３人称単数など）が例として出ています。願望法には色々の用法があります。

次のfut.は未来形の略です。gacchaṃは１人称単数の未来形で「私は行くであろう」という意味となります。

gacchissaṃも同様１人称単数です。

gacchissatiは３人称単数で「彼は行くでしょう」等の意味です。

gacchisiは２人称単数で「あなたは行くであろう」等の意味です。

aor.はアオリスト（過去形）の略で、gacchiは２人称あるいは３人称単数のアオリストで、意味は「あなたは行った」又は「彼は行った」です。agacchiも同様です。

gacchaṃは１人称単数のアオリストで「私は行った」という意味になります。

agañchiは３人称単数のアオリストです。

gañchisiも２人称単数あるいは３人称単数のアオリストです。

次にppr.とあるのは現在分詞の略です。

gacchanta、gacchamānaは共に語基の形です。意味は「行きつつあるもの」です。a 語基の曲用をします。

gacchataṃはant、at 語基の曲用をするもので、辞書 385 ページ 19. 現在分詞の曲用表に出ています。

これは、複数与格（dat.）あるいは属格（gen.）で、与格の場合は「行きつつあるものたちのために」という意味になりますし、gen. ですと「行きつつあるものたちの」「行きつつあるものたちにとって」などの意味になります。（pl.dat.gen.）と書いてあるのは「gacchataṃ が複数の与格か属格ですよ。」という意味です。

次に［gama-］とあるのは、gama が語基となっている場合は以下のようになりますということを示しています。

fut.は未来形の略です。gamissatiは３人称・単数・未来形で意味は「彼は行くであろう」等です。gamissaṃは能動・反照ともに１人称単数の未来形です、「私は行くであろう」（能動態）・「私は（自分自身のために）行くであろう」（反照態）等の意味になります。

gamissaseは反照態２人称単数の未来形で、意味は「あなたは（あなた自身のために）行くであろう」です。

aor.とあるのはアオリストのことで、gamiは２人称単数・３人称単数のアオリストで、「あなたは行った」「彼は行った」などの意味になります。

agamāは１人称・２人称単数のアオリストで、「私は行った」・「あなたは行った」などの意味になります。agamāsiは２人称・３人称単数のアオリストで「あなたは行った」・「彼は行った」などの意味になります。

次のagamaṃsu、agamiṃsu、agamuṃは共に３人称復数のアオリストで、意味は「彼等は行った」となります。

次のger.は連続体の略で、gamya、gamma、gantvā、gamitvāは「行って」の意味になります。

grd.は未来受動分詞（義務分詞）の略で、gamanīya、gantabbaは「行かれるべき」・「行くべき」という意味になります。

次のinf.は不定体の略で、gantuṃ、gantaveは「行くべき、行くことが出来る」などの意味になります。

［ga-］は ga という語基もあるということで、aor.とあるのはアオリスト（過去形）のことで、agāは２人称と３人称の単数で、「あなたは行った」・

「彼は行った」などの意味になります。

agūは３人称複数で「彼等は行った」という意味です。

最後にpp.は過去受動分詞の略でgataは「行ったもの、到達したもの」などの意味になります。

㈠最初の方のxページの凡例もよく読んでおきましょう。

㈡辞書を引いていてa.とかabl.とか色々略字、符号が出てきます。それが解らない時はxiページの本書に使用した略字および符号を見ましょう。

㈢巻末のパーリ語略文法もよく見ましょう。特に単語が解らないときはⅣの曲用、活用の語尾および動詞語基等の語尾の表を見て下さい。

たとえばパーリ語文法p187の⑳意思を表すのkappemaというパーリ語が解らなかったとします。語根とか、語基はkapp…と見当はつきます。それで辞書でkapp…を探しますと、kappemaに似たkappetiという単語が見つかります。「なす、営む、整える」という意味で、他の単語を調べた上で「そのような住し方をしよう」の「しよう」がこのkappetiの「なす」という意味と見合うと考えて、kappemaはkappetiの活用した形だと見当をつけます。そこで辞書の巻末のp418から始まる「Ⅳ曲用、活用の語尾および動詞語基等の語尾の表」でkappemaのemaを見ます。するとp421中ほどにemaがあります。opt.1pl.と出ています。1pl.ですから第一人称複数です。「私たちは〜しよう、私たちは〜すべし」という意味になりますのでここの訳「そのような（tathā）住し方を（vihāraṃ）しよう（kappema)。」にちょうどぴったりとなります。

このようにして語尾が何をあらわしているか全く解らないときは辞書巻末の「Ⅳ.曲用、活用の語尾および動詞語基等の語尾の表」を見て解るようになりましょう。

第三章　連声

音と音が結合する場合に音が変化します。それを連声と言います。

同一単語内の語根と接頭辞、接尾辞などとが結合する場合の連声を内連声と言います。これは同一単語内の連声なので、その単語が辞書にのっておれば意味は取れます。

次に単語と単語が結合する場合を外連声と言います。外連声には二つ以上の単語が結合してコンパウンド（複合語）をつくる場合と、文章を形成する単語が連声する場合があります。

パーリ語の連声には 1. 母音の連声、2. 子音の連声、3. 抑制音 ṃ の連声の三つの場合があります。

ここからは水野弘元著パーリ語文法 56 ページ～ 63 ページまでを解説していきます。

p56 母音の連声

①連声の二母音が合して後の音となる場合

a, e, o ＋ a → a となる場合

例　vandiya ＋ aggaṃ → vandiya aggaṃ ＝ vandiyaggaṃ

ここでは vandiya の a と aggaṃ の最初の a が連声して vandiya の a がなくなって aggaṃ の最初の a が残っています。

vandiya ／ vandati(v.) 礼拝するの grd.(a. 語基) 尊敬・礼拝を受けるべき

aggaṃ ／ agga(a.) 第一、最高 (m.sg.acc.)

vandiyaggaṃ 礼拝せらるべき最上者を

dhanaṃ　me + atthi → dhanaṃ me atthi = dhanam m'atthi

dhanaṃ が dhanam となったのは次の m にあわせた方が発音しやすいため、ṃ が m となった。matthi は me + atthi で me の e がとれた。

dhana（n.sg.nom.）財、財産、財が

me / aham（人称代名詞、一人称、sg.gen.）

atthi（v.sg. 三人称）ある

dhanam matthi　我に財あり

tayo + assa → tayo assa = tay'assa

o + a で a が残った。

tayo / ti（num.m.nom.）三　assa / ta（人称代名詞、三人称、sg.gen.）彼、彼の tay'assa　彼の三つの

a
u } + ā → ā となる場合

例　tān'eva + āsanāni → tān'eva āsanāni = tān'ev'āsanāni

tāneva = tāni + eva の連声。i + e で e が残る連声

ta（人称代名詞 n.pl.nom.）それ　eva（adv.）まさしく

āsanāni / āsana（n.pl.nom.）坐所、座

tān'ev'āsanāni　其等の座席は

ā
i } + i → i となる場合

例　paññā + indriyaṃ → paññāindriyaṃ = paññindriyaṃ

paññā（f. 語基）智慧

indriya（n.sg.nom.）根、感官

paññindriya（n.sg.nom.）慧根

tīni + imāni → tīniimāni = tīn'imāni

tīniのiとimāniのiが連声してimāniのiが残った。

ti（num.n.pl.nom.）三

imāni / idaṃ（n.pl.nom.）これ

tīn'imāni これらの三つは

a
u } ＋ u → u となる場合

例　mātu ＋ upaṭṭhānaṃ → mātuupaṭṭhānaṃ ＝ mātupaṭṭhānaṃ

mātuのuとupaṭṭhānaṃのuの連声でupaṭṭhānaṃのuが残った。

mātar（f.sg.dat.）母

upaṭṭhānaṃ / upaṭṭhāna（n.sg.nom.）奉仕、給仕

mātupaṭṭhānaṃ　母への奉仕（母のための奉仕）

i
e
o } ＋ e → e となる場合

例　no hi ＋ etaṃ → no hietaṃ ＝ no h'etaṃ

hiのiとetaṃのeの連声でeが残った。

no（adv.）これにあらず

hi（adv.）まさしく、実に

etaṃ / etad（n.sg.nom.）これ

no h'etaṃ　実にこれはしからず

sabbe ＋ eva → sabbeeva ＝ sabb'eva

sabbeのeが取れてevaのeが残った。

sabbe / sabba（a.pl.nom.）一切

eva（adv.）こそ

sabb'eva　一切こそは

asanto + ettha → asantoettha = asant'ettha

asanto の o が取れて ettha の e が残った。

asanto = a + santo　　a(pref.) 否定

santa / atthi(v. ある) の ppr. (a.) ありつつある、存在している

asanta(a.sg.nom.) 存在していない

ettha(adv.) ここに

asant'ettha ここに存在せざる（人）は

ī + o → o となる場合

例　bhikkhunī + ovādo → bhikkhunīovādo = bhikkhunovādo

bhikkhunī の ī と ovādo の o の連声で o が残った。

bhikkhunī(f. 語基) 比丘尼

ovāda(m.sg.nom.) 教戒、訓戒

bhikkhunovādo 比丘尼達への教訓

②連声の二母音で重音変化をなす場合

a + i = e などの変化を重音変化という。

$\left.\begin{array}{l}\text{a}\\ \text{ā}\end{array}\right\} + \left\{\begin{array}{l}\text{i}\\ \text{ī}\end{array}\right.$ → e となる場合

例　bandhussa + iva → bandhussaiva = bandhuss'eva

bandhussa の a と iva の i が連声して全く違う e となる。このように e として解釈して意味が通らなければ a + i で e と変化したのかと考えてみる。

bandhussa / bandhu(m.sg.dat.) 親戚

iva(indecl.) ～の如く、～のように

bandhuss'eva 親戚への如く

jinā + īritaṃ → jināīritaṃ = jineritaṃ

jinā の ā と īritaṃ の ī が連声して全く違う e になった。これが重音

変化。

jinā / jina (a.m.sg.abl.) 勝った、勝者

īrita / īreti (v. 動かす) の pp. (a.sg.acc.) 動かされた

jineritaṃ (a.) 勝者によりて、動かされた（人）を

upa + ikkhati → upaikkhati = upekkhati

upa の a と ikkhati の i が連声して全く違う e になった。これも a + i = e の重音変化。

upa (pref.) 近く、副の、随った

ikkhati (v.) 見る

upekkhati (v.) 無関心となる

$\left.\begin{matrix} \text{a} \\ \text{ā} \end{matrix}\right\} + \left\{\begin{matrix} \text{u} \\ \text{ū} \end{matrix}\right.$ → o となる場合　この変化も重音変化

例　**canda + udayo → candaudayo = candodayo**

canda の a と udayo の u が連声して o となっている。a と u が o になることをよく知っておく必要がある。

canda (m. 語基) 月

udayo / udaya (m.sg.nom.) 生起

candodaya 月の出

yathā + udake → yathāudake = yathodake

yathā の ā と udake の u の連声で o となる。ā と u で o になることを知っておく必要がある。

yathā (adv.) ～のように

udake / udaka (n.sg.loc.) 水　→水中における

yathodake 水中におけるが如く

na + upeti → naupeti = nopeti

naのaとupetiのuでoとなっている。nopetiもa＋uでoとなることを知っておくこと。

na（adv.）否定

upeti（v. 三人称. sg.pr.）近づく

nopeti 近づかず

特例 udadhi ＋ ūmi → udadhiūmi ＝ udadhomi

udadhiのiとūmiのūが連声してoとなっている。iとūでoとなる特例です。

udadhi（m.sg.nom.）海

ūmi（f.sg.nom.）波

udadhomi 海の波

③連声の二母音の後の音が長くなる場合

a ā
i
e o } ＋ a → āとなる場合

例 tatra ＋ ayaṃ → tatraayaṃ ＝ tatrāyaṃ

tatraの最後のaとayaṃの最初のaが連声してayaṃの最初のaがāと長音になっている。

tatra（adv.）そこに、そこで、そのとき

ayaṃ / imaṃ（指示代名詞 m.sg.nom.） これ

tatrāyaṃ そこにこれは

tadā ＋ ahaṃ → tadāahaṃ ＝ tadāhaṃ

tadāの最後のāとahaṃの最初のaが連声してtadāのāが落ちてahaṃの最初のaがāと長音になっている。

tadā（adv.）そのとき

ahaṃ（人称代名詞. 一人称. sg.nom.） 私は

tadāhaṃ その時私は

idāni + ahaṃ → idāniahaṃ = idānāhaṃ

idāni の最後の i と ahaṃ の最初の a が連声して idāni の最後の i が落ちて ahaṃ の最初の a が ā と長音になっている。

idāni（adv.）今

ahaṃ（人称代名詞. 一人称. sg.nom.）　私は

idānāhaṃ 今私は

sace + ayaṃ → saceayaṃ = sacāyaṃ

sace の最後の e と ayaṃ の最初の a が連声して sace の e が落ちて ayaṃ の最初の a が ā と長音になっている。

sace（conj.）もし

ayaṃ / imaṃ（指示代名詞 m.sg.nom.）　これ

sacāyaṃ もしこれが

appassuto + ayaṃ → appassutoayaṃ = appassutāyaṃ

appassuto の o と ayaṃ の最初の a が連声して o が落ちて ayaṃ の最初の a が ā と長音になっている。

appassuta/appassuto = appa + suta のコンパウンド

appa（a.n. 語基）少ない

suto/suta（a.m.sg.nom.）聞いた← suṇāti（v.）聞く、の pp.

ayaṃ / imaṃ（指示代名詞 m.sg.nom.）　これ

appassuta（a.m.sg.nom.）少聞の appassutāyaṃ この少聞者は

i / ī } + i → ī となる場合

例　yāni + idha → yāniidha = yānīdha

yāni の i と idha の i が連声して ī と長音になっている。

yāni / ya（関係代名詞 n.pl.nom.）所のもの

idha（adv.）　ここに

yānīdha　ここに…の所のものは

kikī ＋ iva → kikīiva ＝ kikīva

　kikī の ī と iva の i が連声して ī になっている。

kikī（n.sg.nom.）鶏

iva（indecl.）～のように

kikīva　鶏のように、鶏の如く

ā
u } ＋ u → ū となる場合

例　tathā ＋ upamaṃ → tathāupamaṃ ＝ tathūpamaṃ

　tathā の ā と upamaṃ の u が連声して ū と長音になっている。

tathā（adv.）そのように　　upamaṃ（adv.）～のように

tathūpamaṃ そのように、その如く

bahu ＋ upakāro → bahuupakāro ＝ bahūpakāro

　bahu の u と upakāro の u が連声して ū と長音になっている。

bahu（a. 語基）多くの

upakāra（m.sg.nom.）　利益

bahūpakāro 多くの利益は

④連声ニ母音の前の音が長くなる場合

a ＋ i → ā となる場合

例　lokassa ＋ iti → lokassaiti ＝ lokassāti

　lokassa の最後の a と iti の最初の i が連声して ā となっている。

lokassa / loka（m.sg.gen.）世間　　iti（indecl.）～と

lokassāti「世間の」と

i + a → ī となる場合

例　vi + atināmeti → viatināmeti = vītināmeti

　vi の最後の i と atināmeti の最初の a が連声して ī となっている。

vi（pref.）分、離、別、異、反

atināmeti（v.）時をすごす、すごす

vītināmeti（v.）時をすごす、暮らす

u + i → ū となる場合

例　vijju + iva → vijjuiva = vijjūva

　vijju の最後の u と iva の最初の i が連声して ū となっている。

vijju（f.sg.nom.）電光、雷光

iva（indecl.）～の如く

vijjūva　電光の如く

sādhu + iti → sādhuiti = sādhūti

　sādhu の最後の u と iti の最初の i が連声して ū となっている。

sādhu（a.adv.interj.）善い哉、善き　　iti（indecl.）～と

sādhūti 善き哉と

kiṃsu + idha → kiṃsuidha = kimsūdha

　kiṃsu の最後の u と idha の最初の i が連声して ū となっている。

kiṃsu（adv.）一体何か、何か、如何に　　idha（indecl.adv.）ここに

kimsūdha ここに何ぞや

⑤　i・ī・e が a と連声して ya となる場合

i
ī ｝+ a → ya となる場合
e

例　aggi + agāro → aggiagāro = aggyagāro

aggi の最後の i と agāro の最初の a が連声して ya となっている。

aggi(m. 語基)　火　　agāro/agāra(n. → m.sg.nom.)　家

aggyagāro 火屋

sotthi + atthu → sotthiatthu = sotthyatthu

sotthi の最後の i と atthu の最初の a が連声して ya となっている。

sotthi(f.sg.nom.)　幸福　　atthi(v.imper. 3 人称. sg.) ある　→あれ

sotthyatthu 幸福あれかし

dāsi + ahosiṃ → dāsiahosiṃ = dāsyahosiṃ

dāsi の最後の i と ahosiṃ の最初の a が連声して ya となっている。

dāsi(f.sg.nom.)　奴婢、下女

ahosiṃ / hoti(v.aor. 1 人称. sg.) 私は〜であった

dāsyahosiṃ 私は婢であった

putto te + ahaṃ → putto teahaṃ = putto tyahaṃ

te の最後の e と ahaṃ の最初の a が連声して ya となっている。

putto / putta(m.sg.nom.)　息子

te(人称代名詞. 2 人称. sg.gen.) あなたの

ahaṃ(人称代名詞. 一人称. sg.nom.)　私は

putto tyahaṃ　私はあなたの息子である。

me + ayaṃ → meayaṃ = myayaṃ

me の最後の e と ayaṃ の最初の a が連声して ya となっている。

me　(人称代名詞. 一人称. sg.gen.) 私の

ayaṃ　(指示代名詞. m.sg.nom.) これ　　myayaṃ これは私の

⑥　u・o が a・ā・e と連声して va・vā・ve となる場合

$$\left.\begin{matrix} \mathrm{u} \\ \mathrm{o} \end{matrix}\right\} + \left\{\begin{matrix} a \\ \bar{\mathrm{a}} \\ \mathrm{e} \end{matrix}\right. \rightarrow \left.\begin{matrix} \mathrm{va} \\ \mathrm{v\bar{a}} \\ \mathrm{ve} \end{matrix}\right\} \text{ となる場合}$$

例　anu + aḍḍhamāsaṃ → anuaḍḍhamāsaṃ = anvaḍḍhamāsaṃ

anu の u と aḍḍhamāsaṃ の最初の a が連声して va となっている。

anu (pref.) 随順して、〜毎に、追うて、倶に

aḍḍhamāsaṃ = aḍḍha + māsaṃ

aḍḍha (a. 語基) 半分、二分の一　　māsa (m.sg.acc.) 月

anvaḍḍhamāsaṃ 半月毎に

su + akkhāto → suakkhāto = svākkhāto

su の u と akkhāto の最初の a が連声して va となっている。

su (pref.) 善い

akkhāto / akkhāta (a.m.sg.nom.) 告げられた、説明される

← akkhāti (v.) 告げる、話すの pp.

svākkhāta (a.m.sg.nom.) 善く説かれたるは

su + āgataṃ → suāgataṃ = svāgataṃ

su の u と āgataṃ の最初の ā が連声して vā となっている。

su (pref.) 善い　　āgata (a.m.sg.acc.) 来れる

svāgataṃ　善く来れる（人）を

anu + eti → anueti = anveti

anu の u と eti の e が連声して ve となっている。

anu (pref.) 随順して、〜毎に、追うて、倶に

eti (v.pr.3.sg.) 行く

anveti 随い行く

na tu + eva → na tueva = na tveva

tu の u と eva の e が連声して ve となっている。

na（adv.） 否定

tu（indecl.conj.） 然しながら、されど

eva（adv.） まさに、真に、ただ、こそ、のみ

na tveva 実に然らず

so + ahaṃ → soahaṃ = svāhaṃ, so'haṃ

so の o と ahaṃ の最初の a が連声して vā となっている。

so（人称代名詞. ３人称. m.sg.nom.） かの

ahaṃ（人称代名詞. 一人称. sg.nom.）　私は

svāhaṃ かの私は

yo + ayaṃ → yoayaṃ = yvāyaṃ

yo の o と ayaṃ の最初の a が連声して vā となっている。

yo/ya（関係代名詞. m.sg.nom.） 所のもの

ayaṃ ／ imaṃ（指示代名詞. m.sg.nom.） これ

yvāyaṃ　これなるものは

atha kho + assa → atha khoassa = atha khvassa

kho の o と assa の最初の a が連声して va となっている。

atha（adv.indecl.） 今、さて、その時、しかるに

kho（adv.）　実に、たしかに

atha kho　かくて

assa ／ ta（人称代名詞. m.sg.gen.） 彼　→彼の

atha khvassa　で「かくて彼の」の意味

⑦連声する両母音間に子音を挿入する場合

t 挿入

a + a → ata

例　ajja + agge → ajjaagge = ajjatagge

ajja と agge の間に t を挿入して発音しやすくしている。

ajja（adv.）今日、この日

agga（a.n.sg.loc.）最勝の、最初の

ajjatagge 今日をはじめとして

ā + i → āti

例　tasmā + iha → tasmāiha = tasmātiha

tasmā と iha の間に t を挿入して発音しやすくしている。

tasmā（人称代名詞. m.sg.abl.）それ故に

iha（indecl.adv.）ここに、此の世で

tasmātiha 故にここに

d 挿入

a + a → ada

例　atta + attho → attaattho = attadattho

atta と attho の間に d を挿入して発音しやすくしている。

atta / attan（m. 語基）自己

attha（m.sg.nom.）義、利益、事、財産

attadattho 自己の利

a + e → ade

例　tāva + eva → tāvaeva = tāvadeva

tāva と eva の間に d を挿入して発音しやすくしている。

tāva（adv.）直ちに、まず、それだけ、それ程

eva（adv.）まさに、こそ

tāvadeva 直ちに

n 挿入

o ＋ ā → onā

例　ito ＋ āyāti → itoāyāti ＝ itonāyāti

ito と āyāti の間に n を挿入して発音しやすくしている。

ito（indecl.）これより、ここより

āyāti（v. ３人称. sg.）来る

itonāyāti　これより来る

m 挿入

a ＋ a → ama

例　añña ＋ aññaṃ → aññaaññaṃ ＝ aññamaññaṃ

añña と aññaṃ の間に m を挿入して発音しやすくしている。

añña（a. 語基）他の、異なる　　aññaṃ ／ añña（a.m.sg.acc.）

aññamaññaṃ　相互に

adukkha ＋ asukhaṃ → adukkhaasukhaṃ ＝ adukkhamasukhaṃ

adukkha と asukhaṃ の間に m を挿入して発音しやすくしている。

adukkha ＝ a ＋ dukkha　　a（pref.）否定

dukkha（a. 語基）苦

asukhaṃ ＝ a ＋ sukhaṃ　　sukhaṃ（n.sg.nom.）楽

adukkhamasukhaṃ　不苦不楽

phala ＋ aphalaṃ → phalaaphalaṃ ＝ phalamaphalaṃ

phala と aphalaṃ の間に m を挿入して発音しやすくしている。

phala（n. 語基）果

aphala ＝ a ＋ phalaṃ　　a（pref.）否定

phalaṃ ／ phala（n.sg.nom.）果

phalamaphalaṃ 種々の果物

a ＋ i → ami

例　idha + ijjhati → idhaijjhati = idhamijjhati

idha と ijjhati の間に m を挿入して発音しやすくしている。

idha（adv.）ここに　　ijjhati（v.）成功する

idhamijjhati ここで成功する。

u + e → ume

例　lahu + essati → lahuessati = lahumessati

lahu と essati の間に m を挿入して発音しやすくしている。

lahu（a.m.sg.nom.）軽き

essati / eti（v.fut. ３人称. sg.）行く　→　行くだろう

lahumessati 軽くなるならん、軽くなるだろう

y 挿入

a + i → ayi

例　na + idaṃ → naidaṃ = nayidaṃ

na と idaṃ の間に y を挿入して発音しやすくしている。

na（adv.）否定　　idaṃ（指示代名詞. n.sg.nom.）これ

nayidaṃ これは然らず

i + e → iye

例　vuddhi + eva → vuddhieva = vuddhiyeva

vuddhi と eva の間に y を挿入して発音しやすくしている。

vuddhi（f.sg.nom.）増大　　eva（adv.）のみ

vuddhiyeva 増大のみ

r 挿入

i + u → iru

例　ni + uttaro → niuttaro = niruttaro

ni と uttaro の間に r を挿入して発音しやすくしている。

ni(pref.) 否、無　uttaro / uttara(a.) より上の

niruttaro / niruttara(m.sg.nom.) より上がない　→　この上なき

u + a → ura

例　du + akkhāto → duakkhāto = durakkhāto

du と akkhāto の間に r を挿入して発音しやすくしている。

du(pref.) 悪、難

akkhāto / akkhāta(a.m.sg.nom.) 告げられた、説かれた

← akkhāti(v.) 話す、告げる、の pp.

durakkhāto / durakkhāta(a.m.sg.nom.) 悪く説かれたる

pātu + ahosi → pātuahosi = pāturahosi

pātu と ahosi の間に r を挿入して発音しやすくしている。

pātu(indecl.adv.) 明白に、明らかに

ahosi / hoti(v.aor. 3人称. sg.) ある

pāturahosi 出現した、顕れた← pātubhavati(v.aor.) 明らかになる、現れる

ḷ 挿入

a + a → aḷa

例　cha + abhiññā → chaabhiññā = chaḷabhiññā

cha と abhiññā の間に ḷ を挿入して発音しやすくしている。

cha(num.) 六　abhiññā(f. 語基) 神通、勝智

chaḷabhiññā 六神通

a + ā → aḷā

例　cha + āyatana → chaāyatana = chaḷāyatana

cha と āyatana の間に ḷ を挿入して発音しやすくしている。

cha(num.) 六　āyatana(a.) 処、入、六官

chaḷāyatana 六処

v 挿入

i + a → iva

例　ti + aṅgulaṃ → tiaṅgulaṃ = tivaṅgulaṃ

tiとaṅgulaṃの間にvを挿入して発音しやすくしている。

ti(num.) 三　　aṅgulaṃ / aṅgula(n.sg.nom.) 指

tivaṅgulaṃ / tivaṅgula(a.n.sg.nom.) 三指節

a + u → avu

例　pa + uccati → pauccati = pavuccati

paとuccatiの間にvを挿入して発音しやすくしている。

pavuccati(v.) 説かれる

g又はh挿入

a + e → age

例　putha + eva → puthaeva = puthageva

puthaとevaの間にgを挿入して発音しやすくしている。

puthageva(adv.) 個々に

u + u → uhu

例　su + ujū ca → suujū ca = suhujū ca

suとujūの間にhを挿入して発音しやすくしている。

su(pref.) 極めて　　ujū(a.) 真直なる　　ca(conj.) そして

suhujū 極めて真直なる

suhujū ca また極めて端直なる

p59 子音の連声

①母音の次の子音が重なる場合

例　du + kata → dukata = dukkata

ドゥッカタと発音する。促音便になる。

du（pref.）悪、難　　kata（a. 語基）為された← karoti（v.）為すの pp.

dukkata（n.）悪作

rūpa + khandha → rūpakhandha = rūpakkhandha

ルーパッカンダと発音する。促音便になる。

rūpa（n. 語基）色　　khandha（m. 語基）蘊、あつまり

rūpakkhandha 色蘊

anu + gaha → anugaha = anuggaha

アヌッガハと発音する。促音便になる。

anu（pref.）随順して　　gaha（m.）把えること

anuggaha（m.）摂益、慈愛、恩、扶助

pari + cajati → paricajati = pariccajati

パリッチャジャティと発音する。促音便になる。

pari（pref.）あまねく、完全に　　cajati（v.pr. ３人称. sg.）捨てる

pariccajati（v.）遍捨す、あまねく捨てる

seta + chatta → setachatta = setacchatta（setachatta でもよい）

セータッチャッタと発音する。促音便になる。

seta（a. 語基）白い　　chatta（n. 語基）蓋うもの、傘

setacchatta（n. 語基）　白傘

tatra + ṭhita → tatraṭhita = tatraṭṭhita

タトラッティタと発音する。促音便になる。

tatra（adv.）そこに　　ṭhita（a. 語基）立てる、存在する、

tatraṭṭhita（a. 語基）　そこに立てる

paṭhama + jhāna → paṭhamajhāna = paṭhamajjhāna

パタマッジャーナと発音する。促音便になる。

paṭhama（a. 語基）第一の、最初の　　jhāna（n.）禅定

paṭhamajjhāna 初禅

vi + ñāṇa → viñāṇa = viññāṇa

ヴィンニャーナと発音する。撥音便になる。

vi（pref.）分、離、別、異、反　　ñāṇa（n. 語基）智、智識

viññāṇa（n. 語基）　識

upa + dava → upadava = upaddava

ウパッダワと発音する。促音便になる。

upa（pref.）接近、随従、不足　　dava（m.）火、熱

upaddava（m. 語基）　禍、害、災難、

ni + dhana → nidhana = niddhana

ニッダナと発音する。促音便になる。

ni（pref.）否定　　dhana（n. 語基）財　　niddhana（n. 語基）無財

su + patiṭṭhita → supatiṭṭhita = suppatiṭṭhita

スッパティッティタと発音する。促音便になる。

su（pref.）よく　　patiṭṭhita（a. 語基）確立された

suppatiṭṭhita よく確立された

ni + phala → niphala = nipphala

ニッパラと発音する。促音便になる。

ni（pref.）否定　　phala（n. 語基）果

nipphala　（n. 語基）無果

du + bhikkha → dubhikkha = dubbhikkha

ドゥッビッカと発音する。促音便になる。

du（pref.）悪、難　bhikkha（m. 語基）← bhikkhā（f.）食を乞うこと

dubbhikkha（a. 語基）飢饉、乞食し難き

ni + mala → nimala = nimmala

ニンマラと発音する。撥音便になる。

ni（pref.）否定　mala（n. 語基）垢

nimmala（n. 語基）無垢

appa + suta → appasuta = appassuta

アッパッスタと発音する。促音便になる。

appa（a. 語基）少なき、小さき　suta（a. 語基）聞

appassuta （a. 語基）少聞

②重複子音の前の母音は音長の法則に従って短くなる。

例 parā + kama → parākama = parakkama

パラッカマと発音する。

parā（pref.）去る、逆に、外にそむける　kama（m.）順序、次第

parakkama 努力、勇猛

ā + khāta → ākhāta = akkhāta

アッカータと発音する。

akkhāta（a. 語基）告げられたる、説明されたる。

← akkhāti（v.）告げる、話す、の pp.

taṇhā + khaya → taṇhākhaya = taṇhakkhaya

タンハッカヤと発音する。

taṇhā（f. 語基）愛、渇愛　　khaya（m. 語基）尽きること、滅尽

taṇhakkhaya 愛尽

mahā ＋ phala → mahāphala ＝ mahapphala

　マハッパラと発音する。

mahā（a. 語基）大いなる　　phala（n. 語基）果

mahapphala（n. 語基）大果

ā ＋ sāda → āsāda ＝ assāda

　アッサーダと発音する。

assāda（m. 語基）味、賞味、愛楽

●三音長のもの

vedanā ＋ khandha → vedanākhandha ＝ vedanākkhandha

　ヴェーダナーッカンダと発音する。

vedanā（f. 語基）受　　khandha（m.）蘊、あつまり

vedanākkhandha（m. 語基）受蘊

paññā ＋ khandha → paññākhandha ＝ paññākkhandha

　パンニャーッカンダと発音する。

paññā（f. 語基）慧　　khandha（m.）蘊、あつまり

paññākkhandha（m. 語基）慧蘊

yathā ＋ kamaṃ → yathākamaṃ ＝ yathākkamaṃ

　ヤターッカマンと発音する。

yathā（adv.）～のように　　kamaṃ ／ kama（m.sg.acc.）順序、次第

yathākkamaṃ（adv.）次第の如く、順次に

③子音の前の母音が修辞や韻律のために長くなったり短くなったりすることが

である。

●長くなる場合

khanti ＋ paramaṃ → khantī paramaṃ

khanti（f.sg.nom.）忍辱　　paramaṃ / parama（a.n.sg.nom.）最上の

khantī paramaṃ 忍辱は最上なり

jāyati ＋ soko → jāyatī soko

jāyati（v. ３人称. sg.）生じる　　soko / soka（m.sg.nom.）愁い

jāyatī soko 愁いが生じる

maññati ＋ bālo → maññatī bālo

maññati（v.pr. ３人称. sg.）思う　　bālo / bāla（m.sg.nom.）愚者

maññatī bālo 愚者は思う

nibbattati ＋ dukkhaṃ → nibbattatī dukkhaṃ

nibbattati（v.pr.3.sg.）生ずる、発生する

dukkhaṃ / dukkha（n.sg.nom.）苦しみ、苦

nibbattatī dukkhaṃ 苦が生じる

tatiyaṃ → tatīyaṃ　　　　tatiyaṃ（num.）第三

tīṇi → tīṇī　　　　tīṇi / ti（num.n.nom）三

patthayasi → patthayasī

patthayasi / patthayati = pattheti（v.pr. ２人称. sg.）願う、望む、欲求す→あなたが望む

●短くなる場合

bhovādī ＋ nāma so hoti → bhovādi nāma so hoti

bhovādī = bho + vādī

bho(indecl) 友よ　　vādī / vadin(m.sg.nom.) 語る者

nāma(adv.) ～という　　so(人称代名詞 m.sg.nom.) 彼

hoti(v. 3人称. sg.) ある

彼は（so）友よと語る者（bhovādī）というもの（nāma）である（hoti）。

bhoは君よ、友よ、おお君よ、という意味の語。親しいもの及び同等又はそれ以下の者に対して呼びかける語。目上の者にたいしてはbhanteと呼びかける。
bhante 尊師よ。bhovādin 君よといって呼びかける者、婆羅門のこと。

yiṭṭhaṃ vā + hutaṃ vā + loke → yiṭṭhaṃ va hutaṃ va loke

yiṭṭhaṃ / yiṭṭha(a.m.sg.acc.) 祭れる、供養する、供犠

← yajati(v.) 祭る、供養する

vā = va(adv.) あるいは　　hutaṃ /huta(a.n.sg.acc.) 供犠されたる

loke / loka(m.sg.loc.) 世、世間

世間で（loke）献ぜられ（yiṭṭhaṃ）又は（va）供えられたるものを（hutaṃ）。

buddhe yadi vā + sāvake → buddhe yadi va sāvake

buddhe / buddha(m.sg.loc.) 仏陀

yadi(conj.) もしも、もし～ならば　　yadi vā →もしまた、～かあるいは

vā = va(indecl.adv.) あるいは、又は、もしくは

sāvake / sāvaka(m.sg.loc.) 声聞、弟子

buddhe yadi vā + sāvake　仏陀か（buddhe）あるいは（yadi va）弟子に対して（sāvake）

dukkhaṃ → dukhaṃ

dukkhaṃ / dukkha(n.sg.acc.) 苦を

④子音の前のso, esoのoがaとなる場合

例 eso + dhammo → esa dhammo

eso / etad(指示代名詞. m.sg.nom.) これ

dhammo / dhamma(m.sg.nom.) 法

esa dhammo　この法は（ダンマパダ第五偈）

eso + patto → esa patto

eso / etad(指示代名詞. m.sg.nom.) これ

patto / patta(m.sg.nom.) 鉢

esa patto　この鉢は

so + muni → sa muni

so(人称代名詞. m.sg.nom.)　彼、かの

muni(m.sg.nom.) 牟尼

かの（sa）牟尼は（muni）

so + sīlavā → sa sīlavā

so(人称代名詞. m.sg.nom.)　彼、かの

sīlavā / sīlavant(m.sg.nom.) 有戒者

かの（sa）有戒者は（sīlavā）

eso + idāni → esa dāni

eso / etad(指示代 ānim.sg.nom.) これ　　idāni(indecl.adv.) 今、今や

これは今や（esa dāni）

so + lokaṃ → sa lokaṃ

so（人称代名詞. m.sg.nom.）彼、かの　　lokaṃ / loka（m.sg.acc.）世間、世

彼は（sa）世間を（lokaṃ）

p60 抑制音 ṃ の連声

①五群の子音の前の ṃ はその群の鼻音に変わる

例　dīpaṃ + kara → dīpaṃkara = dīpaṅkara

dīpaṃ の ṃ が k 音の前なので ṅ に変化。

dīpaṃ / dīpa（m.n.sg.acc.）燈明　　kara（a.m. 語基）作す、作る

dīpaṅkara 燈を作る者

tvaṃ + ca　ahaṃ + ca → tvañ ca　ahañ ca

tvaṃ, ahaṃ の ṃ が c 音の前なので ñ に変化。

tvaṃ（人称代名詞. 2 人称. sg.nom.）あなた　　ca（conj.）そして、と

ahaṃ（人称代名詞. 1 人称. sg.nom.）私

あなた（tvañ）と（ca）私（ahañ）とは（ca）

sayaṃ + jāta → sayañjāta

sayaṃ の ṃ が j 音の前なので ñ に変化。

sayaṃ（adv.）自ら

jāta（a. 語基）生ぜる、生まれたる　← janati（v.）生む、生ずる、の pp.

sayañjāta 自ら生じたる者

saṃ + ṭhāna → saṇṭhāna

saṃ の ṃ が ṭ 音の前なので ṇ に変化。

saṃ（pref.）共に、正しく、集まる、同じ　　ṭhāna（n.）処、位置

saṇṭhāna（n. 語基）姿、形色、形

taṃ + dhanaṃ → tandhanaṃ

tam̥ の m̥ が d 音の前なので n に変化。

tam̥ / ta（人称代名詞. 3 人称. sg.acc.）それ　　dhanam̥（n.sg.acc.）財

tandhanam̥ その財を

tam̥ + phalam̥ → tamphalam̥

tam̥ の m̥ が p 音の前なので m に変化。

tam̥ / ta（人称代名詞. 3 人称. sg.acc.）それ　　phalam̥ / phala（n.sg.acc.）果

tamphalam̥ その果を

evam̥ me sutam̥ → evam me sutam̥

evam̥ の m̥ が m 音の前なので m に変化。

evam̥（adv.）このように　　me（人称代名詞. 1 人称. sg.instr.）私によって

sutam̥ / suta（a.n.sg.nom.）聞かれたる　← suṇāti（v.）聞く

evam me sutam̥ かく我によりて聞かれたり、如是我聞

②l の前の m̥ は l に変わることがある。

例 sam̥ + lahuka → sallahuka

sam̥ の m̥ が l 音の前なので l に変化。

sam̥（pref.）共に、正しく、集まる、同じ　　lahuka（a. 語基）軽き

sallahuka（a. 語基）　軽き

sam̥ + lekha → sallekha

sam̥ の m̥ が l 音の前なので l に変化。

sam̥（pref.）共に、正しく、集まる、同じ

sallekha 損減、厳粛

pum̥ + liṅga → pulliṅga

pum̥ の m̥ が l 音の前なので l に変化。

puṃ / puṃs 男、丈夫　　liṅga（n. 語基）性、根

pulliṅga（m.）男性　　⇔ itthiliṅga（f.）女性

saṃ ＋ lakkhaṇa → sallakkhaṇa

saṃ の ṃ が l 音の前なので l に変化。

saṃ（pref.）共に、正しく、集まる、同じ　　lakkhaṇa（n.）相、徴、特相

sallakkhaṇa（f. 語基）審思、観察

③ e または h の前の ṃ は ñ に変わることがある。かつ e の前の ñ は重複する。

例　paccattaṃ ＋ eva → paccattaññeva

paccattaṃ の ṃ が e 音の前なので ñ に変化し、しかも ñ が重複している。

paccattaṃ（adv.）各自に　　eva（adv.）こそ、のみ、まさに

paccattaññeva 各自に、まさに

taṃ khaṇam ＋ eva → taṅkhanaññ eva

taṃ の ṃ が k 音の前なので ṅ に変化している。また khaṇam の m は本来 ṃ なのだが e という母音の前なので m に変化した。それが e の前なので ñ に変化し、しかも重複している。

taṃ / ta（人称代名詞. ３人称. sg.acc.）それ

khaṇam / khaṇa（m.sg.acc.）刹那　　eva（adv.）こそ、のみ、まさに

taṅkhaṇaññ eva その刹那に

taṃ hi tassa → tañ hi tassa

taṃ の ṃ が h 音の前なので ñ に変化している。

taṃ / ta（人称代名詞. ３人称. n.sg.nom.）それ　　hi（adv.）まさに、実に

tassa / ta（人称代名詞. 3人称. m.sg.gen.）彼

実に（hi）それは（tañ）彼の（tassa）

evaṃ hi vo → evañ hi vo

evaṃ の ṃ が h 音の前なので ñ に変化している。

evaṃ（adv.）このように　hi（adv.）まさに、実に

vo（人称代名詞. 2人称. pl.acc.）

実に（hi）斯く（evañ）汝等に（vo）

④ y の前の ṃ は y と合して ññ となる。

例　saṃ + yoga → saññoga

saṃ の ṃ と yoga の y が合して ññ となっている。

saññoga 軛（くびき）

yaṃ + yadeva → yaññad eva

yaṃ の ṃ と yad の y が合して ññ となっている。

yaṃ / ya（関係代名詞. n.sg.nom.）所のもの　yad = yaṃ eva（adv.）こそ、のみ、まさに

yaññad eva　それぞれのものが

ānantarikaṃ + yaṃ āhu → ānantarikaññam āhu（宝経第五偈）

ānantarikaṃ の ṃ と yaṃ の y が合して ññ となっている。また、yaṃ の ṃ は次に母音 āhu の ā がきているので m に変化している。

ānantarikaṃ / ānantarika（a.m.sg.acc.）無間の yaṃ / ya（関係代名詞. n.sg.acc.）所のもの āhu / āha（v. 3人称. pl.）言う、言った

それを（ñaṃ）無間の（ānantarikañ）［心統一］と言う（āhu）。

⑤母音の前の ṃ は d 又は m となる。

例　etaṃ + avoca → etad avoca

etaṃ の ṃ が avoca の a という母音の前なので d に変化している。

etaṃ / etad(m.sg.acc.) これ　　avoca / vacati(v.aor. 3 人称. sg.) 言う etad avoca このことを彼は言った。

taṃ + atthaṃ → tad atthaṃ 又は tam atthaṃ

taṃ の ṃ が atthaṃ の a という母音の前なので d に変化している。

taṃ / ta(人称代名詞. 3 人称. n.sg.acc.) それ

atthaṃ / attha(m.sg.acc.) 義

tad atthaṃ その義を

yaṃ + idaṃ → yad idaṃ 又は yam idaṃ

yaṃ の ṃ が idaṃ の i という母音の前なので d 又は m に変化している。

yaṃ / ya(関係代名詞. n.sg.nom.) 所のもの

idaṃ(指示代名詞. n.sg.nom.) これ

yad idaṃ これなるもの

taṃ + ahaṃ → tam ahaṃ

taṃ の ṃ が ahaṃ の a という母音の前なので m に変化している。

taṃ / ta(人称代名詞. 3 人称. m.sg.acc.) 彼

ahaṃ(人称代名詞. 1 人称. sg.nom.) 私

taṃ ahaṃ 彼を私は

kiṃ + etaṃ → kim etaṃ

kiṃ の ṃ が etaṃ の e という母音の前なので m に変化している。

kiṃ(疑問代名詞. n.sg.nom.) 何か　　etaṃ / etad(n.sg.nom.) これ

kim etaṃ これは何ぞや

⑥母音又は子音の前の ṃ は時に消失する。この場合母音は長音化することが

である。

例　tāsaṃ + ahaṃ → tāsāhaṃ

tāsaṃ の ṃ が ahaṃ の a という母音の前なので消失し、ahaṃ の a は ā という長音になっている。

tāsaṃ / ta（人称代名詞. f.pl.dat.）　彼女

ahaṃ　（人称代名詞. 1 人称. sg.nom.）私

tāsāhaṃ 彼女等に私は

evaṃ + ahaṃ → evāhaṃ

evaṃ の ṃ が ahaṃ の a という母音の前なので消失し、ahaṃ の a は ā という長音になっている。

evaṃ（adv.）このように　　ahaṃ（人称代名詞. 1 人称. sg.nom.）私

evāhaṃ このように私は

adāsiṃ + ahaṃ → adāsāhaṃ

adāsiṃ の ṃ が ahaṃ の a という母音の前なので消失し、i と a が連声して ahaṃ の a は ā という長音になっている。

adāsiṃ / dadāti（v.aor. 1 人称. sg.）与える

ahaṃ（人称代名詞. 1 人称. sg.nom.）私

私は（ahaṃ）与えた（adāsiṃ）。

vidūnaṃ + aggaṃ → vidūnaggaṃ

vidūnaṃ の ṃ が aggaṃ の a という母音の前で消失し、aggaṃ の a が残っている。

vidūnaṃ / vidū（a.m.pl.gen.）慧者　　aggaṃ / agga（m.sg.acc.）最上者

vidūnaggaṃ 諸慧者中の最上者を

ariyasaccānaṃ + dassanaṃ → ariyasaccāna dassanaṃ

ariyasaccānaṃ の ṃ が dassanaṃ の d という子音の前で消失している。

ariya（a. 語基）聖なる　　sacca（n.pl.gen.）諦、真理

dassanaṃ / dassana（n.sg.nom.）見、見識、見解

ariyasaccāna dassanaṃ 諸聖諦を見ること

buddhānaṃ + sāsanaṃ → buddhāna sāsanaṃ

buddhānaṃ の ṃ が sāsanaṃ の s という子音の前で消失している。

buddhānaṃ / buddha（m.pl.gen.）　仏 陀　　sāsanaṃ / sāsana（n.sg.nom.）教え

諸仏の（buddhāna）教え（sāsaanaṃ）

⑦ ṃ の後の母音は時に消失する。

例　idaṃ + api = idaṃ pi → idam pi

idaṃ の ṃ の後の api の a という母音が消失して pi となっている。そのため idaṃ の ṃ も p の前なので連声して m となっている。

idaṃ / imaṃ（指示代名詞. n.sg.nom.）　これ　　api（indecl.）～もまた

idam pi これもまた

tvaṃ + asi → tvaṃ si

tvaṃ の ṃ の後の asi の a という母音が消失して si となっている。

tvaṃ（人称代名詞. 2人称. sg.nom.）　あなたは

asi / atthi（v.pr. 2人称. sg.）ある

あなたは（tvaṃ）ある（si）。

abhinanduṃ + iti = abinanduṃ ti → abhinandun ti

abhinanduṃ の ṃ の後の iti の i という母音が消失して ti となっている。そのため abhinanduṃ の ṃ も t の前なので連声して n となっている。

abhinanduṃ / abhinandati（v.aor. 3人称. pl.）大いに喜ぶ

iti（indecl.）～と

abhinandun ti 彼等は大いに喜んだ、と。

cakkaṃ + iva → cakkaṃ va

cakkaṃ の ṃ の後の iva の i という母音が消失して va となっている。

cakkaṃ / cakka（n.sg.nom.）輪　iva（indecl.）～のように、同様に

cakkaṃ va 輪のように

hi alaṃ + idāni = halaṃ + dāni → halan dāni

alaṃ の ṃ の後の idāni の i という母音が消失して dāni となっている。そのため halaṃ の ṃ も d の前なので連声して n となっている。

hi（adv.）実に　alaṃ（adv.）十分に、適当な、もう沢山だ

idāni（indecl.adv.）今

halan dāni 今や実に充足せり、今や実に十分だ

また hi + alaṃ で hi の i がとれて alaṃ の最初の a が残っている

hi + alaṃ → halaṃ

⑧母音間又は母音と子音の間に ṃ が挿入されることがある。

例　cakkhu + udapādi → cakkuṃ udapādi

cakkhu（n.sg.nom.）　眼 udapādi / uppajjati（v.aor. 3人称. sg.）生じる、起る

cakkhuṃ udapādi 眼が生じた

※ここでの cakkhuṃ は cakkhu（n.）の単数主格と見ることもできる。

aṇu + thūlāni → aṇuṃthūlāni

aṇu（a. 語基）微少の、微細の

thūlāni / thūla（a.n.pl.nom.）粗大の、あらい

aṇuṃthūlāni 細麁（さいそと読む）諸々の微細のものと粗大のもの

manopubba + gama → manopubbaṃgama（ダンマパダ第一偈、第二偈）

manopubba = mano + pubba

mano（n. 語基）意、心　　pubba（a. 語基）前の、さきに

gama（a. 語基）行く

意が（mano）先（pubbaṃ）行（gama）する

yāva + c'idha = yāvaṃ cidha → yāvañc'idha

yāva と c の間に ṃ が挿入され、その ṃ が c と連声して ñ となっている。

yāva（adv.）～まで、限り、～の間は

c'idha = ca + idha　　ca（conj.）そして　　idha（indecl.adv.）ここに

そして（c'）ここに（idha）～するまで（yāva）

ava + siro → avaṃsiro

ava と siro の間に ṃ が挿入されている。

ava（pref.）下に、彼方に、時としては　　sira（m.n.sg.acc.）頭

avaṃsiro　頭を下にして

p62 混合連声

(1)

$$\text{ti} \quad + \begin{cases} \text{a} \\ \bar{\text{a}} \\ \text{e} \end{cases} = \text{ty} = \text{cc}$$

例　ati + anta = aty anta = accanta

ati（indecl.adv.）非常に、はなはだ　　anta（m.）辺、終極

accanta 極辺の

pati + aya = paty aya = paccaya 縁

jāti + andha = jāty andha = jaccandha

jāti（f. 語基）生れ、生　　andha（a. 語基）盲目なる

jaccandha 生盲　生まれながらの盲目

iti + ādi = ity ādi = iccādi

iti（indecl.）〜と　　ādi（m.n.）等、など　　iccādi　と等

iti + evaṃ = ity evaṃ = iccevaṃ

iti（indecl.）〜と　　evaṃ（adv.）このように

iccevaṃ とこのように、と斯く

特例　ti + eva = tveva

ti / iti（indecl.）〜と eva（adv.）まさに、真に、即ち、ただ、こそ、のみ

tveva とぞ

（2）

$$\text{di} + \begin{cases} \bar{\text{a}} \\ \text{e} \end{cases} = \text{dy} = \text{jj}$$

例　nadī + ā = nadyā = najjā　　河によりて

yadi + evaṃ = yady evaṃ = yajjevaṃ

yadi（conj.）もし〜ならば　　evaṃ（adv.）このように

yajjevaṃ もしこのようであったなら

(3)

$$\text{dhi} + \begin{cases} \text{a} \\ \text{e} \\ \text{o} \end{cases} = \text{dhy} = \text{jjh}$$

例　**adhi + agamā = adhy agamā = ajjhagamā**

adhi(pref.) 上に、超えて　　agamā / gacchati(v.aor. 2 / 3 人称. sg.) 行く

ajjhagamā 到達した

← adhigacchati(v.aor.1/2/3 人称. sg.) 到る、得る、理解する

bodhi + aṅga = bodhy aṅga = bojjhaṅga

bodhi(f. 語基) 智、覚　aṅga(n. 語基) 部分、支分

bojjhaṅga(a. 語基) 覚支

adhi + esati = adhy esati = ajjhesati

adhi(pref.) 上に、増上　　esati(v.pr. 3 人称. sg.) 求む、努力す、探す

ajjhesati(v.pr. 3 人称. sg.) 欲求す、希求する、請う

adhi(pref.) 上に、増上　ajjhokāsa(m. 語基) 露地、野外

(4)

$$\text{bhi} + \begin{cases} \bar{\text{a}} \\ \text{u} \\ \text{o} \end{cases} = \text{bhy} = \text{bbh}$$

例　**abhi + ācikkhana = abhy ācikkhana = abbhācikkhana**

abhi(pref.) ～に向って、対して、過ぎて

ācikkhana(n.) 告知、告げること

abbhācikkhana（n.） 誹謗、中傷

abhi + uggacchati = abhy uggacchati = abbhuggacchati

abhi（pref.） ～に向く、向って、対して、過ぎて

uggacchati（v.pr. 3人称. sg.） 昇る、起こる、発生す

abbhuggacchati（v. pr. 3人称. sg.） ～へ向かって行く、昇る、あがる

abhi + okāsa = abhy okāsa = abbhokāsa

abhi（pref.） ～に向く、向って、対して、過ぎて

okāsa（m.） 虚空、場所、機会

abbhokāsa（m. 語基） 戸外、野外、蔭なきところ、開かれたところ、露天、野天

（5） pi + e = pye /ppe

例 api + ekacce = apy ekacce = appekacce

api（indecl.adv.） ～もまた、さえも

ekacce/ ekacca（a.pl.nom.） ある、ある一類の、

また（api）一部の人々は（ekacce）

api + eva nāma = apy eva nāma = appevanāma

api（indecl.adv.） ～もまた、さえも　eva（adv.） まさに、こそ

nāma（adv.） 実に、恐らくは　api nāma また、実に、思うに

appeva nāma　恐らくは、多分、恐らく～せば、よかろう

第四章　名詞・形容詞の曲用

八つの格と曲用

八つの格について見ていきます。

1．主格（nominative）

「～は」「～が」の意味のもので、主語に当るものです。

たとえばBuddhoはBuddhaという男性名詞（m.）の単数（sg.）の主格（nom.）です。日本語では「仏陀」という名詞と「は」あるいは「が」という助詞に分かれていますが、パーリ語ではBuddhoで「仏陀は」「仏陀が」という意味になります。

2．対格（accusative）

「～を」「～に」の意味のもので、目的語になるものです。

たとえばBuddhaṃはBuddhaという男性名詞（m.）の単数（sg.）の対格（acc.）です。日本語では「仏陀」という名詞と「を」あるいは「に」という助詞に分かれていますが、パーリ語ではBuddhaṃで「仏陀を」「仏陀に」という意味になります。

3．具格（instrumental）

「～によって」「～とともに」の意味のもので、英語のby, withに相当します。BuddhenaはBuddhaという男性名詞（m.）の単数（sg.）の具格（instr.）です。意味は「仏陀によって」となります。

4．奪格（ablative）

「～から」「～ゆえに」の意味のもので、英語のfrom, sinceに相当します。Buddhā, Buddhato, Buddhasmā, BuddhamhāはBuddhaという男性名詞（m.）の単数（sg.）の奪格（abl.）です。意味は「仏陀から」などとなります。

5．与格（dative）

「～のために」の意味のもので、英語の for, to に相当します。Buddhāya, Buddhassa は Buddha という男性名詞（m.）の単数（sg.）の与格（dat.）です。意味は「仏陀のために」となります。

6．属格（genitive）

「～の」「～にとって」の意味のもので、英語の所有格 of, -'s に相当します。Buddhassa は Buddha という男性名詞（m.）の単数（sg.）の属格（gen.）です。意味は「仏陀の」です。

7．処格（locative）

「～において」「～で」「～について」など場所を表すときに用いられるもので、英語の in, on に相当します。Buddhe, Buddhasmiṃ, Buddhamhi は Buddha という男性名詞（m.）の単数（sg.）の処格（loc.）です。意味は「仏陀において」です。

8．呼格（vocative）

「～よ」という呼びかけるときに用いられる格です。

Buddha は Buddha という男性名詞（m.）の単数（sg.）の呼格（voc.）です。意味は「仏陀よ」です。

この八つの格の実際の語尾変化については、増補改訂パーリ語辞典 379 ページ以下に出ています。基本となるのは a 語基男性名詞ですのでそれをもとにして説明していきます。

例は buddha です。この buddha の最後が a となっているので a 語基といいます。この最後のところが i になっていると i 語基ということになります。パーリ語ではこの最後の語基になる部分が性・数・格の違いによって変化して意味を表します。

それでは buddha という言葉で説明していきましょう。まず buddha は男性名詞です（m. と略します）。

① buddho　単数（sg.）主格（nominative）「ブッダが」「ブッダは」

a 語基の a のところが o になっています。曲用表で調べたら sg.(単数) nom.(主格) です。

単数主格ですから、意味は「ブッダが」「ブッダは」となります。そこで buddho は「ブッダが」「ブッダは」という意味だと解ります。

このように buddho というように a 語基の a のところが o に変わったら「ブッダが」という単数主格になると覚えておきましょう。

o →単数主格、意味は「〜が」「〜は」だと関連づけて覚えましょう。

② buddhaṃ　単数（sg.）対格（accusative）「ブッダを」「ブッダに」

a 語基の a のところが aṃ になっています。曲用表で調べたら sg.(単数) acc.(対格) です。

単数対格ですから、意味は「ブッダを」「ブッダに」となります。そこで buddhaṃ は「ブッダを」「ブッダに」という意味だと解ります。

このように buddhaṃ というように a 語基の a のところが aṃ に変わったら「ブッダを」という単数対格になると覚えておきましょう。

aṃ →単数対格、意味は「〜を」「〜に」だと関連づけて覚えましょう。

③ buddhena　単数（sg.）具格（instrumental）「ブッダによって」

a 語基の a のところが ena になっています。曲用表で調べたら sg.(単数) instr.(具格) です。

単数具格ですから、意味は「ブッダによって」となります。そこで buddhena は「ブッダによって」という意味だと解ります。

このように buddhena というように a 語基の a のところが ena に変わったら「ブッダによって」という単数具格になると覚えておきましょう。

ena →単数具格、意味は「〜によって」だと関連づけて覚えましょう。

④ buddhā, buddhato, buddhasmā, buddhamhā

単数（sg.）奪格（ablative）「ブッダから」「ブッダゆえに」

a 語基の a のところが ā であったり ato であったり asmā であったりしま

す。曲用表で調べたら sg.(単数)abl.(奪格) です。

ā, ato, asmā, amhā と語尾は単数四種類ありますが、いずれも意味は「〜から」「〜ゆえに」です。「ブッダから」「ブッダゆえに」となります。そこで buddhā, buddhato, buddhasmā, buddhamhā は「ブッダから」あるいは「ブッダゆえに」という意味だと解ります。

このように buddhā, buddhato, buddhasmā, buddhamhā というように語基 a が ā, ato, asmā, amhā などに変わったら「ブッダから」という単数奪格になると覚えておきましょう。

ā, ato, asmā, amhā →単数奪格、意味は「〜から」だと関連づけて覚えましょう。

⑤ buddhāya, buddhassa　単数（sg.）与格（dative）「ブッダのために」

a 語基の a のところが āya, assa になっています。曲用表で調べたら sg.(単数)dat.(与格) です。

単数与格ですから、意味は「ブッダのために」となります。そこで buddhāya, buddhassa は「ブッダのために」という意味だと解ります。

このように buddhāya, buddhassa というように語基 a が āya や assa に変わったら「ブッダのために」という単数与格になると覚えておきましょう。

āya, assa →単数与格、意味は「〜のために」だと関連づけて覚えましょう。

⑥ buddhassa　単数（sg.）属格（genitive）「ブッダの_

a 語基の a のところが assa になっています。曲用表で調べたら sg.(単数) gen.(属格) です。assa になるのは単数与格もそうですが、前後の文章の意味から考え、単数属格が適当だと思えば単数属格にしますし、前後の文章の意味から考え、単数与格が適当だと思えば単数与格とします。

単数属格ですから、意味は「ブッダの」となります。そこで buddhassa は「ブッダの」という意味だと解ります。

このように buddhassa というように語基 a が assa に変わったら「ブッダ

の」という単数属格になると覚えておきましょう。

assa→単数属格、意味は「～の」だと関連づけて覚えましょう。

⑦ buddhe, buddhasmiṃ, buddhamhi　単数（sg.）処格（locative）「ブッダにおいて」

a 語基の a のところが e, asmiṃ, amhi になっています。曲用表で調べたら sg.(単数)loc.(処格）です。

e, asmiṃ, amhi と語尾は三種類ありますが、いずれも意味は「ブッダにおいて」「ブッダについて」「ブッダに関して」などとなります。そこで buddhe, buddhasmiṃ, buddhamhi は「ブッダにおいて」などの意味だと解ります。

このように buddhe, buddhasmiṃ, buddhamhi というように語基 a が e, asmiṃ, amhi に変わったら「ブッダにおいて」という単数処格になると覚えておきましょう。

e, asmiṃ, amhi →単数処格、意味は「～において」だと関連づけて覚えましょう。

⑧ buddha　単数（sg.）呼格（vocative）「ブッダよ」

a 語基の a のところがそのまま変わらず a になっています。曲用表で調べたら sg.(単数)voc.(呼格）です。

単数呼格ですから、意味は「ブッダよ」となります。そこで buddha は「ブッダよ」という意味だと解ります。

このように buddha というように語基 a がそのまま変化していなかったら「ブッダよ」という単数呼格になると覚えておきましょう。

a →単数呼格、意味は「～よ」だと関連づけて覚えましょう。

⑨ buddhā, dhammā　複数（pl.）主格（nom.）呼格（voc.）

「ブッダたちは、ブッダたちが」＝複数主格

複数呼格の場合、「ブッダたちよ」と呼びかけることは不可能ですので

（なぜならば一つの世界に一人のブッダだけが現れるので、複数のブッダに呼びかけることはあり得ないことですから。）複数呼格はdhammaを使って説明します。

「諸々の法よ」＝複数呼格

a語基のaのところがāになっています。曲用表で調べたらpl.(複数)nom.(主格）あるいはpl.(複数)voc.(呼格）と、もう一つsg.(単数)abl.(奪格)もそうなっています。そこでこの三つの可能性の中から最も適したものを撰びます。

複数（pl.）主格（nom.）の場合、意味は「ブッダたちは」、複数（pl.）呼格（voc.）の場合、意味は「諸々の法よ」、単数（sg.）奪格（abl.）の場合、意味は「ブッダから」となります。

このようにbuddhā, dhammāなどのように語基aがāに変わったら複数主格「ブッダたちは」、あるいは複数呼格「諸々の法よ」、などとなると覚えておきましょう。

ā→複数主格、あるいは複数呼格、あるいは単数奪格、意味は複数主格の場合「～たちは」、複数呼格の場合「～たちよ」、単数奪格の場合「～から」だと関連づけて覚えましょう。

⑩ buddhe　複数（pl.）対格（accusative）「ブッダたちを」

a語基のaのところがeになっています。曲用表で調べたらpl.(複数)acc.(対格）です。ただsg.(単数)loc.(処格）もaのところがeとなっているものがあります。この場合文章の中でpl.accとsg.loc.とどちらが適当か調べて、その適当なものを撰んでそれで訳をします。

複数対格ですから、意味は「ブッダたちを」となります。そこでbuddheは「ブッダたちを」という意味だと解ります。

このようにbuddheというように語基aがeに変わったら「ブッダたちを」という複数対格になると覚えておきましょう。（ただ、単数処格もあり得ることを心にとどめておきましょう。）

e→複数対格、意味は「～たちを」だと関連づけて覚えましょう。

⑪ buddhehi, buddhebhi　複数（pl.）具格（instr.）奪格（abl.）

a 語基の a のところが ehi あるいは ebhi となっています。曲用表で調べたら pl.(複数)instr.(具格) あるいは pl.(複数)abl.(奪格) です。これは pl.instr. も pl.abl. も全く同じ形ですから、文章の中でどちらがふさわしいかを決めて訳するほかにありません。

複数具格でしたら、意味は「ブッダたちによって」となります。そこで buddhehi, buddhebhi は「ブッダたちによって」という意味だと解ります。

複数奪格でしたら、意味は「ブッダたちから」となります。そこで buddhehi, buddhebhi は「ブッダたちから」という意味だと解ります。

このように buddhehi, buddhebhi というように a 語基の a のところが ehi や ebhi に変わったら「ブッダたちによって」という意味の複数具格か、「ブッダたちから」という意味の複数奪格になると覚えておきましょう。

ehi, ebhi →複数具格、あるいは複数奪格であり、意味は具格であれば「～たちによって」、奪格であれば「～たちから」だと関連づけて覚えましょう。

⑫ buddhānaṃ　複数（pl.）与格（dat.）属格（gen.）

a 語基の a のところが ānaṃ となっています。曲用表で調べたら pl.(複数) dat.(与格) あるいは pl.(複数)gen.(属格) です。これは pl.dat. も pl.gen. も全く同じ形ですから、文章の中でどちらがふさわしいかを決めて訳するほかにありません。

複数与格でしたら、意味は「ブッダたちのために」となります。そこで buddhānaṃ は「ブッダたちのために」という意味だと解ります。

複数属格でしたら、意味は「ブッダたちの」となります。そこで buddhānaṃ は「ブッダたちの」という意味だと解ります。

このように buddhānaṃ というように a 語基の a のところが ānaṃ に変わったら「ブッダたちのために」という意味の複数与格か、「ブッダたちの」という意味の複数属格になると覚えておきましょう。

ānaṃ →複数与格、あるいは複数属格であり、意味は与格であれば「～たちのために」、属格であれば「～たちの」だと関連づけて覚えましょう。

⑬ buddhesu　複数（pl.）処格（loc.）

a 語基の a のところが esu となっています。曲用表で調べたら pl.(複数) loc.(処格) です。

複数処格ですから、意味は「ブッダたちにおいて」となります。そこで buddhesu は「ブッダたちにおいて」という意味だと解ります。

このように buddhesu というように a 語基の a のところが esu に変わったら「～たちにおいて」という意味の複数処格になると覚えておきましょう。

esu →複数処格であり、意味は「～たちにおいて」だと関連づけて覚えましょう。

これで a 語基男性の曲用の説明を終わりました。

a 語基　m. 男性　　例　buddha(仏)

sg.			
nom.	-o	buddho	ブッダは
voc.	-a	buddha	ブッダよ
acc.	-aṃ	buddhaṃ	ブッダを
instr.	-ena	buddhena	ブッダによって
abl.	-ā/-ato/ -asmā/-amhā	buddhā /buddhato buddhasmā /buddhamhā	ブッダから
dat.	-āya/-assa	buddhāya/buddhassa	ブッダのために
gen.	-assa	buddhassa	ブッダの
loc.	-e/-asmiṃ/ -amhi	buddhe/buddhasmiṃ buddhamhi	ブッダにおいて
pl.			
nom.voc.	-ā	buddhā	ブッダたちは
acc.	-e	buddhe	ブッダたちを
instr.abl.	-ehi -ebhi	buddhehi buddhebhi	(instr.) ブッダたちによって (abl.) ブッダたちから

dat.gen.	-ānaṃ	buddhānaṃ	(dat.) ブッダたちのために (gen.) ブッダたちの
loc.	-esu	buddhesu	ブッダたちにおいて

a 語基　m. 男性　　例　dhamma(法)

sg.			
nom.	-o	dhammo	法は
voc.	-a	dhamma	法よ
acc.	-aṃ	dhammaṃ	法を
instr.	-ena	dhammena	法によって
abl.	-ā/-ato/ -asmā/-amhā	dhammā / dhammato dhammasmā/dhammamhā	法から
dat.	-āya/-assa	dhammāya/dhammassa	法のために
gen.	-assa	dhammassa	法の
loc.	-e/-asmiṃ/ -amhi	dhamme/dhammasmiṃ dhammamhi	法において
pl.			
nom.voc.	-ā	dhammā	諸々の法は　/　諸々の法よ
acc.	-e	dhamme	諸々の法を
instr.abl.	-ehi -ebhi	dhammehi dhammebhi	(instr.) 諸々の法によって (abl.) 諸々の法から
dat.gen.	-ānaṃ	dhammānaṃ	(dat.) 諸々の法のために (gen.) 諸々の法の
loc.	-esu	dhammesu	諸々の法において

a 語基　n. 中性　　例　phala(果)

sg.			
nom.	-aṃ	phalaṃ	果は
voc.	-a	phala	果よ
acc.	-aṃ	phalaṃ	果を
instr.	-ena	phalena	果によって

abl.	-ā/-ato/ -asmā/-amhā	phalā /phalato phalasmā /phalamhā	果から
dat.	-āya/-assa	phalāya/phalassa	果のために
gen.	-assa	phalassa	果の
loc.	-e/-asmiṃ/ -amhi	phale/phalasmiṃ phalamhi	果において
		pl.	
nom.voc.	-āni	phalāni	諸々の果は 諸々の果よ
acc.	-āni	phalāni	諸々の果を
instr.abl.	-ehi -ebhi	phalehi phalebhi	(instr.) 諸々の果によって (abl.) 諸々の果から
dat.gen.	-ānaṃ	phalānaṃ	(dat.) 諸々の果のために (gen.) 諸々の果の
loc.	-esu	phalesu	諸々の果において

a 語基中性で a 語基男性と違うところは、単数では主格です。aṃ となるのは a 語基中性の対格も同じですから、a 語基中性で語尾が aṃ となっているものは主格か対格かどちらが適当か決める必要があります。

次に a 語基中性の複数では主格と呼格、対格が āni となります。たとえば phalāni となっている場合中性複数主格なら phalāni は「諸々の果は」という意味になります。もし中性複数呼格なら、phalāni は「諸々の果よ」という意味になります。そして中性複数対格なら、phalāni は「諸々の果を」という意味になります。この三つの可能性の中からもっともふさわしいものを撰んで訳します。あとは a 語基男性と同じ曲用をします。

ā 語基　f. 女性　　例　gāthā(偈)

		sg.	
nom.	-ā	gāthā	偈は
voc.	-e	gāthe	偈よ
acc.	-aṃ	gāthaṃ	偈を

instr.abl. dat.gen.	-āya	gāthāya	(instr.) 偈によって　(abl.) 偈から (dat.) 偈のために　(gen.) 偈の
loc.	-āya -āyaṃ	gāthāya gāthāyaṃ	偈において
pl.			
nom.voc. acc.	-ā -āyo	gāthā gāthāyo	(nom.) 諸々の偈は　(voc.) 諸々の偈よ (acc.) 諸々の偈を
instr.abl.	-āhi -ābhi	gāthāhi gāthābhi	(instr.) 諸々の偈によって (abl.) 諸々の偈から
dat.gen.	-ānaṃ	gāthānaṃ	(dat.) 諸々の偈のために (gen.) 諸々の偈の
loc.	-āsu	gāthāsu	諸々の偈において

ā 語基女性では単数主格が ā となっています。gāthā を例にします。sg.nom. が gāthā で「偈は」という意味になります。sg.voc. が gāthe で「偈よ」という意味になります。sg.acc. が gāthaṃ で「偈を」という意味になります。この acc. では gāthā の最後の ā のところが aṃ になります。決して āṃ とはなりません。そこのところ注意が必要です。

そして sg.instr.abl.dat.gen.loc. まで āya という語尾になります。ですから gāthāya となっておれば、instr.「偈によって」abl.「偈から」dat.「偈のために」gen.「偈の」loc.「偈において」の五つの可能性があります。その中から最もふさわしいものを撰びます。sg.loc. は語尾 āya 以外に āyaṃ という語尾もあります。gāthāyaṃ となっておれば sg.loc. に確定できます。gāthāyaṃ「偈において」です。

次に複数です。nom.voc.acc. が同じで ā か āyo です。そこで ā となっていた場合は、先に単数か複数かを調べて、どちらか適当なものを撰ぶ必要があります。単数主格も ā の語尾となっているのでどちらかに決める必要があるのです。複数、主格、呼格、対格は語尾が ā か āyo ですので、最も適したものを撰んでそれに決定します。複数 instr.abl. もともに āhi, ābhi が語尾ですので、どちらかふさわしいものを撰びます。

複数 dat.gen. も共に ānaṃ が語尾ですので、どちらかふさわしいものを撰びます。また複数 loc. は語尾が āsu で gāthāsu となっています。

i 語基　m. 男性　　例　aggi（火）

sg.			
nom.voc.	-i	aggi	（nom.）火は（voc.）火よ
acc.	-iṃ	aggiṃ	火を
instr.	-inā	agginā	火によって
abl.	-inā/-ito -ismā/-imhā	agginā/aggito aggismā/aggimhā	火から
dat. gen.	-ino -issa	aggino aggissa	（dat.）火のために （gen.）火の
loc.	-ismiṃ/-imhi	aggismiṃ/aggimhi	火において
pl.			
nom.voc. acc.	-ī -ayo	aggī aggayo	（nom.）諸々の火は（voc.）諸々の火よ （acc.）諸々の火を
instr.abl.	-ī̆hi -ī̆bhi	aggī̆hi aggī̆bhi	（instr.）諸々の火によって （abl.）諸々の火から
dat.gen.	-ī̆naṃ	aggī̆naṃ	（dat.）諸々の火のために （gen.）諸々の火の
loc.	-ī̆su	aggī̆su	諸々の火において

例の aggi を見ますと、語尾の i が変化して格変化します。それで i 語基と言います。この pl. のところに instr.abl.-ī̆hi, -ī̆bhi となっています。その˘ですが、これは短音（のばさない音）を示しています。また˘の下の - は長音（のばす音）を示しています。たとえば ī̆hi ならばイヒ（ihi）と発音してもいいし、イーヒ（īhi）と発音してもいいということです。aggī̆hi ならば「アッギヒ」と発音してもいいし、「アッギーヒ」と発音してもいいということです。

i 語基　n. 中性　　例　akkhi（眼）

sg.			
nom.voc.	-i/-iṃ	akkhi/akkhiṃ	(nom.) 眼は (voc.) 眼よ
acc.	-iṃ	akkhiṃ	眼を
instr.	-inā	akkhinā	眼によって
abl.	-inā/-ito -ismā/-imhā	akkhinā/akkhito akkhismā/akkhimhā	眼から
dat. gen.	-ino -issa	akkhino akkhissa	(dat.) 眼のために (gen.) 眼の
loc.	-ismiṃ/-imhi	akkhismiṃ/akkhimhi	眼において
pl.			
nom.voc. acc.	-īni -ī	akkhīni akkhī	(nom.) 諸々の眼は (voc.) 諸々の眼よ (acc.) 諸々の眼を
instr.abl.	-īhi -ībhi	akkhīhi akkhībhi	(instr.) 諸々の眼によって (abl.) 諸々の眼から
dat.gen.	-ī̆naṃ	akkhī̆naṃ	(dat.) 諸々の眼のために (gen.) 諸々の眼の
loc.	-ī̆su	akkhī̆su	諸々の眼において

i 語基　f. 女性　　例　jāti（生）

sg.			
nom.voc.	-i	jāti	(nom.) 生は (voc.) 生よ
acc.	-iṃ	jātiṃ	生を
instr.abl. dat.gen.	-iyā	jātiyā（＝jaccā）　※ jaccā は jātiyā が発音しやすくするため jaccā となったもの	(instr.) 生によって (abl.) 生から (dat.) 生のために (gen.) 生の
loc.	-iyā/-iyaṃ	jātiyā（＝jaccā） jātiyaṃ（＝jaccaṃ）	生において

pl.			
nom.voc. acc.	-ī -iyo	jātī jātiyo(jacco)	(nom.) 諸々の生は (voc.) 諸々の生よ (acc.) 諸々の生を
instr.abl.	-īhi -ībhi	jātīhi jātībhi	(instr.) 諸々の生によって (abl.) 諸々の生から
dat.gen.	-ī̆naṃ	jātī̆naṃ	(dat.) 諸々の生のために (gen.) 諸々の生の
loc.	-īsu	jātīsu	諸々の生において

ī 語基　f. 女性　　例　nadī(河)

sg.			
nom.voc.	-ī	nadī	(nom.) 河は (voc.) 河よ
acc.	-iṃ	nadiṃ	河を
instr.abl. dat.gen.	-iyā	nadiyā(= najjā)	(instr.) 河によって (abl.) 河から (dat.) 河のために (gen.) 河の
loc.	-iyā/-iyaṃ	nadiyā(= najjā) nadiyaṃ(= najjaṃ)	河において
pl.			
nom.voc. acc.	-ī -iyo	nadī nadiyo(najjo)	(nom.) 諸々の河は (voc.) 諸々の河よ (acc.) 諸々の河を
instr.abl.	-īhi -ībhi	nadīhi nadībhi	(instr.) 諸々の河によって (abl.) 諸々の河から
dat.gen.	-ī̆naṃ	nadī̆naṃ	(dat.) 諸々の河のために (gen.) 諸々の河の
loc.	-ī̆su	nadī̆su	諸々の河において

ここで nadiyā が najjā になったり、nadiyaṃ が najjaṃ になったり、nadiyo が najjo になっているのは、すべて発音しやすくなるため。

u 語基　m. 男性　例　bhikkhu（比丘）

sg.			
nom.voc.	-u	bhikkhu	（nom.）比丘は（voc.）比丘よ
acc.	-uṃ	bhikkuṃ	比丘を
instr.	-unā	bhikkhunā	比丘によって
abl.	-unā/-uto/ -usmā/-umhā	bhikkhunā/bhikkhuto bhikkhusmā/bhikkhumhā	比丘から
dat.gen	-uno/-ussa	bhikkhuno/bhikkhussa	（dat.）比丘のために（gen.）比丘の
loc.	-usmiṃ -umhi	bhikkhusmiṃ bhikkhumhi	比丘において
pl.			
nom.voc. acc.	-ū -avo	bhikkhū/bhikkhavo bhikkhave（voc.）	（nom.）比丘たちは（voc.）比丘たちよ （acc.）比丘たちを
instr.abl.	-ūhi, -uhi -ūbhi, -ubhi	bhikkhūhi, bhikkhuhi bhikkhūbhi, bhikkhubhi	（instr.）比丘たちによって （abl.）比丘たちから
dat.gen.	-ū̆naṃ	bhikkhū̆naṃ	（dat.）比丘たちのために （gen.）比丘たちの
loc.	-ū̆su	bhikkhū̆su	比丘たちにおいて

u 語基　n. 中性　　例　cakkhu（眼）

sg.			
nom.voc.	-u/-uṃ	cakkhu/cakkhuṃ	（nom.）眼は（voc.）眼よ
acc.	-uṃ	cakkhuṃ	眼を
instr.	-unā	cakkhunā	眼によって
abl.	-unā/-uto/ -usmā/-umhā	cakkhunā/cakkhuto cakkhusmā/cakkhumhā	眼から
dat.gen	-uno/-ussa	cakkhuno/cakkhussa	（dat.）眼のために（gen.）眼の
loc.	-usmiṃ -umhi	cakkhusmiṃ cakkhumhi	眼において

pl.			
nom.voc. acc.	-ūni -ū	cakkhūni cakkhū	(nom.) 諸々の眼は (voc.) 諸々の眼よ (acc.) 諸々の眼を
instr.abl.	-ǔhi -ǔbhi	cakkhǔhi cakkhǔbhi	(instr.) 諸々の眼によって (abl.) 諸々の眼から
dat.gen.	-ǔnaṃ	cakkhǔnaṃ	(dat.) 諸々の眼のために (gen.) 諸々の眼の
loc.	-ǔsu	cakkhǔsu	諸々の眼において

u 語基　f. 女性　　例　dhenu（牝牛）

sg.			
nom.voc.	-u	dhenu	(nom.) 牝牛は (voc.) 牝牛よ
acc.	-uṃ	dhenuṃ	牝牛を
instr.abl. dat.gen.	-uyā	dhenuyā	(instr.) 牝牛によって (abl.) 牝牛から (dat.) 牝牛のために (gen.) 牝牛の
loc.	-uyā -uyaṃ	dhenuyā dhenuyaṃ	牝牛において
pl.			
nom.voc. acc.	-ū -uyo	dhenū dhenuyo	(nom.) 牝牛たちは (voc.) 牝牛たちよ (acc.) 牝牛たちを
instr.abl.	-ǔhi -ǔbhi	dhenǔhi dhenǔbhi	(instr.) 牝牛たちによって (abl.) 牝牛たちから
dat.gen.	-ǔnaṃ	dhenǔnaṃ	(dat.) 牝牛たちのために (gen.) 牝牛たちの
loc.	-ǔsu	dhenǔsu	牝牛たちにおいて

ū 語基　m. 男性　　例　sabbaññū（一切知者）

sg.			
nom.voc.	-ū	sabbaññū	(nom.) 一切知者は (voc.) 一切知者よ
acc.	-uṃ	sabbaññuṃ	一切知者を

instr.	-unā	sabbaññunā	一切知者によって
abl.	-unā/-uto -usmā/-umhā	sabbaññunā/sabbaññuto sabbaññusmā/sabbaññumhā	(abl.) 一切知者から
dat.gen.	-uno/-ussa	sabbaññuno/sabbaññussa	(dat.) 一切知者のために (gen.) 一切知者の
loc.	-usmiṃ -umhi	sabbaññusmiṃ sabbaññumhi	一切知者において
		pl.	
nom.voc. acc.	-ū -avo	sabbaññū sabbaññavo	(nom.) 一切知者たちは (voc.) 一切知者たちよ (acc.) 一切知者たちを
instr.abl.	-ǖhi -ǖbhi	sabbaññǖhi sabbaññǖbhi	(instr.) 一切知者たちによって (abl.) 一切知者たちから
dat.gen.	-ǖnaṃ	sabbaññǖnaṃ	(dat.) 一切知者たちのために (gen.) 一切知者たちの
loc.	-ǖsu	sabbaññǖsu	一切知者たちにおいて

ū 語基　f. 女性　　例　jambū（閻浮樹）

		sg.	
nom.voc.	-ū	jambū	(nom.) 閻浮樹は (voc.) 閻浮樹よ
acc.	-uṃ	jambuṃ	閻浮樹を
instr.abl. dat.gen.	-uyā	jambuyā	(instr.) 閻浮樹によって (abl.) 閻浮樹から (dat.) 閻浮樹のために (gen.) 閻浮樹の
loc.	-uyā -uyaṃ	jambuyā jambuyaṃ	閻浮樹において
		pl.	
nom.voc. acc.	-ū -uyo	jambū jambuyo	(nom.) 諸々の閻浮樹は (voc.) 諸々の閻浮樹よ (acc.) 諸々の閻浮樹を
instr.abl.	-ǖhi -ǖbhi	jambǖhi jambǖbhi	(instr.) 諸々の閻浮樹によって (abl.) 諸々の閻浮樹から

dat.gen.	-ŭnaṃ	jambŭnaṃ	(dat.) 諸々の閻浮樹のために (gen.) 諸々の閻浮樹の
loc.	-ŭsu	jambŭsu	諸々の閻浮樹において

o 語基　m. 男性　　例　go(牡牛)

sg.		
nom.voc.	go/goṇo	(nom.) 牛は (voc.) 牛よ
acc.	găvaṃ/găvuṃ/goṇaṃ	牛を
instr.	găvena	牛によって
abl.	găvā/găvasmā/gāvamhā	牛から
dat.gen.	găvassa	(dat.) 牛のために (gen.) 牛の
loc.	găve, găvasmiṃ găvamhi	牛において
pl.		
nom.voc.	gāvo	(nom.) 牛たちは (voc.) 牛たちよ
acc.	gāvo, goṇe	牛たちを
instr.abl.	gohi/gobhi/gavehi	(instr.) 牛たちによって (abl.) 牛たちから
dat.gen.	gavaṃ/gunnaṃ gonaṃ/goṇānaṃ	(dat.) 牛たちのために (gen.) 牛たちの
loc.	găvesu/gosu	牛たちにおいて

an 語基　m. 男性　　例　rājan(王)

sg.			
nom.	-ā	rājā	王は
voc.	-ă	rājă	王よ
acc.	-aṃ/-ānaṃ	rajaṃ/rajānaṃ	王を
instr.	-nā/-ena	rājinā/raññā/rājena	王によって
abl.	-nā/-asmā -amhā	raññā ※ rājasmā/rājamhā	王かう

dat.gen.	-no/-assa	rājino/rañño ※ /rājassa	(dat.) 王のために (gen.) 王の
loc.	-ne/-ni -asmiṃ/-amhi	raññe/rājini/raññi ※ rājasmiṃ/rājamhi	王において
pl.			
nom.voc. acc.	-ā -āno	rājā rājāno	(nom.) 王たちは (voc.) 王たちよ (acc.) 王たちを
instr.abl.	-ehi -ūhi	rājehi rājūhi	(instr.) 王たちによって (abl.) 王たちから
dat.gen.	-ānaṃ/-ūnaṃ	rājānaṃ/rājūnaṃ/raññaṃ	(dat.) 王たちのために (gen.) 王たちの
loc.	-esu/-ūsu	rājesu/rājūsu	王たちにおいて

※ raññā：rajinā・rañño：rājino・raññi：rājini が発音しやすくするため変化したもの。
ここでは複数 instr.abl. の ūhi、dat.gen. の ūnaṃ、loc. の ūsu に注意すること。
類語にも注意。以下の言葉は rājan と同じ曲用をする。
attan 我、addhan 時　路、panthan 路、puman 男、brahman 梵　天、bhasman 灰、muddhan 頭、yuvan 青年、san 犬
すべて an で終わっていて an 語基 m. 男性です。

an 語基　n. 中性　　例　kammam（業）

sg.			
nom.voc. acc.	-a -aṃ	kamma kammaṃ	(nom.) 業は (voc.) 業よ (acc.) 業を
instr.	-anā/-unā -ena	kammanā/kammunā kammena	業によって
abl.	-unā/-asmā -amhā	kammunā/kammasmā kammamhā	業から
dat.gen.	-uno/-assa	kammuno/kammassa	(dat.) 業のために (gen.) 業の
loc.	-ani -asmiṃ/-amhi	kammani/kammasmiṃ kammamhi	業において
pl.			
nom.voc. acc.	-ā -āni	kammā kammāni	(nom.) 諸々の業は (voc.) 諸々の業よ (acc.) 諸々の業を

instr.abl.	-ehi -ebhi	kammehi kammebhi	(instr.) 諸々の業によって (abl.) 諸々の業から
dat.gen.	-ānaṃ	kammānaṃ	(dat.) 諸々の業のために (gen.) 諸々の業の
loc.	-esu	kammesu	諸々の業において

類語　jamman 生れ、thāman 力、(辞書では thāma)、pabban 節、(辞書では pabba)、yakanan 肝臓、(辞書では yakana)、loman 身毛、(辞書では loma)

-ant, -at, [-vant, -vat] 語基　m. 男性　　例　guṇavant(有徳者)

vant, vat は mant, mat, in, āvin などと共に所有を表す接尾辞です。

-ant, -at[-vant, -vat] 語基　m. 男性　　例　guṇavant(有徳者)

sg.			
nom.	-vā/-vanto	guṇavā/ guṇavanto	有徳者は
voc.	-vǎ̄/-vanta -vaṃ	guṇavǎ̄/guṇavanta guṇavaṃ	有徳者よ
acc.	-vaṃ/-vaṇtaṃ	guṇavaṃ/guṇavantaṃ	有徳者を
instr.	-vatā/-vantena	guṇavatā/guṇavantena	有徳者によって
abl.	-vatā/-vantasmā -vantamhā	guṇavatā/guṇavantasmā guṇavantamhā	有徳者から
dat.gen.	-vato -vantassa	guṇavato guṇavantassa	(dat.) 有徳者のために (gen.) 有徳者の
loc.	-vati/-vantasmiṃ -vante/-vantamhi	guṇavati/ guṇavantasmiṃ guṇavante /guṇavantamhi	有徳者において
pl.			
nom.voc.	-vanto/-vantā	guṇavanto/guṇavantā	(nom.) 有徳者たちは (voc.) 有徳者たちよ
acc.	-vanto/-vante	guṇavanto/guṇavante	有徳者たちを
instr.abl.	-vantehi	guṇavantehi	(instr.) 有徳者たちによって (abl.) 有徳者たちから

dat.gen.	-vataṃ -vantānaṃ	guṇavataṃ guṇavantānaṃ	(dat.) 有徳者たちのために (gen.) 有徳者たちの
loc.	-vantesu	guṇavantesu	有徳者たちにおいて

類語　bhagavant 世尊、balavant 有力の、yasavant 名声ある、vaṇṇavant 色沢ある、vusitavant 住し已った、sabbavant 一切を具した、sīlavant 戒ある、sutavant 有聞の

-vant, -vat 語基　n. 中性　　例　guṇavant(有徳者)

sg.			
nom.	-vaṃ/-vantaṃ	guṇavaṃ/ guṇavantaṃ	有徳者は
pl.			
nom.voc. acc.	-vantā -vantāni	guṇavantā guṇavantāni	(nom.) 有徳者たちは (voc.) 有徳者たちよ (acc.) 有徳者たちを

中性は上記以外は ant, at 語基男性に同じ

-atī, -antī, [-vatī, -vantī] 語基　f. 女性　　例　guṇavantī(有徳の者)

sg.			
nom.voc.	-vatī/-vantī	guṇavatī/ guṇavantī	(nom.) 有徳の者は (voc.) 有徳の者よ
acc.	-vatiṃ/-vantiṃ	guṇavatiṃ/guṇavantiṃ	有徳の者を
instr.abl. dat.gen.	-vatiyā -vantiyā	guṇavatiyā guṇavantiyā	(instr.) 有徳の者によって (abl.) 有徳の者から (dat.) 有徳の者のために (gen.) 有徳の者の
loc.	-vatiyā/-vantiyā -vatiyaṃ/-vantiyaṃ	guṇavatiyā/guṇavantiyā guṇavatiyaṃ/guṇavantiyaṃ	有徳の者において

pl.			
nom.voc. acc.	-vatī/-vatiyo -vantī/-vantiyo	guṇavatī/guṇavatiyo guṇavantī/guṇavantiyo	(nom.) 有徳の者たちは (voc.) 有徳の者たちよ (acc.) 有徳の者たちを
instr.abl.	-vatīhi/-vatībhi -vantīhi/-vantībhi	guṇavatīhi/guṇavatībhi guṇavantīhi/guṇavantībhi	(instr.) 有徳の者たちによって (abl.) 有徳の者たちから
dat.gen.	-vatīnaṃ -vantīnaṃ	guṇavatīnaṃ guṇavantīnaṃ	(dat.) 有徳の者たちのために (gen.) 有徳の者たちの
loc.	-vatīsu/-vantīsu	guṇavatīsu/guṇavantīsu	有徳の者たちにおいて

-ant, -at, [-mant, -mat] 語基　m. 男性　　例　āyasmant(尊者)

sg.			
nom.	-mā/-manto	āyasmā/āyasmanto	尊者は
voc.	-mā/-manta/-maṃ	āyasmā/āyasmanta/āyasmaṃ	尊者よ
acc.	-maṃ/-mantaṃ	āyasmaṃ/āyasmantaṃ	尊者を
instr.	-matā/-mantena	āyasmatā/āyasmantena	尊者によって
abl.	-matā/-mantasmā -mantamhā	āyasmatā/āyasmantasmā āyasmantamhā	尊者から
dat.gen.	-mato/-mantassa	āyasmato/āyasmantassa	(dat.) 尊者のために (gen.) 尊者の
loc.	-mati/-mante -mantasmiṃ/-mantamhi	āyasmati/āyasmante/ āyasmantasmiṃ/āyasmantamhi	尊者において

pl.			
nom.voc.	-manto/-mantā	āyasmanto/āyasmantā	(nom.) 尊者たちは (voc.) 尊者たちよ
acc.	-manto/-mante	āyasmanto/āyasmante	尊者たちを
instr.abl.	-mantehi	āyasmantehi	(instr.) 尊者たちによって (abl.) 尊者たちから
dat.gen.	-mataṃ/-mantānaṃ	āyasmataṃ/āyasmantānaṃ	(dat.) 尊者たちのために (gen.) 尊者たちの
loc.	-mantesu	āyasmantesu	尊者たちにおいて

類語　kittimant(有名の)、cakkhumant(眼ある)、pāpimant(波旬)、mutimant(慧ある)、satimant(念ある)
mant, vant は同じく所有の意味を表す接尾辞ですが、a, ā の語尾には vant を、その他の語尾には mant を付けます。

-ant, -at, 語基 m. 男性　現在分詞　　例　gacchant(行きつつある)

動詞３人称単数現在形から現在分詞をつくる。gaccati の語尾 ati を取って ant をつけると ant, at 語基の現在分詞ができます。

gacchati → gacch →＋ ant → gacchant(行きつつあるもの：現在分詞)

また a 語基の曲用をする gacchanta, gacchamāna も現在分詞です。

-ant, -at, 語基 m. 男性　現在分詞　　例　gacchant(行きつつある)

sg.			
nom.	-aṃ/-anto	gacchaṃ/gacchanto	行きつつあるものは
voc.	-aṃ/-a/-anta	gacchaṃ/gaccha gacchanta	行きつつあるものよ

acc.	-antaṃ	gacchantaṃ	行きつつあるものを
instr.	-atā/-antena	gacchatā/gacchantena	行きつつあるものによって
abl.	-atā/-antasmā/ -antamhā	gacchatā/gacchantasmā gacchantamhā	行きつつあるものから
dat.gen.	-ato/-antassa	gacchato/gacchantassa	(dat.) 行きつつあるもののために (gen.) 行きつつあるものの
loc.	-ati/-ante/-antasmiṃ -antamhi	gacchati/gacchante/ gacchantasmiṃ/ gacchantamhi	行きつつあるものにおいて
		pl.	
nom.voc.	-antā/-anto	gacchantā/gacchanto	(nom.) 行きつつあるものたちは (voc.) 行きつつあるものたちよ
acc.	-ante	gacchante	行きつつあるものたちを
instr.abl.	-antehi/-antebhi	gacchantehi gacchantebhi	(instr.) 行きつつあるものたちによって (abl.) 行きつつあるものたちから
dat.gen.	-ataṃ/-antānaṃ	gacchataṃ gacchantānaṃ	(dat.) 行きつつあるものたちのために (gen.) 行きつつあるものたちの
loc.	-antesu	gacchantesu	行きつつあるものたちにおいて

-ant, -at, 語基　n. 中性　　例　gacchant(行きつつある者)

		sg.	
nom.	-aṃ/-antaṃ	gacchaṃ/gacchantaṃ	行きつつある者は

pl.			
nom.voc. acc.	-antā/-antāni	gacchantā/ gacchantāni	(nom.) 行きつつある者たちは (voc.) 行きつつある者たちよ (acc.) 行きつつある者たちを

あとは男性と同じ曲用をします。

-atī, -antī, 語基　f. 女性　　例　gacchantī(行きつつある者)

sg.			
nom.voc.	-atī/-antī	gacchatī/gacchantī	(nom.) 行きつつある者は (voc.) 行きつつある者よ
acc.	-atiṃ/-antiṃ	gacchatiṃ/gacchantiṃ	行きつつある者を
instr.abl. dat.gen.	-atiyā/-antiyā	gacchatiyā gacchantiyā	(instr.) 行きつつある者によって (abl.) 行きつつある者から (dat.) 行きつつある者のために (gen.) 行きつつある者の
loc.	-atiyā/-antiyā -atiyaṃ/-antiyaṃ	gacchatiyā/gacchantiyā gacchatiyaṃ/gacchantiyaṃ	行きつつある者において
pl.			
nom.voc. acc.	-atī/-atiyo -antī/-antiyo	gacchatī/gacchatiyo gacchantī/gacchantiyo	(nom.) 行きつつある者たちは (voc.) 行きつつある者たちよ (acc.) 行きつつある者たちを

instr.abl.	-atīhi/-atībhi -antīhi/-antībhi	gacchatīhi/gacchatībhi gacchantīhi/gacchantībhi	(instr.) 行きつつある者たちによって (abl.) 行きつつある者たちから
dat.gen.	-atīnaṃ/-antīnaṃ	gacchatīnaṃ/gacchantīnaṃ	(dat.) 行きつつある者たちのために (gen.) 行きつつある者たちの
loc.	-atīsu/-antīsu	gacchatīsu/gacchantīsu	行きつつある者たちにおいて

-in, 語基 m. 男性　例　hatthin(象)

in は所有を表す接尾辞で、hattin は hattha(m. 手) に「持っているもの」という意味の接尾辞 in がついたものです。ではなぜ、手を持っているもの＝象なのか。それは象が鼻を手のように自由に使うから、鼻を手にみたてたのです。

sg.			
nom.	-ī̆	hatthī̆	象は
voc.	-i	hatthi	象よ
acc.	-iṃ/-inaṃ	hatthiṃ/hatthinaṃ	象を
instr.	-inā	hatthinā	象によって
abl.	-inā/-ismā/-imhā	hatthinā/hatthismā/hatthimhā	象から
dat.gen.	-ino/-issa	hatthino/hatthissa	(dat.) 象のために (gen.) 象の
loc.	-ini/-ismiṃ/-imhi	hatthini/hatthismiṃ/hatthimhi	象において
pl.			
nom.voc. acc.	-ino/-ī	hatthino/hatthī	(nom.) 象たちは (voc.) 象たちよ (acc.) 象たちを
instr.abl.	-ī̆hi/-ībhi	hatthī̆hi/hatthībhi	(instr.) 象たちによって (abl.) 象たちから

dat.gen.	-ī̆naṃ	hatthī̆naṃ	(dat.) 象たちのために (gen.) 象たちの
loc.	-ī̆su	hatthī̆su	象たちにおいて

類語　gāmin(行く者)、cārin(行者、行う者)、jhāyin(禅者、瞑想する者)、daṇḍin(杖を持つ者)、dassāvin(見る者)、dīpin(豹)、pāṇin(生き物)、matin(思惟ある者)、yogin(修行者、瑜伽者)、vasin(自在者)、vādin(説者)、vāsin(住者)、verin(怨ある者)、satin(念ある者、気づきある者)、sasin(兎ある＝月)、sāmin(主ある者)、sikhin(頂きある)、seṭṭhin(長者)

sikhin は「頂ある」で「頂毛のある」で孔雀となります。また「たてがみのある」で馬となります。また「光焔ある」で火焔となります。

-in 語基　n. 中性　　例　gāmin(行くもの、導くもの)

sg.			
nom.voc.	-i	gāmi	(nom.) 導く者は (voc.) 導く者よ
acc.	-iṃ/-inaṃ	gāmiṃ/gāminaṃ	導く者を
instr.	-inā	gāminā	導く者によって
abl.	-inā/-ismā/-imhā	gāminā/gāmismā/gāmimhā	導く者から
dat.gen.	-ino/-issa	gāmino/gāmissa	(dat.) 導く者のために (gen.) 導く者の
loc.	-ini/-ismiṃ/-imhi	gāmini/gāmismiṃ/gāmimhi	導く者において
pl.			
nom.voc. acc.	-īni/-ī	gāmīni/gāmī	(nom.) 導く者たちは (voc.) 導く者たちよ (acc.) 導く者たちを
instr.abl.	-ī̆hi/-ī̆bhi	gāmī̆hi/gāmī̆bhi	(instr.) 導く者たちによって (abl.) 導く者たちから
dat.gen.	-ī̆naṃ	gāmī̆naṃ	(dat.) 導く者たちのために (gen.) 導く者たちの

loc.	-īsu	gāmīsu	導く者たちにおいて

-as 語基　n. 中性　　例　manas（意）

sg.			
nom.voc. acc.	-o/-aṃ	mano/manaṃ	(nom.) 意は (voc.) 意よ (acc.) 意を
instr.	-asā/-ena	manasā/manena	意によって
abl.	-asā/-asmā/-amhā	manasā/manasmā/manamhā	意から
dat.gen.	-aso/-assa	manaso/manassa	(dat.) 意のために (gen.) 意の
loc.	-asi/-e -asmiṃ/-amhi	manasi/mane/manasmiṃ/manamhi	意において
pl.		なし	

-as 語基　n. 中性　　例　vacas（語）

sg.			
nom.	-o	vaco	語は
voc.	-o/-a	vaco/vaca	語よ
acc.	-o/-aṃ	vaco/vacaṃ	語を
instr.	-asā/-ena/-anā	vacasā/vacena/vacanā	語によって
abl.	-asā/-ā/-anā -asmā/-amhā	vacasā/vacā/vacanā/vacasmā vacamhā	語から
dat.gen.	-aso/-assa	vacaso/vacassa	(dat.) 語のために (gen.) 語の
loc.	-asi/-e/-asmiṃ/-amhi	vacasi/vace/vacasmiṃ/vacamhi	語において
pl.			
nom.voc.	-ā	vacā	(nom.) 諸々の語は (voc.) 諸々の語よ

acc.	-e	vace	諸々の語を
instr.abl.	-ehi/-ebhi	vacehi/vacebhi	(instr.) 諸々の語によって (abl.) 諸々の語から
dat.gen.	-ānaṃ	vacānaṃ	(dat.) 諸々の語のために (gen.) 諸々の語の
loc.	-esu	vacesu	諸々の語において

類語　aghas（苦通）（辞書には agha/n.）、uras（胸）（辞書 ura/m.n.）、cetas（心）（辞書 ceto）、nabhas（雲）、yasas（名称）（辞書 yasa/yaso）、rajas（塵）、rahas（静、幽）vayas（老年）（辞書 vaya, vayo）siras（頭）（辞書 sira）sotas（流、河）

-us 語基　n. 中性　　例　āyus（寿命）

sg.			
nom.voc. acc.	-u/-uṃ	āyu/āyuṃ	(nom.) 寿命は (voc.) 寿命よ (acc.) 寿命を
instr.abl.	-usā/-unā	āyusā/āyunā	(instr.) 寿命によって (abl.) 寿命から
dat.gen.	-uno/-ussa	āyuno/āyussa	(dat.) 寿命のために (gen.) 寿命の
loc.	-usi/-uni	āyusi/āyuni	寿命において
pl.			
nom.voc. acc.	-ūni/-ū	āyūni/āyū	(nom.) 諸々の寿命は (voc.) 諸々の寿命よ (acc.) 諸々の寿命を
instr.abl.	-ūhi	āyūhi	(instr.) 諸々の寿命によって (abl.) 諸々の寿命から
dat.gen.	-ūnaṃ/-usaṃ	āyūnaṃ/āyusaṃ	(dat.) 諸々の寿命のために (gen.) 諸々の寿命の
loc.	-ŭ̄su	āyŭ̄su	諸々の寿命において

類語　tipus（錫、すず）（辞書には tipu）、vatthus（事）（辞書 vatthu）

-ar 語基　m. 男性　　例　satthar(師)

sg.			
nom.	-ā	satthā	師は
voc.	-ā̆/-e	satthā̆/satthe	師よ
acc.	-ā̆raṃ/-uṃ	satthā̆raṃ/satthuṃ	師を
instr.	-ārā/-unā	satthārā/satthunā	師によって
abl.	-ā̆rā/-u	satthā̆rā	師から
dat.gen.	-u/-uno/-ussa	satthu/satthuno/satthussa	(dat.) 師のために (gen.) 師の
loc.	-ari	satthari	師において
pl.			
nom.voc.	-ā̆ro/-ā	satthā̆ro/satthā	(nom.) 師たちは (voc.) 師たちよ
acc.	-ā̆ro/-are	satthā̆ro/satthare	師たちを
instr.abl.	-ūhi/-ā̆rehi	satthūhi/satthā̆rehi	(instr.) 師たちによって (abl.) 師たちから
dat.gen.	-ūnaṃ/-ā̆rānaṃ	satthūnaṃ/satthā̆rānaṃ	(dat.) 師たちのために (gen.) 師たちの
loc.	-ūsu/-ā̆resu	satthūsu/satthā̆resu	師たちにおいて

類語　āgantar(来者、来客)、kattar(作者)、khattar(王臣)、jāmātar(婿)、jetar(勝者)、nattar(孫)、nahāpitar(理髪屋)、netar(導者)、puchitar(問者)、bhattar(食者)、bhātar(兄弟)

-ar 語基　f. 女性　　例　mātar(母)

sg.			
nom.	-ā	mātā	母は
voc.	-ā̆	mātā̆	母よ
acc.	-araṃ	mātaraṃ	母を
instr.abl.	-arā/-uyā	mātarā/mātuyā	(instr.) 母によって (abl.) 母から
dat.gen.	-u/-uyā	mātu/mātuyā	(dat.) 母のために (gen.) 母の

loc.	-ari/-uyā/-uyaṃ	mātari/mātuyā/mātuyaṃ	母において
pl.			
nom.voc.	-aro	mātaro	(nom.) 母たちは (voc.) 母たちよ
acc.	-aro/-are	mātaro/mātare	母たちを
instr.abl.	-ūhi/-arehi	mātūhi/mātarehi	(instr.) 母たちによって (abl.) 母たちから
dat.gen.	-ūnaṃ/-ānaṃ/-arānaṃ	mātūnaṃ/mātānaṃ/mātarānaṃ	(dat.) 母たちのために (gen.) 母たちの
loc.	-ūsu/-aresu	mātūsu/mātaresu	母たちにおいて

類語　dhītar(娘)

◆代名詞の曲用

代名詞の曲用には voc. はありません。

◇人称代名詞

第一人称 ahaṃ(私)（性はありません。）

sg.		
nom.	ahaṃ	私は
acc.	maṃ/mamaṃ	私を
instr.abl.	mayā/me	(instr.) 私によって (abl.) 私から
dat.gen.	mama/mayhaṃ/mamaṃ/amhaṃ/me	(dat.) 私のために (gen.) 私の
loc.	mayi	私において
pl.		
nom.	mayaṃ/vayaṃ/amhe/amhase/no	(nom.) 私たちは
acc.	asmākaṃ/amhākaṃ/asme/amhe/no	私たちを
instr.abl.	amhehi/no	(instr.) 私たちによって (abl.) 私たちから
dat.gen.	asmākaṃ/amhākaṃ/amhaṃ/no	(dat.) 私たちのために (gen.) 私たちの
loc.	amhesu	私たちにおいて

複数の no に注意しましょう。nom.acc.instr.abl.dat.gen. すべて no があります。

第二人称 tvaṃ（あなた）（性はありません。）

sg.		
nom.	tvaṃ/tuvaṃ/taṃ	あなたは
acc.	tvaṃ/tuvaṃ/taṃ/tavaṃ/tyaṃ	あなたを
instr.abl.	tvayā/tayā/te	（instr.）あなたによって（abl.）あなたから
dat.gen.	tuyhaṃ/tumhaṃ/tava/tavaṃ/te	（dat.）あなたのために（gen.）あなたの
loc.	tvayi/tayi	あなたにおいて
pl.		
nom.	tumhe/vo	あなた方は
acc.	tumhe/tumhākaṃ/vo	あなた方を
instr.abl.	tumhehi/vo	（instr.）あなた方によって（abl.）あなた方から
dat.gen.	tumhākaṃ/tumhaṃ/vo	（dat.）あなた方のために（gen.）あなた方の
loc.	tumhesu	あなた方において

第一人称では複数の nom.acc.instr.abl.dat.gen. に no がありましたが、第二人称は複数の nom.acc.instr.abl.dat.gen. に vo があります。どの格がいいか注意して撰びましょう。

人称代名詞第三人称は性が男性（m.）中性（n.）女性（f.）に分かれます。これはこの第三人称の代名詞が男性名詞などを指す場合は、男性（m.）の代名詞になりますし、中性名詞などを指す場合は、中性（n.）の代名詞になりますし、女性名詞などを指す場合は女性（f.）の代名詞となります。

この第三人称の人称代名詞の曲用は、次に出てくる指示代名詞、疑問代名詞、関係代名詞などと曲用している部分がほとんど同じなので覚えられるとよいと思います。a 語基男性の曲用を覚えられたら、次にここを覚えられるといいように思います。

さてこの人称代名詞第三人称は代名詞 ta が基本の言葉でそれが男性（m.）のとき主格は so となり、中性（n.）のとき主格は taṃ、女性（f.）のとき主格は sā となって曲用してゆきます。

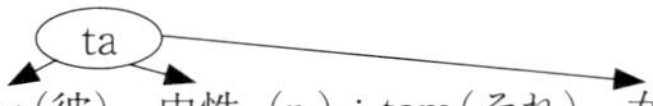

男性（m.）：so（彼）　中性（n.）：taṃ（それ）　女性（f.）：sā（彼女）

第三人称　男性（m.）　so（彼）

sg.		
nom.	so/sa	彼は
acc.	taṃ/naṃ	彼を
instr.	tena/nena	彼によって
abl.	tasmā/tamhā	彼から
dat.gen.	tassa/nassa/assa	（dat.）彼のために（gen.）彼の
loc.	tasmiṃ/tamhi/nasmiṃ/namhi	彼において
pl.		
nom.acc.	te/ne	（nom.）彼等は（acc.）彼等を
instr.abl.	tehi/nehi	（instr.）彼等によって（abl.）彼等から
dat.gen.	tesaṃ/tesānaṃ/nesaṃ/nesānaṃ	（dat.）彼等のために（gen.）彼等の
loc.	tesu/nesu	彼等において

第三人称　中性（n.）　taṃ（それ）

sg.		
nom.	taṃ/tad/naṃ	それは
acc.	taṃ/tad/naṃ	それを
instr.	tena/nena	それによって
abl.	tasmā/tamhā	それから
dat.gen.	tassa/nassa/assa	（dat.）それのために（gen.）それの
loc.	tasmiṃ/tamhi/nasmiṃ/namhi	それにおいて
pl.		
nom.acc.	tāni/nāni	（nom.）それらは（acc.）それらを
instr.abl.	tehi/nehi	（instr.）それらによって（abl.）それらから
dat.gen.	tesaṃ/tesānaṃ/nesaṃ/nesānaṃ	（dat.）それらのために（gen.）それらの
loc.	tesu/nesu	それらにおいて

第三人称　女性（f.）　sā（彼女）

sg.		
nom.	sā	彼女は
acc.	taṃ	彼女を
instr.abl.	tāya/nāya	（instr.）彼女によって（abl.）彼女から
dat.gen.	tassā/tassāya/tissā/tissāya/tāya/nāya	（dat.）彼女のために（gen.）彼女の
loc.	tassaṃ/tissaṃ/tāsaṃ/tāyaṃ	彼女において
pl.		
nom.acc.	tā/tāyo/nā/nāyo	（nom.）彼女たちは（acc.）彼女たちを
instr.abl.	tāhi/nāhi	（instr.）彼女たちによって（abl.）彼女たちから
dat.gen.	tāsaṃ/tāsānaṃ	（dat.）彼女たちのために（gen.）彼女たちの
loc.	tāsu	彼女たちにおいて

◇指示代名詞　imaṃ（これ）

男性（m.）　ayaṃ（これ）

sg.		
nom.	ayaṃ	これは
acc.	imaṃ	これを
instr.	iminā/aminā/anena	これによって
abl.	imasmā/imamhā/asmā	これから
dat.gen.	imassa/assa	（dat.）これのために（gen.）これの
loc.	imasmiṃ/imamhi/asmiṃ	これにおいて
pl.		
nom.acc.	ime	（nom.）これらは（acc.）これらを
instr.abl.	imehi/ehi	（instr.）これらによって（abl.）これらから

dat.gen.	imesaṃ/imesānaṃ/esaṃ/esānaṃ	(dat.) これらのために (gen.) これらの
loc.	imesu/esu	これらにおいて

中性 (n.)　idaṃ(これ)

sg.		
nom.	idaṃ/imaṃ	これは
acc.	idaṃ/imaṃ	これを
instr.	iminā/aminā/anena	これによって
abl.	imasmā/imamhā/asmā	これから
dat.gen.	imassa/assa	(dat.) これのために (gen.) これの
loc.	imasmiṃ/imamhi/asmiṃ	これにおいて
pl.		
nom.acc.	imāni	(nom.) これらは (acc.) これらを
instr.abl.	imehi/ehi	(instr.) これらによって (abl.) これらから
dat.gen.	imesaṃ/imesānaṃ/esaṃ/esānaṃ	(dat.) これらのために (gen.) これらの
loc.	imesu/esu	これらにおいて

女性 (f.)　ayaṃ(これ)

sg.		
nom.	ayaṃ	これは
acc.	imaṃ	これを
instr.	imāya	これによって
abl.	imāya	これから
dat.gen.	imāya/imissā/imissāya/assā/assāya	(dat.) これのために (gen.) これの
loc.	imāya/imissā/imissāya/assā/imāyaṃ/imissaṃ/imissāyaṃ/assaṃ	これにおいて

pl.		
nom.acc.	imā/imāyo	(nom.) これらは (acc.) これらを
instr.abl.	imāhi	(instr.) これらによって (abl.) これらから
dat.gen.	imāsaṃ/imāsānaṃ/āsaṃ	(dat.) これらのために (gen.) これらの
loc.	imāsu	これらにおいて

◇指示代名詞　etad（これ）

男性（m.）　eso（これ）

sg.		
nom.	eso/esa	これは
acc.	etaṃ	これを
instr.	etena	これによって
abl.	etasmā/etamhā	これから
dat.gen.	etassa	(dat.) これのために (gen.) これの
loc.	etasmiṃ/etamhi	これにおいて
pl.		
nom.acc.	ete	(nom.) これらは (acc.) これらを
instr.abl.	etehi	(instr.) これらによって (abl.) これらから
dat.gen.	etesaṃ	(dat.) これらのために (gen.) これらの
loc.	etesu	これらにおいて

中性（n.）　etaṃ（これ）

sg.		
nom.	etaṃ/etad	これは
acc.	etaṃ/etad	これを
instr.	etena	これによって
abl.	etasmā/etamhā	これから
dat.gen.	etassa	(dat.) これのために (gen.) これの

loc.	etasmiṃ/etamhi	これにおいて
pl.		
nom.acc.	etāni	(nom.) これらは (acc.) これらを
instr.abl.	etehi	(instr.) これらによって　(abl.) これらから
dat.gen.	etesaṃ	(dat.) これらのために (gen.) これらの
loc.	etesu	これらにおいて

女性 (f.)　esā（これ）

sg.		
nom.	esā	これは
acc.	etaṃ	これを
instr.abl.	etāya	(instr.) これによって (abl.) これから
dat.gen.	etassā/etassāya/etissā/etāya	(dat.) これのために (gen.) これの
loc.	etāyaṃ/etāsaṃ/etāya/etassaṃ/etissaṃ	これにおいて
pl.		
nom.acc.	etā/etāyo	(nom.) これらは (acc.) これらを
instr.abl.	etāhi	(instr.) これらによって (abl.) これらから
dat.gen.	etāsaṃ	(dat.) これらのために (gen.) これらの
loc.	etāsu	これらにおいて

◇疑問代名詞　ka（何）

男性 (m.)　ko（誰）

sg.		
nom.	ko	誰が
acc.	kaṃ	誰を
instr.	kena	誰によって

abl.	kasmā/kamhā	誰から
dat.gen.	kassa/kissa	(dat.) 誰のために (gen.) 誰の
loc.	kasmiṃ/ kamhi/ kismiṃ/kimhi	誰において
pl.		
nom.acc.	ke	(nom.) 誰々は (acc.) 誰々を
instr.abl.	kehi	(instr.) 誰々によって (abl.) 誰々から
dat.gen.	kesaṃ/kesānaṃ	(dat.) 誰々のために (gen.) 誰々の
loc.	kesu	誰々において

中性 (n.)　kiṃ(何)

sg.		
nom.	kiṃ	何が
acc.	kiṃ	何を
instr.	kena	何によって
abl.	kasmā/kamhā	何から
dat.gen.	kassa/kissa	(dat.) 何のために (gen.) 何の
loc.	kasmiṃ/ kamhi/ kismiṃ/kimhi	何において
pl.		
nom.acc.	kāni	(nom.) 何々は (acc.) 何々を
instr.abl.	kehi	(instr.) 何々によって (abl.) 何々から
dat.gen.	kesaṃ/kesānaṃ	(dat.) 何々のために (gen.) 何々の
loc.	kesu	何々において

女性 (f.)　kā(誰)

sg.		
nom.	kā	誰が
acc.	kaṃ	誰を
instr.abl.	kāya	(instr.) 誰によって (abl.) 誰から
dat.gen.	kassā/kāya	(dat.) 誰のために (gen.) 誰の
loc.	kassā/ kassaṃ/ kāya/kāyaṃ	誰において

pl.		
nom.acc.	kā/kāyo	（nom.）誰々は（acc.）誰々を
instr.abl.	kāhi	（instr.）誰々によって　（abl.）誰々から
dat.gen.	kāsaṃ/kāsānaṃ	（dat.）誰々のために（gen.）誰々の
loc.	kāsu	誰々において

◇疑問代名詞　kaci（何か）

ここでは訳すとき表現が違ってくる可能性があるので訳はのせません。

男性（m.）kaci　中性（n.）kiñci　　女性（f.）kāci

sg.				
nom.	koci	kiñci	nom.	kāci
acc.	kañci	kiñci	acc.	kāñci
instr.	kenaci	kenaci	instr.abl.	kāyaci
abl.	kasmāci	kasmāci	dat.gen.	kassāci/kāyaci
dat.gen.	kassaci/kissaci	kassaci/kissaci	loc.	kassāci/kassāñci kāvaci/kāvañci
loc.	kasmiñci/ kismiñci	kasmiñci/kismiñci		
pl.				
nom.acc.	keci	kānici		kāci/kāyoci
instr.abl.	kehici	kehici		kāhici
dat.gen.	kesañci	kesañci		kāsañci
loc.	kesuci	kesuci		kāsuci

◇関係代名詞　ya（所のもの）

男性（m.）　yo（所のもの）

sg.		
nom.	yo	所のものは
acc.	yaṃ	所のものを
instr.	yena	所のものによって
abl.	yasmā/yamhā	所のものから
dat.gen.	yassa	（dat.）所のもののために（gen.）所のものの

loc.	yasmiṃ/yamhi	所のものにおいて
pl.		
nom.acc.	ye	(nom.) 所のものたちは (acc.) 所のものたちを
instr.abl.	yehi	(instr.) 所のものたちによって (abl.) 所のものたちから
dat.gen.	yesaṃ/yesānaṃ	(dat.) 所のものたちのために (gen.) 所のものたちの
loc.	yesu	所のものたちにおいて

中性 (n.) yaṃ(所のもの)

sg.		
nom.	yaṃ/yad	所のものは
acc.	yaṃ/yad	所のものを
instr.	yena	所のものによって
abl.	yasmā/yamhā	所のものから
dat.gen.	yassa	(dat.) 所のもののために (gen.) 所のものの
loc.	yasmiṃ/yamhi	所のものにおいて
pl.		
nom.acc.	yāni	(nom.) 諸々の所のものは (acc.) 諸々の所のものを
instr.abl.	yehi	(instr.) 諸々の所のものによって (abl.) 諸々の所のものから
dat.gen.	yesaṃ/yesānaṃ	(dat.) 諸々の所のもののために (gen.) 諸々の所のものの
loc.	yesu	諸々の所のものにおいて

女性 (f.) yā(所のもの)

sg.		
nom.	yā	所のものは
acc.	yaṃ	所のものを
instr.abl.	yāya	(instr.) 所のものによって (abl.) 所のものから
dat.gen.	yassā/yāya	(dat.) 所のもののために (gen.) 所のものの

loc.	yassā/yāya /yassaṃ/yāyaṃ	所のものにおいて
pl.		
nom.acc.	yā/yāyo	(nom.) 所のものたちは (acc.) 所のものたちを
instr.abl.	yāhi	(instr.) 所のものたちによって　(abl.) 所のものたちから
dat.gen.	yāsaṃ/yāsānaṃ	(dat.) 所のものたちのために (gen.) 所のものたちの
loc.	yāsu	所のものたちにおいて

◇代名詞的形容詞　　例　sabba(一切)

男性 (m.)　sabba(一切)

sg.		
nom.	sabbo	一切は
voc.	sabbă	一切よ
acc.	sabbaṃ	一切を
instr.	sabbena	一切によって
abl.	sabbasmā/sabbato sabbamhā	一切から
dat.gen.	sabbassa	(dat.) 一切のために (gen.) 一切の
loc.	sabbasmiṃ/sabbamhi	一切において
pl.		
nom.acc. voc.	sabbe　※	(nom.) 一切のものたちは (acc.) 一切のものたちを (voc.) 一切のものたちよ
instr.abl.	sabbehi/sabbebhi	(instr.) 一切のものたちによって　(abl.) 一切のものたちから
dat.gen.	sabbesaṃ/sabbesānaṃ	(dat.) 一切のものたちのために (gen.) 一切のものたちの
loc.	sabbesu	一切のものたちにおいて

※ sabbe と複数、主格 nom. も語尾が e となることを覚えておきましょう。

中性（n.）　sabbaṃ（一切）

sg.		
nom.	sabbaṃ	一切は
voc.	sabbǎ	一切よ
acc.	sabbaṃ	一切を
instr.	sabbena	一切によって
abl.	sabbasmā/sabbamhā/sabbato	一切から
dat.gen.	sabbassa	（dat.）一切のために（gen.）一切の
loc.	sabbasmiṃ/sabbamhi	一切において
pl.		
nom.acc. voc.	sabbāni	（nom.）一切のものたちは（acc.）一切のものたちを （voc.）一切のものたちよ
instr.abl.	sabbehi/sabbebhi	（instr.）一切のものたちによって （abl.）一切のものたちから
dat.gen.	sabbesaṃ/sabbesānaṃ	（dat.）一切のものたちのために（gen.）一切のものたちの
loc.	sabbesu	一切のものたちにおいて

女性（f.）　sabbā（一切）

sg.		
nom.	sabbā	一切は
voc.	sabbe	一切よ
acc.	sabbaṃ	一切を
instr.	sabbāya	一切によって
abl.	sabbāya	一切から
dat.gen.	sabbassā/sabbāya	（dat.）一切のために（gen.）一切の
loc.	sabbassā/sabbassaṃ sabbāya/sabbāyaṃ	一切において

pl.		
nom.acc. voc.	sabbā/sabbāyo	(nom.) 一切のものたちは (acc.) 一切のものたちを (voc.) 一切のものたちよ
instr.abl.	sabbāhi/sabbābhi	(instr.) 一切のものたちによって (abl.) 一切のものたちから
dat.gen.	sabbāsaṃ/sabbāsānaṃ	(dat.) 一切のものたちのために (gen.) 一切のものたちの
loc.	sabbāsu	一切のものたちにおいて

類語　aññā(他)、aññatara(随一、ある)、adhara(下)、apara(後、他)、amuka(これ)、asuka(これ)、itara(他)、uttara(より上)、uttama(最上)、ubhaya(両者)、eka(一、ある)、ekacca(一類)、katara(いずれ、何れ)、katama(いずれ)、para(他)、pubba(他)

◆数詞

数詞には基数と序数があります。基数は 1, 2, 3, 4 など普通の数です。序数は第一、第二などです。

	基数	序数	
1	eka	paṭhama	第一
2	dvi	dutiya	第二
3	ti	tatiya	第三
4	catu	catuttha	第四
5	pañca	pañcama	第五
6	cha(sa)	chaṭṭha/chaṭṭhama /chama	第六
7	satta	sattama	第七
8	aṭṭha	aṭṭhama	第八
9	nava	navama	第九
10	dasa	dasama	第十
11	ekādasa/ekārasa →	これは 1 (eka) + 10 (dasa) です。	
12	dvādasa/bārasa		
13	teḷasa/terasa		
14	cuddasa/catuddasa		

15	paṇṇarasa/pañcadasa		
16	soḷasa/sorasa		
17	sattarasa/sattadasa		
18	aṭṭhārasa/aṭṭhādasa		
19	ekūna-vīsati →これは 20（vīsati）から 1（eka）を減じた（ūna）20-1 = 19 です。（eka + ūna + vīsati）		
20	vīsati/vīsaṃ		
21	ekavīsati → 1（eka）+ 20（vīsati）		
29	ekūnatiṃsati → 30（tiṃsati）マイナス（ūna）1（eka）		
30	tiṃsati/tiṃsā̆		
40	cattāḷīsā̆/cattārīsā̆		
50	paññcāsā̆/paṇṇāsā̆		
60	saṭṭhi		
70	sattati		
80	asīti		
90	navuti		
100	sata		
1,000	sahassa		
10,000	dasa-sahassa（10 × 1,000）/nahuta（那由他）		
100,000	sata-sahassa（100 × 1,000）/lakkha（洛叉）		
1,000,000	dasa-lakkha（10 × 100,000）（10　洛叉）		
10,000,000	koṭi（倶底）		

10^{140}　asaṅkheyya（阿僧祇、無数）　= a + saṅkheyya
a（pref.）否定　saṅkheyya（a.）量るべき、数えるべき
→数えるべきでない、量るべきでない→数えられない→無数

1.5　diyaḍḍha/divaḍḍha → dutiya-aḍḍha
dutiya（a.）第二番目は　aḍḍha（a.）半分　→　一番目は完全にあって第二番目が半分しかないから 1.5 ということになります。

2.5　aḍḍhatiya/aḍḍhateyya → aḍḍha-tatiya
aḍḍha（a.）半分 tatiya（a.）第三番目→第三番目は半分しかない。第一番目と第二番目は完全にあるから 2.5 ということになります。

1250 人の比丘　aḍḍhateḷasa-bhikkhu-satāni 第十三は半分の比丘百 aḍḍha（a.）半分

teḷasa 第十三　bhikkhu（m. 語基）比丘　satāni /sata（num.pl.nom.）百（a 語基中性の変化）
第十三番め（teḷasa）は半分の（aḍḍha）百人の（satāni）比丘たち（bhikkhu）つまり第十二までは完全に百人がいて 1, 200 人となり、第十三番目だけが半分（aḍḍha）しかいない、つまり 50 人しかいない、1, 250 人の比丘たち。

数詞も曲用します。eka は代名詞的形容詞で sabba と同じ曲用をします。これは修飾される言葉によって性・数・格が決まってくるからです。例えば「一人の人は」の場合男性名詞 manussa ならば m.sg.nom. の manusso にあわせて eka も eko（m.sg.nom.）になり、eko manusso となります。中性名詞 phala ならば n.sg.nom. の phalaṃ を修飾する eka は ekaṃ（n.sg.nom.）となり ekaṃ phalaṃ となります。また女性名詞 gāthā ならば f.sg.nom. の gāthā を修飾する eka は ekā（f.sg.nom.）となり ekā gāthā となります。

数詞の曲用は省略します。増補改訂パーリ語辞典 p392 ～ p393 参照。

格の用法について

ここから「パーリ語文法」p171 からの「第二十五章　格の用法」で掲載されている例文の解明をしてゆきます。

この格の用法の中で独立格も出てきますので、独立格の説明をしておきます。独立格（absolute）は、文中において性・数・格を同じくする名詞等と分詞が存在するもので、それが副詞節的な役割をなすものです。意味は「～する時に～した。」「～すると～した。」「～するうちに～した。」「～するとしても～した。」などとなります。

独立格は処格によるもの（独立処格）が最も多いですが、属格によるもの（独立属格）、具格によるもの（独立具格）、対格によるもの（独立対格）、主格によるもの（独立主格）などがあります。

主格 nom. の用法

P171 ③普通文の主格の例

eko puriso bhāsati

eko/eka（a.m.sg.nom.）一人の　　puriso/purisa（m.sg.nom.）男

bhāsati (v.pr.3.sg.) 話す、語る

一人の (eko) 男が (puriso) 語る (bhāsati)

atthi nu kho koci kātuṃ samattho?

atthi (v.pr.3.sg.) ある　nu (adv.) ～かどうか　kho (adv.) 実に

koci/kaci (m.sg.nom.) 誰か　kātuṃ/karoti (v.inf.) 作す、作る

samattho/samattha (a.m.sg.nom.) 可能な、できる、強力な

誰か (koci) 作すこと (kātuṃ) の出来る (samattho) ものがある (atthi) か (nu) (kho)。

so buddho lokassa aggo

so/ta (人称代名詞. 3.m.sg.nom.) 彼　buddho/buddha (m.sg.nom.) 仏陀

lokassa/loka (m.sg.gen.) 世界、世間　aggo/agga (a.m.sg.nom.) 最高、最上、首位

かの (so) 仏陀は (buddho) 世間の (lokassa) 最上者 (aggo) である。

apaṇḍito maññati paṇḍito

apaṇḍito = a + paṇḍito a (pref.) 否定　paṇḍita/paṇḍita (a.m.sg.nom.) 賢者

maññati (v.pr.3.sg.) 考える、思う　paṇḍito/paṇḍita (a.m.sg.nom.) 賢者

愚者は (apaṇḍito) [自分を] 賢者 (paṇḍito) であると思う (maññati)。

④独立主格

bodhisatto brāhmaṇakule nibbattitvā vayappatto kāme pahāya isipabbajjaṃ pabbajitvā Himavante vasi.

bodhisatto/bodhisatta (m.sg.nom.) 菩薩

brāhmaṇakule = brāhmaṇa + kule のコンパウンド

brāhmaṇa（m. 語基）婆羅門　kule/kula（n.sg.loc.）家
nibbattitvā/nibbattati（v.ger.）生じる、発生する、生起する→生まれて
vayappatto ＝ vaya ＋ patto のコンパウンド　vaya（n. 語基）青年
patto/patta（a.m.sg.nom.）達した、得た← pāpuṇāti（v.）得る、達するの pp.
kāme/kāma（m.pl.acc.）欲　pahāya/pajahati（v.ger.）捨てる→捨てて
isipabbajjaṃ ＝ isi ＋ pabbajjaṃ のコンパウンド isi（m. 語基）仙人
pabbajjaṃ/pabbajjā（f.sg.acc.）出家　isipabbajjā（f.sg.acc.）仙人の出家
pabbajitvā /pabbajati（v.ger.）出家する→出家して
Himavante/Himavanta（m.sg.loc.）雪山　vasi/vasati（v.aor.3.sg.）住む→住んだ

訳）菩薩は（bodhisatto）婆羅門の家に（brāhmaṇakule）生まれて（nibbattitvā）青年に達して（vayappatto）諸々の欲を（kāme）捨てて（pahāya）仙人の出家を（isipabbajjaṃ）出家して（pabbajitvā）雪山において（Himavante）住んだ（vasi）。

bhodhisatto（普通名詞の主格）と vayappatto（patto は pāpuṇāti の過去受動分詞）で独立主格を構成しています。vayapatto は「青年に達した時」と訳してもよいです。

vāṇijo pātarāsaṃ pacāpento gadrabhaṃ yavakkhettaṃ vissajjesi.

vāṇijo/vāṇija（m.sg.nom.）商人　pātarāsaṃ ＝ pātar ＋ āsa pātar（adv.）早朝に
āsa（m.sg.acc.）食、食物　pacāpento/pacāpent（a.m.sg.nom.）煮つつある
pacati（v.）煮る→ caus. pacāpeti 煮らしめる→ ppr.pacāpent
gadrabhaṃ/ gadrabha（m.sg.acc.）驢馬　yavakkhettaṃ ＝ yava ＋ khettaṃ のコンパウンド
yava（m. 語基）麦　khettaṃ/khetta（n.sg.acc.）畑、田
yavakkhettaṃ/yavakkhetta（n.sg.acc.）麦畑

vissajjesi/vissajjeti(v.aor.3.sg.) 出す、放つ vissajjesi は s アオリスト。

訳）商人は（vāṇijo）朝食を（pātarāsaṃ）煮つつ（pacāpento）驢馬を（gadrabhaṃ）麦畑に（yavakkhettaṃ）放った（vissajjesi）。

ここでは商人 vāṇijo と煮つつ pacāpento で独立主格を構成しています。

引用句としての独立主格

Sujātakumāro ti'ssa nāmaṃ kariṃsu.

Sujātakumāro/sujātakumāra(m.sg.nom.) スジャータクマーラ ti = iti (indecl.) ～と

'ssa = assa(人称代名詞. 3.m.sg.gen.) 彼 nāmaṃ(n.sg.acc.) 名

kariṃsu/karoti(v.aor.3.pl.) 為す

訳）［彼等は］彼の（assa）名前を（nāmaṃ）スジャータクマーラ（sujātakumāro）と（ti）為した（kariṃsu）。

対格 acc. の用法

P172 ⑦普通の用法

so bhikkhu gāthaṃ bhāsati.

so/ta(人称代名詞. 3.m.sg.nom.) 彼 bhikkhu(m.sg.nom.) 比丘は

gāthaṃ/gāthā(f.sg.acc.) 偈 bhāsati(v.pr.3.sg.) 話す

訳）かの（so）比丘は（bhikkhu）偈を（gāthaṃ）唱える（bhāsati）。

buddhaṃ saraṇaṃ gacchāmi.

buddhaṃ/buddha(m.sg.acc.) ブッダ saraṇaṃ/saraṇa(n.sg.acc.) 帰依所、隠家

gacchāmi/gacchati(v.pr.1.sg.). 行く

訳）私はブッダを（buddhaṃ）帰依所として（saraṇaṃ）行きます（gacchāmi）。

私はブッダに（buddhaṃ）帰依（saraṇaṃ）します（gacchāmi）。

so nagaraṃ gacchati

so/ta（人称代名詞. 3.m.sg.nom.）彼　　nagaraṃ（n.sg.acc.）城、都市

gacchati（v.pr.3.sg.）行く

訳）彼は（so）都市に（nagaraṃ）行く（gacchati）。

dāso bhāraṃ gāmaṃ vahati.

dāso/dāsa（m.sg.nom.）奴隷、奴僕　　bhāraṃ/bhāra（m.sg.acc.）荷物

gāmaṃ/gāma（m.sg.acc.）村　　vahati（v.pr.3.sg.）運ぶ

訳）奴隷は（dāso）荷物を（bhāraṃ）村に（gāmaṃ）運ぶ（vahati）。

kaṭṭhaṃ aṅgāraṃ karoti.

kaṭṭhaṃ/kaṭṭha（n.sg.nom.）薪　　aṅgāraṃ/aṅgāra（m.n.sg.acc.）炭火

karoti（v.pr.3.sg.）作る

訳）薪は（kaṭṭhaṃ）炭火を（aṅgāraṃ）作る（karoti）。

⑧動詞から出来た名詞形も acc. を取ることがある。

gāmaṃ gato.

gāmaṃ/gāma（m.sg.acc.）村 gato/gata（a.m.sg.nom.）行った← gacchati（v.）行くの pp.

gato は動詞から出来た名詞形。

訳）村に（gāmaṃ）行った（gato）[者]。

arahatta phalaṃ patto

arahattaphalaṃ = arahatta + phalaṃ のコンパウンド　arahatta（n. 語基）阿羅漢（果）

phalaṃ/phala（n.sg.acc.）果　arahattaphala（n.sg.acc.）阿羅漢果

patto/patta（a.m.sg.nom.）得た← pāpuṇāti（v.）得るの pp.

訳）阿羅漢果を（arahattaphalaṃ）得た（patto）（人）。

saccaṃ vādī.

saccaṃ/sacca（n.sg.acc.）真理　vādī/vādin（a.m.sg.nom.）語る人

訳）真理を（saccaṃ）語る人（vādī）。

pāṇaṃ hananto

pāṇaṃ/pāṇa（m.sg.acc.）生物、有情

hananto/hanant（a.m.sg.nom.）殺しつつある← hanati（v.）殺すの ppr.

訳）生き物を（pāṇaṃ）殺しつつある者（hananto）。

⑩ anu, abhi, pati, upa, santike 等の接頭辞又は前置詞は acc. を取る。

caturāsīti-pāṇasahassāni Vipassi Bodhisattaṃ pabbajitaṃ anupabbajiṃsu.

caturāsīti = catu + r + asīti　catu（num.）四　asīti（num.）八十

pāṇasahassāni = pāṇa + sahassāni　pāṇa（m. 語基）生物

sahassāni/sahassa（num.pl.nom.）千　Vipassi/Vipassin（m. 語基）ヴィパッシン

Bodhisattaṃ/bodhisatta（m.sg.acc.）菩薩　pabbajitaṃ/pabbajita（a.m.sg.acc.）出家

anupabbajiṃsu/anupabbajati（v.aor.3.pl.）随って出家する

訳）八万四千の人々が（caturāsīti pāṇasahassāni）ヴィパッシン（vipassi）菩薩（bodhi-sattaṃ）の出家に（pabbajitaṃ）随って出家した（anupabbajiṃsu）。

八万四千は caturāsīti（84）sahassāni（1,000） = 84 × 1,000 で 84,000 となります。

taṃ kho pana bhavantaṃ Gotamaṃ evaṃ kalyāṇo kittisaddo abbhuggato.

taṃ/ta（人称代名詞. n.sg.acc.）それ　kho（adv.）実に

pana（adv.conj.）また、然らば、しかし、しかるに

bhavantaṃ/bhavant（m.sg.acc.）　尊　師　Gotamaṃ/Gotama（m.sg.acc.）ゴータマ

evaṃ（adv.）このように　kalyāṇo/kalyāṇa（a.m.sg.nom.）善い、善巧なる

kittisaddo/kittisadda（m.sg.nom.）称賛の声

abbhuggato/abbhuggata（a.m.sg.nom.）　あ　が　っ　た、　昇　っ　た ← abbhuggacchati

{= abhi + ud + gacchati}（v.）昇る、あがるの pp.

訳）実に（kho）また（puna）かの（taṃ）尊師（bhavantaṃ）ゴータマに（Gotamaṃ）このように（evaṃ）善い（kalyāṇo）称賛の声（kittisaddo）があがった（abbhuggato）。

adhi Brahmānaṃ mayaṃ, bhante, Bhagavantaṃ apucchimhā.

adhi（pref.）上に、ついて　　Brahmānaṃ/brahmāna（m.sg.acc.）梵天

mayaṃ（人称代名詞. 1.pl.nom.）私たちは bhante/bhavant（m.sg.voc.）尊師

Bhagavantaṃ/bhagavant（m.sg.acc.）世尊

apucchimhā/pucchati（v.aor.1.pl.）質問する

訳）尊師よ（bhante）、梵天に（Brahmānaṃ）ついて（adhi）私たちは（mayaṃ）世尊に（Bhagavantaṃ）質問した（apucchimhā）。

so aham pi gamissāmi nagaraṃ Mithilaṃ pati.

so/ta（人称代名詞. m.sg.nom.）それ　　aham pi = ahaṃ + api の連声

ahaṃ（人称代名詞. 1.sg.nom.）私は　　pi（adv.）～も

gamissāmi/gacchati（v.fut.1.sg.）行く　nagaraṃ/nagara（m.sg.acc.）都市

Mithilaṃ/Mithila（m.sg.acc.）ミティラ　pati（pref.prep.）対、反、逆、向って

訳）この（so）私（ahaṃ）も（pi）ミティラの（Mithilaṃ）市に

（nagaraṃ）向って（pati）行くであろう（gamissāmi）。

ekaṃ yeva catudoṇikaṃ piṭakam upanisīditvā.

ekaṃ/eka（a.m.sg.acc.）一つ　yeva = eva（adv.）まさに、のみ
catudoṇikaṃ = catu + doṇikaṃ catu（num.）　四　doṇikaṃ/doṇikā（f.sg.acc.）木桶、ドーナ
piṭakam = piṭakaṃ/piṭaka（n.sg.acc.）籠、かご
upanisīditva = upa + nisīditvā upa（pref.）近く、副の、随った
nisīditvā/nisīdati（v.ger.）坐る→坐って upanisīditvā 近くに坐って、そばに坐って
訳）まさに（yeva）一つの（ekaṃ）4ドーナ入りの（catudoṇikaṃ）籠の（piṭakaṃ）近くに坐って（upanisīditvā）。

santike nibbānaṃ

santike/santika（n.sg.loc.）近く、面前　nibbānaṃ/nibbāna n.sg.acc.）涅槃
訳）涅槃の（nibbānaṃ）近くに（santike）。

⑪ antarā ca ～ antarā ca の接続詞は acc. を取る。

antarā ca Rājagahaṃ antarā ca Nālandaṃ.

antarā（adv.）その間に、時々に　ca（conj.）そして、と
Rājagahaṃ/Rājagaha（m.sg.acc.）ラージャガハ　Nālandaṃ/Nālanda（n.sg.acc.）ナーランダ
訳）ラージャガハ（Rājagahaṃ）と（ca）ナーランダ（Nālandaṃ）との（ca）間で（antarā）。

⑫ dhī という間投詞は acc. を取る。

dhī brāhmaṇassa hantāraṃ.

dhī（indecl.interj.）厭（いと）わしき哉（かな）

brāhmaṇassa/brāmaṇa(m.sg.gen.) 婆羅門

hantāraṃ/hantar(m.sg.acc.) 殺害者、打つ者

訳）婆羅門を（brāhmaṇassa）殺す者は（hantāraṃ）厭うべき哉（dhi）。

⑬独立対格。これは句としての acc. の副詞と見ることが出来る。

Bhagavantaṃ bhuttāviṃ onītapattapāṇiṃ

Bhagavantaṃ/Bhagavant(m.sg.acc.) 世尊

bhuttāviṃ/bhuttāvin(a.m.sg.acc.) 食した、食しおわれる

onītapattapāṇiṃ = onīta + patta + pāṇiṃ　　onīta(a. 語基) おろせる、放せる

patta(m.n. 語基) 鉢　pāṇiṃ/pāṇi(m.sg.acc.) 手

onītapattapāṇi(m.sg.acc.) 鉢から手をおろした

訳）世尊が（bhagavantaṃ）食べ終えられて（bhuttāviṃ）鉢から手をおろされた時（onītapattapāṇiṃ）。

具格 instr. の用法

P174 ⑭具格 instr. は「～によって」「～をもって」「と共に」などの意味のものであって、英語の by, with 等の前置詞を有する名詞形と同じ意味を表すものである。時には abl. と混同されることがある。

⑮普通の用法

buddhena bhāsitaṃ vacanaṃ.

buddhena/buddha(m.sg.instr.) ブッダ

bhāsitaṃ/bhāsita(a.n.sg.nom.) 語った、言った、説いた← bhāsati(v.) 話す、語る、の pp.　vacanaṃ/vacana(n.sg.nom.) 語、言葉

bhāsitaṃ は vacanaṃ を修飾しているので、主体の語である vacanaṃ にあわせて n.sg.nom. になっている。

訳）仏陀によって（buddhena）説かれた（bhāsitaṃ）言葉（vacanaṃ）。

kammunā vasalo hoti.

kammunā(n.sg.instr.) 行為、業　　vasalo/vasala(m.sg.nom.) 賤民

hoti(v.pr.3.sg.) ある、成る

訳)（人は）行為によって（kammunā）賤民と（vasalo）成る（hoti）。

tena maggena gato

tena/ta(人称代名詞.3.m.sg.instr.) 彼、それ maggena/magga(m.sg.instr.) 道 gato/gata(a.m.sg.nom.) 行った← gacchati(v.) 行く.の pp.

訳）この（tena）道で（maggena）行った（gato）（人）。

sahassena sahassaṃ

sahassena/sahassa(num.n.sg.instr.)　千 sahassaṃ/sahassa(num.n.sg.nom.) 千

訳）千による（sahassena）千（sahassa）→ 1,000 × 1,000 = 1,000,000

パーリ語文法 P89 ～ sata(百)sahassa(千)lakkha(十万) 等の a 語基の数詞は、多く a 語基中性の名詞変化に従う。この場合単数をとる時と複数をとる時がある。時にはこれらの数詞は a 語基男性複数の形を取ることもある。

akkhinā kāṇo

akkhinā/akkhi(n.sg.instr.) 眼　　kāṇo/kāṇa(a.m.sg.nom.) 片目の

訳）眼によって（akkhinā）片目の者（kāṇo）。一眼による眇者、独眼竜

pādena kañjo

pādena/pāda(m.sg.instr.) 足　　kañjo/kañja(m.sg.nom.) 跛者

訳）足によって（pādena）跛者（kañjo）。片足が跛者。

attanā catuttho

attanā/attan（m.sg.instr.）自己　catuttho/catuttha（a.m.sg.nom.）第四
訳）自己が（attanā）第四人目（catuttho）。

jātiyā khattiyo

jātiyā/jāti（f.sg.instr.）生まれ　khattiyo/khattiya（m.sg.nom.）クシャトリヤ
訳）生れは（jātiyā）クシャトリヤ（khattiyo）

nāmena ānando

nāmena/nāma（n.sg.instr.）名前　　　ānando/ānanda（m.）アーナンダ
訳）名前は（nāmena）アーナンダ（ānando）。

ekapassena gacchati

ekapassena = eka + passena のコンパウンド　　　eka（num. 語基）一
passena/passa（n.sg.instr.）脇　ekapassa（n.sg.instr.）一脇幅 gacchati（v.pr.3.sg.）行く
訳）一脇幅だけ（ekapassena）行く（gacchati）

satasahassena me kītaṃ

satasahassena = sata + sahassa satasahassa/satasahassa（n.sg.instr.）十万
me/ahaṃ（人称代名詞 1.sg.instr.）私
kītaṃ/kīta（a.n.sg.nom.）買った、買われた← kiṇāti（v.）買う、の pp.
訳）私によって（me）十万で（satasahassena）買われたもの（kītaṃ）。

dvīhi ūnaṃ purisa-sahassaṃ

dvīhi/dvi（num.pl.instr.）二　ūnaṃ/ūna（a.n.sg.nom.）より少なき、欠けた
purisa（m. 語基）男の人　sahassaṃ/sahassa（num.sg.nom.）千

訳）998人の男の人。←2（dvīhi）欠けた（ūnaṃ）千の男の人（purisa-sahassaṃ）。

saṃvibhajetha no rajjena

saṃvibhajetha/saṃvibhajati（v.opt.3.sg. 反照態）分つ、分配する

no/ahaṃ（人称代名詞. 1.pl.dat.）私　rajjena/rajja（n.sg.instr.）王たること、統治権

訳）統治権（国）を（rajjena）私たちにも（no）分けて下さい（saṃvibhajetha）。

kusalena atthiko

kusalena/kusala（a.n.sg.instr.）巧みな、善き

atthiko/atthika（a.m.sg.nom.）～を望める、～を欲する

訳）善を（kusalena）欲する者（atthiko）。

piyehi vippayogo

piyehi/piya（a.m.pl.instr.）愛、可愛の

vippayogo/vippayoga（m.sg.nom.）不相応、別離　※ yuñjati, yoga は instr. を取る

訳）愛する人々からの（piyehi）別離（vippayogo）。

appiyehi sampayogo

appiyehi = a + piyehi a（pref.）否定　piyehi/piya（a.m.pl.instr.）愛、可愛の

appiya（a.m.pl.instr.）憎き sampayogo/sampayoga（m.sg.nom.）相応、結合、会うこと

訳）憎い（きらいな）人々との（appiyehi）会合（sampayogo）。

ariyamaggena samannāgato

ariyamaggena = ariya + maggena のコンパウンド　ariya(a.m. 語基) 聖なる

maggena/magga(m.sg.instr.) 道　　ariyamagga(m.sg.instr.) 聖道

samannāgato/samannāgata(a.m.sg.nom.) 具備した、具足した、そなえた

訳) 聖なる道を (ariyamaggena) そなえた者 (samannāgato)。

apeto damasaccena

apeto/apeta(a.m.sg.nom.) 離れた← apeti(v.) 離去する、消失する、の pp.

damasaccena = dama + saccena のコンパウンド dama(n. 語基) 調御、訓練

saccena/sacca(n.sg.instr.) 真理、真実

訳) 訓練と (dama) 真実とを (saccena) 離れた者 (apeto)。

upeto damasaccena

upeto/upeta(a.m.sg.nom.) 具えた、具備した← upeti(v.) 近づく、到る、の pp.

dama(n. 語基) 調御、訓練　saccena/sacca(n.sg.instr.) 真理、真実

訳) 訓練と (dama) 真実とを (saccena) 具えた者 (upeto)。

sumuttā tena mahāsamaṇena.

sumuttā/sumutta(a.m.pl.nom.) よく脱した　tena/ta(人称代名詞. 3. m.sg.instr.) 彼

mahāsamaṇena = mahā + samaṇena のコンパウンド mahā/mahant (a. 語基) 大いなる

samaṇena/samaṇa(m.sg.instr.) 沙門　mahāsamaṇa(a.m.) 大沙門

訳) かの (tena) 大沙門から (mahāsamaṇena) 完全に解放された人々 (sumuttā)。

tumhehi sadiso

tumhehi/tuvaṃ（人称代名詞. 2.pl.instr.） sadiso/sadisa（a.m.sg.nom.）同じ、同等の

訳）あなた方と（tumhehi）等しい者（sadiso）。

paṭhaviyā ekarajjena saggassa gamanena vā sabbalokādhipaccena sotāpattiphalaṃ varaṃ.（ダンマパダ178偈）

paṭhaviyā/paṭhavī（f.sg.loc.）大地 ekarajjena = eka + rajjena のコンパウンド

eka（num.a. 語基）一つの rajjena/rajja（n.sg.instr.）王国、王権

ekarajja（n.sg.instr.）統一王国 saggassa/sagga（m.sg.gen.）天

gamanena/gamana（n.sg.instr.）行くこと vā（adv.）あるいは、または

sabbalokādhipaccena = sabba + loka + adhipaccena のコンパウンド

sabba（a. 語基）一切

loka（m. 語基）世、世間 adhipaccena/adhipacca（n.sg.instr.）支配

sabbalokādhipacca（n.sg.instr.）一切世間の支配

sotāpattiphalaṃ = sotāpatti + phalaṃ のコンパウンド sotāpatthi（f.）預流

phala（n.sg.nom.）果 varaṃ/vara（a.m.n.sg.nom.）すぐれた、高貴の

訳）地上における（paṭhaviyā）統一王国よりも（ekarajjena）あるいは（vā）天に（saggassa）行くことよりも（gamanena）、一切世間を支配することよりも（sabba-lokādhipaccena）預流果が（sotāpattiphalaṃ）勝れている（varaṃ）。

kataññunā（me）bhavituṃ vaṭṭati.

kataññunā/kataññu（a.m.sg.instr.）知恩の me/ahaṃ（人称代名詞. 1.sg.instr.）私

bhavituṃ/bhavati（v.inf.）ある vaṭṭati（v.）適当である、正しい、よろ

しい

訳）知恩者に（kataññunā）あるべくは（bhavituṃ）、（私に）（me）よろしい（vaṭṭati）。

＝（私は）（me）恩を（kataññunā）感謝すべきである（bhavituṃvaṭṭati）。

＝（私は）（me）知恩者と（kataññunā）なるが（bhavituṃ）よろしい（vaṭṭati）。

na tena raññā ciraṃ jīvitabbaṃ hoti.

na（adv.）否定　tena/ta（人称代名詞. 3.m.sg.instr.）彼　raññā/rājan（m.sg.instr.）王

ciraṃ/cira（a.m.sg.acc.）久しい jīvitabbaṃ/jīvati（v. 未来受動分詞. m. sg.acc.）生きる

hoti（v.pr.3.sg.）ある

訳）かの（tena）王は（raññā）久しく（ciraṃ）生きることは（jīvitabbaṃ）でき（hoti）ない（na）であろう。

me vijātāya bhavissati.

me（人称代名詞. 1.sg.instr.）私

vijātāya/vijātā（f.sg.instr.）経産婦← vijāta の女性形← vijāyati（v.）産む、の pp.

bhavissati/bhavati（v.fut.3.sg.）ある

訳）私は（me）お産を（vijātāya）するであろう（bhavissati）。

⑯ alaṃ, kiṃ の語に instr. を附して不要の意味を表す。

alaṃ etehi ambehi jambūhi ca.

alaṃ（indecl.）適当なる、十分の、当然の　etehi/etad（m.pl.instr.）これ

ambehi/amba（m.pl.instr.）マンゴー　jambūhi/jambu（f.pl.instr.）ジャンブ

ca(conj.) と、また

訳) これらの (etehi) マンゴー果 (ambehi) や (ca) ジャンブ果は (jambūhi) 十分だ (alaṃ)。

alaṃ te idha vāsena.

alaṃ(indecl) 適当なる、十分の、当然の te/tvaṃ(人称代名詞. 2. sg.instr.) あなた

idha(adv.) ここに vāsena/vāsa(m.sg.instr.) 居住

訳) お前は (te) ここに (idha) 住む (vāsena) 必要がない (alaṃ)。

ko attho jīvitena me.

ko(疑問代名詞. m.sg.nom.) 誰、何 attho/attha(m.sg.nom.) 義

jīvitena/jīvita(n.sg.instr.) 生命、命、寿命 me(人称代名詞. 1.sg.instr.) 私

訳) 私には (me) 生命に (jīvitena) 何の (ko) 意義が (attho) あるのだろうか。→生きて甲斐なし。

kiṃ mayā saddhiṃ samāgamanena.

kiṃ(疑問代名詞. n.sg.nom.) 何 mayā/ahaṃ(人称代名詞. 1.sg.instr.) 私

saddhiṃ(adv.) 共に、一緒に samāgamanena/samāgamana(m. sg.instr.) 来集、来会

訳) どうして (kiṃ) 私と (mayā) 共に (saddhiṃ) 会うことが (samāgamanena) あろうか、ない。

kiṃ me gharavāsena.

kiṃ(疑問代名詞. n.sg.nom.) 何 me(人称代名詞. 1.sg.instr.) 私

gharavāsena/gharavāsa = ghara + vāsa ghara(n. 語基) 家

vāsa(m.sg.instr.) 住、住むこと gharavāsa(m.sg.instr.) 家に住むこ

と

訳）どうして（kiṃ）私は（me）家に住む（gharavāsena）必要があろうか。→私が（me）家に住んで（gharavāsena）何が（kiṃ）あろうか。

⑰ saddhiṃ, saha, samaṃ, vinā 等の前置詞を附し、またはそのままで副詞等の不変語を作る場合。

sattārā saddhiṃ

sattārā/sattar(m.sg.instr.) 師　　　saddhiṃ(adv.) 共に、一緒に

訳）師と（sattārā）共に（saddhiṃ）。

saha paṭisaṃbhidāhi arahattaṃ pāpuṇiṃsu

saha(pref.prep) 共に　paṭisambhidāhi/patisambhidā(f.pl.instr.) 無碍解　arahattaṃ/arahatta(n.sg.acc.) 阿羅漢果　pāpuṇiṃsu/pāpuṇāti(v.aor.3.pl.) 得た

訳）彼等は〔四〕無碍解と（paṭisaṃbhidāhi）共に（saha）阿羅漢果を（arahattaṃ）得た（pāpuṇimsu）。

brahmunā samaṃ

brahmunā/brahmā(m.sg.instr.) 梵天　　samaṃ(adv.) 等しく、同時に

訳）梵天と（brahmunā）等しく（samaṃ）。

vinā kusala kammena

vinā(prep.) なくして、除いて　kusala(a. 語基) 善き、善業

kammena/kamma(n.sg.instr.) 業、行為

訳）善業（kusala kammena）なくして（vinā）。

ekena māsena

ekena/eka(num.a.m.sg.instr.) 一　māsena/māsa(m.sg.instr.) 月

訳）一か月で（ekena māsena）

tena samayena

tena/ta（人称代名詞. m.sg.instr.）それ　samayena/samaya（m.sg.instr.）時

訳）その時（tena samayena）

dvīhi māsehi

dvīhi/dvi（num.pl.instr.）二　　　māsehi/māsa（m.pl.instr.）月

訳）二か月して（dvihi māsehi）

tena khaṇena tena layena tena muhuttena.

tena/ta（人称代名詞. m.sg.instr.）それ　khaṇena/khaṇa（m.sg.instr.）刹那

layena/laya（m.sg.instr.）　頃　刻　　muhuttena/muhutta（m.n.sg.instr.）須臾

訳）その（tena）刹那（khaṇena）、その（tena）頃刻（layena）、その（tena）須臾に（muhuttena）。

※ khaṇa, laya, muhutta. は時間の単位。わずかな時間のこと。

anukkamena /anukkama（m.sg.instr.）順次、次第→次第に、順次に（anukkamena）

cirena /cira（a.）久しい→（adv.）久しくして（cirena）

vegena /vega（mm.sg.instr.）急動、速力→（adv.）急速に（vagena）

sahasā /sahas の instr. 急に、強引に（sahasā）

sukhena /sukha（a.sg.instr.）安楽→楽に、容易に（sukhena）

dukkhena /dukkha(a.m.sg.instr.)　苦、苦悩→困難して、やっと(dukkhena)

vitthārena /vitthāra(m.sg.instr.)　広博、詳細、広説→詳細に(vitthārena)

saṅkhittena /saṅkhitta(a.m.sg.instr.) 簡略の→簡略に（saṅkhittena）

pakatiyā /pakati(f.sg.instr.) 自然、自性、初因→自然に（pakatiyā）

bhiyyosomattāya = bhiyyoso + mattāya

bhiyyo(abl.) より多い→（adv.）より多く　mattāya/mattā(f.sg.instr.) 量、適量

訳）いよいよ、ますます、より多くの量を（ここでは（abl.）が使われている。）

uttarena /uttara(a.m.sg.instr.) より上の、より勝れた、北の、北方の →北方に、上方に（adv.）

dakkhiṇena /dakkhiṇa(a.m.sg.instr.)　南の、右の→南方の、右方の(dakkhiṇena)

antarena yamakasālānaṃ

antarena/antara(a.m.sg.instr.)　内の、中間の　yamakasālānaṃ = yamaka + sālānaṃ

yamaka(a.m. 語基) 一対の、双の　sālānaṃ/sāla(m.pl.gen.) サーラ樹

訳）双の（yamaka）サーラ樹の（sālānaṃ）間に（antarena）

attanā /attan（m.sg.instr.） 自己→自ら

sabbena sabbaṃ　sabbena/sabba（a.sg.instr.）sabbaṃ/sabba（a.sg.acc.） 一切　訳）全然、すべて

kālena kālaṃ　kālena/kāla（m.sg.instr.）　時　kālaṃ/kāla（m.sg.acc.）　時
訳）時々に、引き続き

tassā rattiyā accayena
tassā/ta（人称代名詞. 3.f.sg.gen.）　それ rattiyā/ratti（f.sg.gen.）　夜 accayena/accaya
（m.instr.）死去、すぎ去り
訳）その（tassā）夜の（rattiyā）すぎ去りによって（accayena）→その夜を過ぎて

yena tena upāyena
yena/ya（関係代名詞. m.sg.instr.）所のもの tena/ta（人称代名詞. 3.m.sg.instr.）それ、彼
upāyena/upāya（n.sg.instr.）方法、方便、手段
訳）何らかの（yena tena）方法で（upāyena）→何とかして

kiṃ kāraṇā
kiṃ（疑問代名詞. sg.nom.）何　kāraṇā/kāraṇa（n.sg.abl.）因、原因
訳）いかなる（kiṃ）原因で（kāranā）。

kena /ka（疑問代名詞. instr.） 何→何故に

tena /ta（人称代名詞. n.sg.instr.） それ→それ故に

tena hi　tena/ta（人称代名詞. 3.f.sg.instr.）それ　hi（adv.conj）実に、何となれば　訳）然らば

yena kenaci

yena/ya（関係代名詞. n.sg.instr.）所のもの　kenaci/kaci（疑問代名詞. n.sg.instr.）何

訳）何とかして

⑱接続詞として繋辞（けいじ：つなぐ言葉）となる。

yena sāriputto tena upasaṅkami.

yena/ya（関係代名詞. n.sg.instr.）ところ、そこ

sāriputto/sāriputta（m.sg.nom.）サーリプッタ　tena/ta（人称代名詞. n.sg.instr.）それ

upasaṅkami/upasaṅkamati（v.aor.3.sg.）近づく

訳）サーリプッタ［尊者］（sāriputto）のいる所へ（yena）［彼は］そこへ（tena）近づいた（upasaṅkami）。

⑲独立具格

catunnaṃ māsānaṃ accayena.

catunnaṃ/catu（num.gen.）四　　māsānaṃ/māsa（m.pl.gen.）月

accayena/accaya（m.sg.instr.）経過、死去→ accayena（adv.）過ぎてから

訳）四か月を（catunnaṃ māsānaṃ）過ぎて（accayena）

amhākaṃ rañño accayena

amhākaṃ/ahaṃ（人称代名詞. 1.pl.gen.）私　rañño/rājan（m.sg.gen.）王

accayena/accaya（m.sg.instr.）経過、死去

訳）私たちの（amhākaṃ）王が（amhākaṃ）死んで後（accayena）

āyasmatā Tissena upajjhāyena.

āyasmatā/āyasmant(a.m.sg.instr.) 尊者、長寿を具えた人

Tissena/Tissa(m.sg.instr.) ティッサ upajjhāyena/upajjhāya(m.sg.instr.) 和尚

訳）尊者（āyasmatā）ティッサを（Tissena）和尚として（upajjhāyena）

奪格 abl. の用法

P176 ⑳ 奪格 abl. は「～から」「～より」「～の故に」などの意味のもので、英語の from, since, as 等の前置詞を有する名詞形と同じ意味を表すものである。

㉑一般の用法

gāmā apagacchati

gāmā/gama(m.sg.abl.) 村　　apagacchati(v.3.sg.) 去る

訳）村から（gāmā）去る（apagacchati）。

mutto vividha-kilesehi

mutto/mutta(a.m.sg.nom.) 自由となれる、解放される、解脱せる ← muñcati(v.)

解放する、解脱する、自由になる、の pp.　vividha(a. 語基) 種々なる

kilesehi/kilesa(m.pl.abl.) 煩悩、染

訳）種々の煩悩から（vividha-kilesehi）解脱した者（mutto）

pāṇātipātā veramaṇī

pāṇātipātā = pāṇa + atipātā のコンパウンド　　pāṇa(n. 語基) 生き物

atipātā/atipāta(m.sg.abl.) たおすこと、殺すこと

veramaṇī(f.sg.nom.) 離、離れること

訳）生き物を殺すことからの（pāṇātipātā）離（veramaṇī）。

pāpā cittaṃ nivāraye.

pāpā/pāpa(n.sg.abl.) 悪　　　cittaṃ/citta(n.sg.acc.) 心

nivāraye/nivārayati = nivāreti(v.opt.3.sg.) 防ぐ、防護する　{e = aya}

ここでは nivāraye は nivārayati の opt. 3人称単数であることが解ります。ところが nivārayati は辞書にのっていません。こういう時は e = aya という法則を思い出して、nivārayati を nivāreti に変えてみる必要があります。そこで nivāreti の意味が解ったので、その opt. と解ります。

訳）悪から（pāpā）心を（cittaṃ）防ぐように（nivāraye)。

kāmato jāyati soko

kāmato/kāma(m.sg.abl.) 欲、愛欲　jāyati(v.pr.3.sg.) 生まれる

soko/soka(m.sg.nom.) 愁

訳）愛欲から（kāmato）愁が（soko）生じる（jāyati)。

vāṇijaṃ jīvitā voropeti.

vāṇijaṃ/vānija(m.sg.acc.) 商人　jīvitā/jīvita(n.sg.abl.) 生命、命、寿命

voropeti(v.pr.3.sg.) 奪う、奪い取る、殺す

訳）生命から（jīvitā）商人を（vāṇijaṃ）奪う（voropeti)。＝商人の生命を奪う。

sīlato nindati

sīlato/sīla(n.sg.abl.) 戒　nindati(v.pr.3.sg.) 非難する

訳）戒から（sīlato）非難する（nindati)。＝戒について非難する。

sāraṃ sārato ñatvā.

sāraṃ/sāra(m.sg.acc.) 真実　　　sārato/sāra(m.sg.abl.) 真実

ñatvā/jānāti(v.ger.) 知る→知って

訳）真実を（sāraṃ）真実として（sārato）知って（ñatvā）。

sukhaṃ dukkhato'ddakkhi

sukhaṃ/sukha（a.m.sg.acc.） 楽 dukkhato'ddakkhi = dukkhato + dakkhi の連声

dukkhato/dukkha（a.n.sg.abl.）苦 dakkhi/dakkhati（v.aor.3.sg.）見る

訳）楽を（sukhaṃ）苦と（dukkhato）［彼は］見た（ddakkhi）。

tato malā malataraṃ

tato /ta（人称代名詞. n.sg.abl.）それ malā/mala（n.sg.abl.）垢

malataraṃ = mala + taraṃ mala（n. 語基）垢

taraṃ/tara（n.sg.nom.）比較級を作る接尾辞

訳）その（tato）垢より（malā）さらに垢多き（malataraṃ）。

tayā abhirūpatarā.

tayā/ta（人称代名詞. f.sg.abl.）彼女

abhirūpatarā = abhirūpa + tarā abhirūpa（a. 語基）端正な、麗しい、

tarā/tara（f.sg.nom.）より一層

abhirūpatarā/abhirūpatarā（a.f.sg.nom.）より一層麗しい

訳）彼女より（tayā）一層麗しい（abhirūpatarā）。

nirayā tiracchānayoni seyyo.

nirayā/niraya（m.sg.abl.）地獄

tiracchānayoni = tiracchāna + yoni tiracchāna（m. 語基） 畜生 yoni（f.sg.nom.）子宮

tiracchānayoni 畜生界 seyyo/seyya（a.m.sg.nom.）よりすぐれた

訳）地獄よりも（nirayā）畜生界が（tiracchānayoni）よりすぐれている（seyyo）。

dhammassa savanato.

dhammassa/dhamma (m.sg.gen.) 法　savanato/savana (n.sg.abl.) 聴聞

訳）法の（dhammassa）聴聞より（savanato）。＝法を聞くが故に。

pītiyā virāgā

pītiyā/pīti (f.sg.gen.abl.) 喜　virāgā/virāga (m.sg.abl.) 離貪、離

訳）喜の（pītiyā）離の故に（virāgā）。

sukhassa ca pahānā dukkhassa ca pahānā.

sukhassa/sukha (a.m.sg.gen.) 楽　ca (conj.) また

pahānā/pahāna (n.sg.abl.) 捨、断、捨断　dukkhassa/dukkha (a.n.sg.gen.) 苦

訳）楽の（sukhassa）捨断（pahānā）と（ca）苦の（dukkhassa）捨断の故に（pahānā）（ca）

㉒動詞が abl. の名詞形を取ることによって acc. の如き意味を持たせることがある。

pāpakehi akusalehi dhammehi aṭṭīyati harāyati jigucchati.

pāpakehi/pāpaka (a.n.pl.abl.) 悪　akusalehi/akusala (a.m.pl.abl.) 不善の dhammehi/dhamma (m.pl.abl.) 法　aṭṭīyati (v.pr.3.sg.) 困惑する、悩む harāyati (v.pr.3.sg.) 慚愧する　jigucchati (v.pr.3.sg.) 厭う

訳）諸の悪（pāpakehi）不善の（akusalehi）法に（dhammehi）悩み（aṭṭīyati）慚愧し（harāyati）厭う（jigucchati）。

㉓ abl. の語は āra, ārakā 遠く離れ、avidūre 余り遠くないところに、upari 上方に、aññatara 除いて、rahitā, rite, vinā 無くして、ā, yāva まで、pati 対して、apa 離れ、santike, samīpe 近くに、pabhuti, paṭṭhāya, uddhaṃ 以来、以後、pubbe, pure 前に、puretaraṃ より以前に、paraṃ 後に、oraṃ 以内に、

等の不変語と共に、又はそれ自身で副詞等の不変語を作る。ただし vinā は別に acc.instr. をも取り、aññatara は. instr. をも取り、santika は acc.gen. をも取り、samīpa は acc.instr.gen. をも取ることがある。

ārā āsavakkhayā

āra(adv.) 遠くに、離れて　āsavakkhayā = āsava + khayā のコンパウンド

āsava(m. 語基) 煩悩、漏　khayā/khaya(m.sg.abl.) 尽きること、滅尽

訳) 漏の滅尽から (āsavakkhayā) 離れて (ārā)

ārakā saṃghamhā

ārakā(a.adv.) 遠く離れて　saṃghamhā/saṃgha = saṅgha(m.sg.abl.) 僧団

訳) 僧団から (saṃghamhā) 遠く離れて (ārakā)

avīcito upari

avīcito/avīci(n.f.sg.abl.) 阿鼻地獄　upari(adv.) 上に

訳) 阿鼻地獄から (avīcito) 上に (upari)

Sāvatthito avidūre

Sāvatthito/Sāvatthi(n.sg.abl.) サーヴァッティ　avidūre(adv.) 遠くない所に、近くに

訳) サーヴァッティから (Sāvatthito) あまり遠くないところに (avidūre)

(Sāvattī(サーヴァッティー) という女性名詞ではなくて Sāvatthi(サーヴァッティ) という中性名詞の時もある。)

aññatra dhammacariyāya

aññatra(adv.) ～を除いて　dhammacariyāya = dhamma + cariyāya

のコンパウンド

dhamma（m. 語基）法　cariyāya/cariyā（f.sg.abl.）行い、行為

訳）法行を（dhammacariyāya）除きて（aññatra）

buddhiyā rahitā sattā

buddhiyā/buddhi（f.sg.abl.）覚、慧、智慧 rahitā/rahita（a.m.pl.nom.）除かれた、無き

sattā/satta（m.pl.nom.）有情、衆生

訳）覚（慧）（buddhiyā）なき（rahitā）人々（sattā）

ā Brahmalokā

ā（indecl）まで、より始めて Brahmalokā = Brahma + lokā　Brahma（m. 語基）梵天

lokā/loka（m.sg.abl.）世界

訳）梵天界（brahmalokā）まで（ā）

yāva majjhantika-samayā

yāva（adv.）～まで、限り　majjhantika（a.m. 語基）真中の、正午の、

samayā/samaya（m.sg.abl.）時

訳）正午時（majjhantika-samayā）まで（yāva）

tato pabhuti

tato/ta（人称代名詞. n.sg.abl.）それ

pabhuti（a.）～をはじめとしたる、～より以来＝常に abl. をともなう

訳）それ（tato）以来（pabhuti）

tato paṭṭhāya

paṭṭhāya は paṭṭhati（v.）用意する、発足する、出発するの ger. で indecl.adv. 意味は～から以来、より出立して＝通例 abl. をとる

訳）それ（tato）以来（paṭṭhāya）

tato uddhaṃ

uddaṃ(indecl) 上方に、後に

訳）それ（tato）以後（uddhaṃ）

ito pubbe

ito(indecl.) これより pubbe/pubba(a.m.sg.loc.) 前の、以前の

訳）今より（ito）以前に（pubbe）

therehi puretaraṃ

therehi/thera(m.pl.abl.) 長老 puretaraṃ(adv.) より前に

訳）長老たち（therehi）より前に（puretaraṃ）

tato paraṃ 訳）それより後

oraṃ chahi māsehi

oraṃ(adv.) 以内に（ora の acc.)chahi/cha(num.abl.) 六 māsehi/māsa (m.pl.abl.) 月

訳）六（chahi）か月（māsehi）以内に（oraṃ）

piṭṭhito piṭṭhito

piṭṭhito piṭṭhito/piṭṭhi(f.sg.abl.) 背面、背後

訳）背後から、後から、後に（adv.)

gāmā gāmaṃ

gāmā/gāma(m.sg.abl.)gāmaṃ/gāma(m.sg.acc.) 村

訳）村から（gāmā）村へ（gāmaṃ）

tasmā/ta（人称代名詞. m.sg.abl.）それ　訳）それ故に

kasmā/ka（疑問代名詞 m.sg.abl.）何　訳）何故に

tato/ta（人称代名詞. m.sg.abl.）それ　訳）それより

kuto/ku（abl.）どこ　訳）どこから、いかなる理由で

parato/para（a.m.sg.abl.）他の、彼方の　訳）後に、遥に

yasmā/ya（関係代名詞. m.sg.abl.）所のもの　訳）何となれば

sabbato/sabba（m.sg.abl.）一切の　訳）あまねく

samantato/samanta（a.m.sg.abl.）一切の、あまねき　訳）あまねく

uttarato/uttara（a.m.sg.abl.）北方の　訳）北方に

heṭṭhā（abl.）　訳）下に

divā/diva（m.sg.abl.）日、昼（adv.）日中に、昼に

gambhīrato/gambhīra（a.m.sg.abl.）深い　訳）深さは、深さより

dīghato/dīgha（a.m.sg.abl.）長い　訳）長さは

puthulato/puthula（a.m.sg.abl.）広大な　訳）広さは

samaggā/samagga（a.m.sg.abl.）和合した　訳）和合して、団結して

vyaggā/vyagga(a.m.sg.abl.) 不和の　　　訳）不和にして

pacchā(adv.) 後に

与格 dat. の用法

P178 ㉔与格 dat. は「～に」「～に対して」「～のために」などの意味のものであって、英語の to、for 等の前置詞を有する名詞形と同様の意味を表す。

㉕一般的用法

samaṇassa cīvaraṃ dadāti

samaṇassa/samaṇa(m.sg.dat.) 沙門　　　cīvarɛṃ/cīvara(n.sg.acc.) 衣

dadāti(v.pr.3.sg.) 与える

訳）沙門に（沙門のために）(samaṇassa) 衣を (cīvaraṃ) 与える (dadāti)。

rañño āroceti

rañño/rājan(m.sg.dat.) 王　　　āroceti(v.3.sg.) 告げる

訳）王に (rañño) 告げる (āroceti)。

tassa evaṃ ahosi

tassa/ta(人称代名詞. m.sg.dat.) 彼　　　evaṃ(adv.) このように

ahosi/hoti(v.aor.3.sg.) ある

訳）彼に (tassa) このような (evaṃ) [思いが] あった (ahosi)。

tassa rañño cakka-ratanaṃ pātur ahosi.

tassa/ta(人称代名詞. m.sg.dat.) 彼 rañño/rājan(m.sg.dat.) 王 cakka (n. 語基) 輪

ratanaṃ/ratana(n.sg.nom.) 宝 pātur(indecl) 明白に ahosi/hoti(v.aor.3.

sg.）ある

pātur ahosi 顕れた、現われた pātubhavati 現れる、顕現するの意味となる

訳）かの（tassa）王に（rañño）輪宝が（cakkaratanaṃ 現れた（pātur ahosi）。

tassa paṭissuṇitvā

tassa/ta（人称代名詞. m.sg.dat.）彼　paṭissuṇitvā/paṭissuṇāti（v.ger.）答える

訳）彼に（tassa）答えて（paṭissunitvā）。

Devadattassa anucchavikaṃ

Devadattassa/Devadatta（m.sg.dat.）デーヴァダッタ

anucchavikaṃ/anucchavika（a.n.sg.nom.）皮膚に従える、適せる、当然なる、相応せる

訳）デーヴァダッタに（Devadattassa）適当なるもの（anucchavikaṃ）。

saggassa gamanaṃ

saggassa/sagga（m.sg.dat.）天　gamanaṃ/gamana（n.sg.nom.）行くこと

訳）天に（saggassa）行くこと（gamanaṃ）。

appo saggāya gacchati

appo/appa（a.m.sg.nom.）少なき　saggāya/sagga（m.sg.dat.）天

gacchati（v.pr.3.sg.）行く

訳）天に（saggāya）行く（gacchati）ものは少ない（appo）。

uṇhassa paṭighātāya＝uṇhaṃ paṭihantuṃ

uṇhassa/uṇha（a.m.sg.gen.）暑さ　paṭighātāya/paṭighāta（m.sg.dat.）防

禦

uṇhaṃ/uṇha(a.m.sg.acc.) 暑さ　patihantuṃ/patihanti(v.inf.) 防除す

訳）暑さの（uṇhassa）防除のために（paṭighātāya）。

暑さを（uṇhaṃ）防除すべく（paṭihantuṃ）。

Sāvatthiyaṃ piṇḍāya carati

sāvatthiyaṃ/sāvatthī(f.sg.acc.) サーヴァッティー　piṇḍāya/piṇḍa (m.sg.dat.) 団食、托鉢食

carati(v.) 歩く

訳）サーヴァッティーを（sāvatthiyaṃ）托鉢のために（piṇḍāya）歩く carati)。

dhammasavanassa atthāya

dhammasavanassa = dhamma + savanassa のコンパウンド dhamma (m. 語基) 法

savanassa/savana(n.sg.dat.) 聞くこと　atthāya/attha(m.sg.dat.) 目的

訳）法を聞くこと（dhammasavanassa）のために（atthāya）

dhammaṃ sotuṃ

dhamma(m.sg.acc.) 法　sotuṃ/suṇāti(v.inf.) 聞く→聞くべく

訳）法を（dhammaṃ）聞くべく（sotuṃ）

deva manussānaṃ hitāya

deva(m. 語基) 天 manussānaṃ/manussa(m.pl.gen.) 人 hitāya/hita (n.sg.dat.) 利益

訳）諸々の天と（deva）人々の（manussānaṃ）利益のために（hitāya）。

namo buddhāya

namo(n.sg.nom.) 礼拝、帰命　　buddhāya/bhuddha(m.sg.dat.) 仏陀

訳）仏陀のために（buddhāya）礼拝（namo）

sotthi pajānaṃ

sotthi(f.sg.nom.) 幸福　　pajānaṃ/pajā(f.pl.dat.) 人々

訳）人々のために（pajānaṃ）幸福あれ（sotthi)。

svāgataṃ te

svāgataṃ = su + āgataṃ su(pref.) 善い āgataṃ/āgata(a.n.sg.nom.) 来たれる

svāgataṃ/ svāgata 善く来たれる te/tvaṃ(人称代名詞. 2.sg.dat.) あなた

訳）汝への（te）善来（svāgataṃ）→あなたは善く来た。

lābhā me

lābhā/labha(m.pl.nom.) 利得　　me/ahaṃ(人称代名詞. 1.sg.dat.) 私

訳）私のための（me）利得（lābhā）

㉖ alaṃ 十分、samattha 可能、asamattha 不可能、paṭikūla 適切、appaṭikūla 不適切等の語は dat. を取る。

alaṃ kukkuccāya

alaṃ(indecl.adv.) 十分に、適当な、もう沢山だ

kukkuccāya/kukkucca(n.sg.dat.) 後悔、疑惑

訳）疑惑に（kukkuccāya）十分である（alaṃ)。→疑うに足る。

dhāvanāya samattho = dhāvituṃ samattho

dhāvanāya/dhāvana(n.sg.dat.) 走ること samattho/samattha(a.n.m.sg.nom.) 可能な

dhāvituṃ/dhāvati(v.inf.) 走る

訳）走ることが（dhāvanāya）出来る（samattho）［人］

走ることが（dhāvituṃ）出来る（samattho）［人］

appaṭikūlaṃ savanāya = na arahati suṇituṃ

appaṭikūlaṃ = a + paṭikūlaṃ a(pref.) 否定

paṭikūlaṃ/paṭikūla(a.) 厭逆、背戻すること、違逆

appaṭikūlaṃ/appaṭikūla(a.n.sg.nom.) 無厭の、無厭逆の、適しない

savanāya/savana(n.sg.dat.) 聞くこと na(adv.) 否定 arahati(v.pr.3.sg.) 適する

suṇituṃ/suṇāti(v.inf.) 聞く

訳）聞くことに（savanāya）適しない（appaṭikūlaṃ）。

聞くに（suṇituṃ）適しない（na arahati）。

㉗副詞等の不変語を作る

atthāya

atthāya/attha(m.sg.dat.) 目的　　訳）～のために（atthāya）

cirāya = ciraṃ(acc.) = cirassa(gen.)

cirāya/cira(a.m.sg.dat.) 久しく　　訳）久しく（cirāya）

hitāya

hitāya/hita(a.n.sg.dat.) 利益　　訳）利益のために

ahitāya

ahitāya = a + hitāya a(pref.) 否定 hitāya/hita(a.n.sg.dat.) 利益

ahitāya/ahita(a.n.sg.dat.) 不利益

訳）不利益のために

属格 gen. の用法

P179 ㉘属格 gen. は「～の」の意味で、英語の 's、of 等をつけた名詞形に当る。

㉙一般的用法

buddhassa sāvakā

buddhassa/buddha(m.sg.gen.) 仏陀　sāvakā/sāvaka(m.pl.nom.) 声聞、弟子

訳）仏陀の（buddhassa）弟子たち（sāvakā）。

mātu samo＝ mātarā samo

mātu/mātar(f.sg.gen.) 母 samo/sama(a.m.sg.nom.) 同じ mātarā/mātar (f.sg.instr.) 母

訳）母に（mātu/mātarā）等しき（samo）［人］

pitu sadiso＝ pitarā sadiso

pitu/pitar(m.sg.gen.) 父　sadiso/sadisa(a.m.sg.nom.) 同一の、等しき

pitarā/pitar(m.sg.instr.) 父

訳）父に（pitu/pitarā）等しき（sadiso）［人］

amhākaṃ buddhassa pubbe

amhākaṃ/ahaṃ(人称代名詞. 1.pl.gen.) 私たちの

buddhassa/buddha(m.sg.gen.) 仏陀　pubbe/pubba(a.m.sg.loc.) 前の

訳）私たちの（amhākaṃ）仏陀の（buddhassa）前に（pubbe）

tiṇṇaṃ divasānaṃ accayena

tiṇṇaṃ/ti(num.gen.) 三　divasānaṃ/divasa(m.pl.gen.) 日

accayena/accaya(m.sg.instr.) 死去、経過　accayena(adv.) 過ぎて

訳）三日の（tiṇṇaṃdivasānaṃ）過ぎ去りによりて（accayena）。三日を過ぎて。

vassasatānaṃ upari

vassasatānaṃ = vassa + satānaṃ のコンパウンド vassa（m.n. 語基）雨、雨期、年

satānaṃ/sata（num.pl.gen.）百、多くの　upari（adv.）上に、後の

訳）百年の（vassasatānaṃ）後に（upari）

gāmassa avidūre

gāmassa/gāma（m.sg.gen.）村　avidūre（adv.）遠くないところに

訳）村から（gāmassa）あまり遠くない所に（avidūre）

sītassa ca uṇhassa ca kkhamo hoti

sītassa/sīta（a.m.sg.gen.）寒い、冷い　ca（conj.）そして

uṇhassa/uṇha（a.m.sg.gen.）暑い、暑熱の

ca kkhamo = ca + khamo の連声　khamo/khama（a.m.sg.nom.）忍ぶ、耐える

hoti（v.pr.3.sg.）ある、成る

訳）寒さ（sītassa）と（ca）暑さ（uṇhassa）と（ca）を耐え忍ぶ（khamo hoti）。

buddhassa pasanno = buddhe pasanno

buddhassa/buddha（m.sg.gen.）仏陀　pasanno/pasanna（a.m.sg.nom.）浄信ある

buddhe/buddha（m.sg.loc.）仏陀

訳）仏陀を（buddhassa）信ぜる（pasanno）［人］。

仏陀を（buddhe）信ぜる（pasanno）［人］。

candimasuriyānaṃ dassāvī

candimasuriyānaṃ = candima + suriyānaṃ のコンパウンド　candima（m. 語基）月

suriyānaṃ/suriya（m.pl.gen.）太陽、日輪

dassāvī/dassāvin（a.m.sg.nom.）見ある、見たる

訳）月と（candima）太陽を（suriyānaṃ）見た者（dassāvī）

akusaladhammānaṃ kārako

akusaladhammānaṃ = akusala + dhammānaṃ のコンパウンド akusala（a. 語基）不善の

dhammānaṃ/dhamma（m.pl.gen.）法　kārako/kāraka（a.m.sg.nom.）作者

訳）諸々の不善の法（akusaladhammānaṃ）の作者（kārako）。

Bhagavato bhāsitaṃ abhinandi

Bhagavato/bhagavant（m.sg.gen.）世尊

bhāsitaṃ/bhāsita（a.n.sg.acc.）語った、所説← bhāsati（v.）話す、の pp.

abhinandi/abhinandati（v.aor.3.sg.）大いに喜ぶ

訳）［彼は］世尊の（Bhagavato）所説を（bhāsitaṃ）喜んだ（abhinandi）。

naranaṃ khattiyo sūratamo = naresu khattiyo sūratamo

narānaṃ/nara（m.pl.gen.）人、人々 khattiyo/khattiya（m.sg.nom.）クシャトリヤ、王族

sūratamo = sūra + tamo sūra（m.）英雄、勇者 tamo/tama 最上級を示す接尾辞※

naresu/nara（m.pl.loc.）人、人々

訳）人々の中では（narānaṃ/naresu）王族が（khattiyo）最勇者である（sūratamo）。

※ gotama は「最上の牛」の意味。梵和大辞典では「最大の牡牛」

sakko devānaṃ indo

sakko/sakka(m.sg.nom.) 帝釈（天）　devānaṃ/deva(m.pl.gen.) 天

indo/inda(m.sg.nom.) 王、主、天帝

訳）神々の（devānaṃ）王たる（indo）帝釈天（sakko）

sippānaṃ kusalo

sippānaṃ/sippa(n.pl.gen.) 技術、技芸　kusalo/kusala(a.m.sg.nom.) 巧みな

訳）諸々の技術に（sippānaṃ）巧みな（kusalo）［人］

sippikānaṃ sataṃ

sippikānaṃ/sippika(m.pl.gen.) 技術者　sataṃ/sata(num.n.sg.nom.) 百

訳）技術者たちの（sippikānaṃ）百（sataṃ)。

→百人の（sataṃ）技術者たち（sippikānaṃ)。

aññataro arahataṃ

aññataro/aññatara(m.sg.nom.) 二者の中の一、ある

arahataṃ/arahant(m.pl.gen.) 阿羅漢

訳）阿羅漢たちの中の（arahataṃ）一人（aññataro)。

kappassa tatiyo bhāgo

kappassa/kappa(n.sg.gen.) 劫　tatiyo/tatiya(m.sg.nom.) 第三の

bhāgo/bhāga(m.sg.nom.) 部分

訳）［一］劫の（kappassa）第三の（tatiyo）部分（bhāgo）→三分の一

rattiyā paṭhame yāme

rattiyā/ratti(f.sg.gen.) 夜　paṭhame/paṭhama(a.m.sg.loc.) 第一の、最初の

yāme/yāma(m.sg.loc.) 夜分

訳）夜の（rattiyā）初の（paṭhame）夜分に（yāme）

kulaputtassa dassaniya dhammo

kulaputtassa = kula + puttassa のコンパウンド　kula（n. 語基）家、良家

puttassa/putta（m.sg.gen.）息子

dassaniya（a. 語基）見られるべき← dassati（v.grd.）見る

dhammo/dhamma（m.sg.nom.）法

訳）善男子が（kulaputtassa）見るべき（dassaniya）法（dhammo）。

gāmassa pūjito

gāmassa/gāma（m.sg.gen.）村

pūjito/pūjita（a.）尊敬された← pūjeti（v.）供養する、尊敬する、の pp.

訳）村人から（gāmassa）尊敬された（pūjito）［人］

brāhmaṇassa manāpo

brāhmaṇassa/brāhmaṇa（m.sg.gen.）婆羅門 manāpo/manāpa（a.）可意の、適意の

訳）婆羅門の（brāhmaṇassa）気に入った（manāpo）［人］

devatānaṃ piyo

devatānaṃ/devatā（f.pl.gen.）神、神々　piyo/piya（a..m.sg.nom.）愛、可愛の

訳）神々の（devatānaṃ）所愛（piyo）→神々に（devatānaṃ）愛される（piyo）［人］

㉚動詞の中には acc. の代わりに gen. を取るものがある。特に激しい情緒を表す動詞に多い。この場合 gen. はあるいは dat. と見なされるものもあるかも知れない。しかし以下の例では一括してこれをすべて gen. としておいた。

tasati daṇḍassa

tasati (v.pr.3.sg.) おそれる　daṇḍassa/daṇda (m.sg.gen.) 杖、むち

訳）杖罰を（daṇḍassa）恐れる（tasati）。

bhāyati maccuno

bhāyati (v.pr.3.sg.) 畏怖する、おそれる　maccuno/maccu (m.sg.gen.) 死

訳）死を（maccuno）怖れる（bhāyati）。

mā me kujjha

mā (adv.) なかれ　me/ahaṃ (人称代名詞. 1.sg.gen.) 私

kujjha/kujjhati (v.imper.2.sg.) 怒る

訳）私を（me）怒る（kujjha）なかれ（mā）。

paṇḍitassa pihayati

paṇḍitassa/paṇḍita (a.m.sg.gen.) 賢者　pihayati (v.pr.3.sg.) 羨む

訳）賢者を（paṇḍitassa）羨む（pihayati）。

appamaññati pāpassa

appamaññati (v.pr.3.sg.) 軽く見る、軽蔑する　pāpassa/pāpa (a.n.sg.gen.) 悪

訳）悪を（pāpassa）軽視する（appamaññati）。

dussati narassa suddhassa

dussati (v.pr.3.sg.) 汚す、邪意を持つ narassa/nara (m.sg.gen.) 人、人々

suddhassa/suddha (a.m.sg.gen.) 清い、清浄の← sujjhati (v.) 清まる、の pp.

訳）清浄なる（suddhassa）人を（narassa）汚す（dussati）。

harāyati aṭṭiyati jigucchati brāhmaṇassa

harāyati(v.pr.3.sg.) 慚愧する、心にはじる　aṭṭiyati(v.) 悩む、困惑する

jigucchati(v.) 厭う、嫌う　brāhmaṇassa/brāhmaṇassa(m.sg.gen.) 婆羅門

訳）婆羅門を（brāhmaṇassa）慚じ（harāyati）、厭い（aṭṭiyati）、嫌う（jigucchati）。

na brāhmaṇassa pahareyya

na(adv.) 否定　brāhmaṇassa/brāhmaṇa(m.sg.gen.) 婆羅門

pahareyya/paharati(v.opt.3.sg.) 打つ、伐つ

訳）婆羅門を（brāhmaṇassa）打つ（pahareyya）なかれ（na）。

nāssa muñcetha brāhmaṇo

nāssa = na + assa の連声　na(adv.) 否定　assa/so(人称代名詞.3.m.sg.gen.) 彼

muñcetha/muñcati(v.opt.3.sg. 反照態) 脱す、自由になる

brāhmaṇo/brāhmaṇa(m.sg.nom.) 婆羅門

訳）婆羅門は（brāhmaṇo）彼を（assa）放つ（muñcetha）べからず（na）。

udapānaṃ tiṇassa ca bhusassa ca yāva mukhato pūresuṃ.

udapānaṃ/udapāna(m.sg.acc.)　井戸 tiṇassa/tiṇa(n.sg.gen.)　草 ca (conj.) そして、と

bhusassa/bhusa(m.sg.gen.) 籾殻　yāva(adv.) まで

mukhato/mukha(n.sg.abl.)　口、門、顔、入口 pūresuṃ/pūreti (v.aor.3.pl.) 充たす

訳）井戸を（udapānaṃ）草（tiṇassa）と（ca）籾殻（bhusassa）と

（ca）で口（mukhato）まで（yāva）充たした（pūresuṃ）。

pūrati puññassa

pūrati(v.pr.3.sg.) 充ちる　puññassa/puñña(n.sg.gen.) 福、善、功徳

訳）善に（puññassa）充ちる（pūrati）。

buddhassa siloghati

buddhassa/buddha(m.sg.gen.) 仏陀　siloghati(v.pr.3.sg.) 讃嘆する

訳）仏陀を（buddhassa）讃嘆する（siloghati）。

mātussa sarati

mātussa/mātar(f.sg.gen.) 母　sarati(v.pr.3.sg.) 憶う

訳）母を（mātussa）憶う（sarati）。

pajānāti dukkhassa

pajānāti(v.) 了知する、了解する　dukkhassa/dukkha(n.sg.gen.) 苦

訳）苦を（dukkhassa）了知する（pajānāti）。

㉛ gen. によって副詞等の不変語が作られる場合。

kissa/kiṃ(sg.gen.) 何→（adv.）何の、何故に

cirassa・cirassaṃ/cira(gen.) →（adv.）久しく、遂に

divādivassa＝divā＋divassa　divā/diva(m.sg.abl.) 日昼

divassa/diva(m.sg.gen.) → divādivassa(adv.) 早朝に、朝早く

㉜独立属格

tassa bhattaṃ bhuttassa udakaṃ āharanti.

tassa/ta(人称代名詞. m.sg.gen.) 彼　bhattaṃ/bhatta(a.m.sg.acc.) 食事

bhuttassa/bhutta(a.m.sg.gen.) 食した← bhuñjati(v.) 食べる、の pp.

udakaṃ/udaka(n.sg.acc.) 水　āharanti/āharati(v.pr.3.pl.) 運ぶ、取り出す

ここではtassaという代名詞のgen.とbhuttassaという過去受動分詞のgen.で独立属格を形成している。独立格は～した時に、～するというような意味になる。

訳）彼が（tassa）食事を（bhattaṃ）食べ終わった時（bhuttassa）、［人々は］水を（udakaṃ）持ち来る（āharanti）。

tesaṃ kīḷantānaṃ yeva suriyatthaṅgatavelā jātā.

tesaṃ/ta（人称代名詞. 3.m.pl.gen.）彼

kīḷantānaṃ/kīḷant（a.m.pl.gen.）遊びつつある← kīḷati（v.）遊ぶ、のppr.

yeva = eva（adv.）こそ、のみ、まさに、だけ

suriyatthaṅgatavelā = suriya + atthaṅgata + velā

suriya（m. 語基）太陽　atthaṅgata（a. 語基）没した　velā（f.sg.nom.）時

jātā/jāta（a.f.sg.nom.）生じた、発生の、生起の

訳）彼等が（tesaṃ）遊んでいるうちに（kīḷantānaṃ）すぐに（yeva）日没時と（suriyatthaṅgatavelā）なった（jātā）。

Brahmuno pekkhamānassa cittaṃ vimucci me.

Brahmuno/Brahmā（m.sg.gen.）梵、梵天

pekkhamānassa/pekkhamāna（m.sg.gen.）← Pekkhati（v.）観察する、見る、のppr.

cittaṃ/citta（n.sg.nom.）心　vimucci/vimuccati（v.aor.3.sg.）解脱する

me/ahaṃ（人称代名詞. 1.sg.gen.）私

訳）梵（仏陀）（Brahmuno）が見つつある時に（pekkhamānassa）私の（me）心は（cittaṃ）解脱した（vimucci）。

Brahmunoは普通の名詞のgen.でpekkhamānassaは現在分詞のgen.で、この二つの言葉で独立属格を形成しています。

rudato dārakassa so pabbaji.

rudato/rudant（m.sg.gen.）泣きつつあるものの← rudati（v.）泣く、の

ppr.

dārakassa/dāraka(m.sg.gen.) 子供　so(人称代名詞. 3.m.sg.nom.) 彼

pabbaji/pabbajati(v.aor.3.sg.) 出家する

訳) 子供が (dārakassa) 泣きつつあるにもかかわらず (rudato) 彼は (so) 出家した (pabbaji)。

rudato は rudati 泣くの ppr.gen. であり、dārakassa は普通の名詞の gen. であるのでこの二つの言葉で独立属格を形成しています。

tassa vayappattassa pitāmaho kālam akāsi.

tassa/ta(人称代名詞. 3.m.sg.gen.) 彼

vayappattassa = vaya + pattassa　vaya(n. 語基) 青年

pattassa/patta(a.) 達した← pāpuṇāti(v.) 得る、達するの pp.

pitāmaho/pitāmahā(m.sg.nom.) 祖父　kālam/kāla(m.sg.acc.) 時

akāsi/karoti(v.aor.3.sg.) 為す　kālaṃ karoti 死ぬ　kālaṃ akāsi 死んだ

訳) 彼が (tassa) 青年に達した時 (vayappattassa)、[彼の] 祖父は (pitāmaho) 亡くなった (kālam akāsi)。

処格 loc. の用法

P181 ㉝処格 loc. は「〜において」「〜の中」「〜の上に」「〜に対して」「〜に関して」等の意味を表すものであって、英語の in, within, on, upon, at の前置詞、又は while, when 等の副詞を附する場合に当る。これは主として時と所と状態を示すものである。

㉞一般的用法

ekasmiṃ samaye

ekasmiṃ/eka(a.m.sg.loc.) ある　samaye/samaya(m.sg.loc.) 時

訳) ある (ekasmiṃ) 時に (samaye)

tesaṃ āgatakāle.

tesaṃ/ta（人称代名詞. 3.m.pl.gen.）彼　āgatakāle = āgata + kāle のコンパウンド

āgata（a. 語基）来れる ← āgacchati（v.）来る、の pp.　kāle/kāla（m.sg.loc.）時

訳）彼等が（tesaṃ）やって来た時に（āgatakāle）

nagare vasati

nagare/nagara（n.sg.loc.）都市　　　vasati（v.pr.3.sg.）住む

訳）都市において（nagare）住む（vasati）。

bhūmiyaṃ pati

bhūmiyaṃ/bhūmi（f.sg.loc.）地、土地　pati/patati（v.aor.3.sg.）倒れる

訳）［彼は］地上に（bhūmiyaṃ）倒れた（pati）。

avidūre udumbararukkho

avidūre/avidūra（a.loc.）はなはだ遠くない、近くに（adv.）余り遠くない所に

udumbararukkho = udumbara + rukkho　udumbara（m.）無花果樹、いちじく

rukkho/rukkha（m.sg.nom.）樹

訳）余り遠くない所にある（avidūre）無花果の樹（udumbararukkho）。

tilesu telaṃ

tilesu/tila（m.n.pl.loc.）胡麻　　　telaṃ/tela（n.sg.nom.）油

訳）胡麻の中の（tilesu）油（telaṃ）

rukkhamūlesu udakaṃ siñcati.

rukkhamūlesu = rukkha + mūlesu のコンパウンド　rukkha（m. 語基）樹

mūlesu/mūla(n.pl.loc.)　根　udakaṃ/udaka(n.sg.acc.)　水　siñcati(v.pr.3.sg.) 注ぐ、灌ぐ

訳）樹々の根に（rukkhamūlesu）水を（udakaṃ）注ぐ（siñcati）。

dvīsu raṭṭhesu rajjaṃ kāresi

dvīsu/dvi(num.pl.loc.) 二　raṭṭhesu/raṭṭha(n.pl.loc.) 国、王国

rajjaṃ/rajja(n.sg.acc.) 統治

kāresi/kāreti(v.aor.3.sg.) 為さしめる← karoti(v.caus.) 為す

訳）[彼は] 二（dvisu）か国において（ratthesu）統治を（rajjaṃ）為した（kāresi）。

pādesu sirasā vandati

pādesu/pāda(m.pl.loc.) 足　sirasā/sira(n.m.sg.instr.) 頭　vandati(v.pr.3.sg.) 礼拝する

訳）頭をもって（sirasā）[仏陀の] 御足に（pādesu）礼拝する（vandati）。

taṃ puggalaṃ bāhāyaṃ gahetvā.

taṃ/ta(人称代名詞. 3.m.sg.acc.) 彼　puggalaṃ/puggala(m.sg.acc.) 人、個人

bāhāyaṃ/bāhā(f.sg.loc.) 腕

gahetvā/gaṇhāti(v.ger.) 捕える、把える、取る→把えて、捕えて

訳）その（taṃ）人を（puggalaṃ）腕において（bāhāyaṃ）捕えて（gahetvā）

その（taṃ）人の（puggalaṃ）腕を（bāhāyaṃ）捕えて（gahetvā）

jaṭāsu ca gīvāyañ ca akkami.

jaṭāsu/jatā(f.pl.loc.)　結髪 ca(conj.)　そして、また gīvāyañ ca = gīvāyaṃ + ca の連声

gīvāyaṃ/gīvā(f.sg.loc.) 首　　akkami/akkamati(v.aor.3.sg.) 攻撃する
訳）[彼は私の] 結髪（jaṭāsu）と（ca）首（gīvāyañ）と（ca）をつかまえて [私を] ひどい目に遭わせた（akkami）。

tassa hadayamaṃse dohalaṃ uppādeti.

tassa/ta(人称代名詞. 3.m.sg.gen.) 彼 hadayamaṃse = hadaya + maṇse のコンパウンド
hadaya(n.) 心臓 maṃse/maṃsa(n.sg.loc.) 肉 hadayamaṃsa(n..sg.loc.) 心臓の肉
dohalaṃ/dohaḷa(m.sg.acc.) 異常欲　uppādeti(v.pr.3.sg.) 起こす、生ぜしめる
訳）彼の（tassa）心臓の肉に対して（hadayamaṃse）異常欲求を（dohalaṃ）起こす（uppādeti）。

tathāgate saddhaṃ paṭilabhati.

tathāgate/tathāgata(m.sg.loc.) 如来　　saddhaṃ/saddhā(f.sg.acc.) 信
paṭilabhati(v.pr.3.sg.) 得る、達する
訳）如来に対する（tathāgate）信を（saddhaṃ）獲得する（paṭilabhati）。

saṃghe dehi

saṃghe/saṃgha(m.sg.loc.) 僧伽　dehi/deti = dadāti(v.imper.2.sg.) 与える
訳）僧伽に対して（saṃghe）[あなたは] 与えよ（dehi）。

asāre sāramatino

asāre = a + sāre a(pref.) 否定　　sāre/sāra(m.sg.loc.) 精、真実
sāramatino = sāra + matino のコンパウンド　　sāra(m. 語基) 真実
matino/matin(a.m.pl.nom.) 思惟ある　sāramatin(a.m.pl.nom.) 真実と

思うもの

訳）不真実に対する（asāre）真実意見者たち（sāramatino）

→不真実を（asāre）真実と思う人々（sāramatino）

pamāde bhayadassivā

pamāde/pamāda（m.sg.loc.）放逸　bhayadassivā = bhaya + dassivā のコンパウンド

bhaya（n.）畏怖　　dassivā/dassivant（m.sg.nom.）見ある者

訳）放逸に（pamāde）畏怖の見ある者（bhayadassivā）。

kāye kāyānupassī

kāye/kāya（m.sg.loc.）身体　kāyānupassī = kāya + anupassī のコンパウンド

kāya（n. 語基）身体　anupassī/anupassin（a.m.sg.nom.）随観する、観察する

訳）身において（kāye）身を随観する者（kāyānupassī）。

sampajānamusāvāde pācittiyaṃ

sampajānamusāvāde = sampajāna + musāvāde のコンパウンド

sampajāna（a. 語基）正知の、意識的の

musāvāde/musāvāda（a.m.sg.loc.）妄語

pācittiyaṃ/pācittiya（a.n.sg.nom.）懺悔償罪すべき、波逸提

訳）故意の妄語に対する（sampajāna musāvāde）波逸提（pācittiyaṃ）［の罪］

abhikkante paṭikkante sampajānakārī hoti.

abhikkante/abhikkanta（a.m.sg.loc.）過ぎた、去った、出発した、進んだ

← abhikkamati（v.）前進する、進行する、の pp.

paṭikkante/paṭikkanta（a.m.sg.loc.）戻った、退いた
← paṭikkamati（v.）もどる、退く、の pp. sampajānakārī = sampajāna + kārī のコンパウンド
sampajāna（a.）正知の　kārī/kārin（a.m.sg.nom.）為す、行うこと
sampajānakārin（a.）正知を為すもの、意識して為す　hoti（v.pr.3.sg.）ある、なる
訳）行きつつあるにも（abhikkante）戻りつつあるにも（paṭikkante）［彼は自ら］正知を為すものとしてある（sampajānakārī hoti）。

hatthī dantesu haññate

hatthī/hatthin（m.sg.nom.）象　dantesu/danta（m.pl.loc.）歯、象牙
haññate/hanati（v.pass.3.sg.）殺す、害する→殺される
訳）象は（hatthī）牙のために（dantesu）殺される（haññate）。

㉟ loc. を取って acc. の如き意味を表す動詞がある。

hatthismiṃ sikkhati

hatthismiṃ/hatthin（m.sg.loc.）象　sikkhati（v.pr.3.sg.）学ぶ、学得する
訳）象兵法を（hatthismiṃ）学ぶ（sikkhati）。

dhamme ramati paṇḍito

dhamme/dhamma（m.sg.loc.）法　ramati（v.pr.3.sg.）楽しむ
paṇḍito/paṇḍita（a.m.sg.nom.）賢者
訳）賢者は（paṇḍito）法を（dhamme）楽しむ（ramati）。

suññāgāre abhiramāmi

suññāgāre = suñña + agāre のコンパウンド　suñña（a.n. 語基）空なる
agāre/agāra（n.sg.loc.）家　suññāgāra（m.sg.loc.）空家、空屋
abhiramāmi/abhiramati（v.pr.1.sg.）大いに喜ぶ
訳）私は空屋を（suññāgāre）楽しむ（abhiramāmi）。

appamāde pamodanti

appamāde/appamāda(a.m.sg.loc.) 不放逸

pamodanti/pamodati(v.pr.3.pl.) 喜ぶ、満足する

訳) [彼等は] 不放逸を (appamāde) 喜ぶ (pamodanti)。

㊱不変語を作る場合。

bāhire/bāhira(a.sg.loc.) 外の→ (adv.) 外に

dūre 遠くに avidūre あまり遠くない所に santike 近くに

khaṇe khaṇe /khaṇa(m.) 刹那→刹那毎に

apara bhāge 後分に、後程に apara/ (a.) 後の、次の、他の bhāga(m.sg.loc.) 部分、配分、領分

divase divase 毎日毎日 divase/divasa(m.sg.loc.) 日、日中

sāyaṇhasamaye 夕刻時に sāyaṇha 夕方、晩方 samaye/samaya(m.sg.loc.) 時

sattame divase 七日目に sattame/sattama(num.loc.) 第七の divase/divasa(m.sg. loc.) 日、日中

P182 ㊱独立処格。独立処格の説明は p105 にあり。

evaṃ vutte

evaṃ(adv.) このように

vutte/vutta(a.m.sg.loc.) 言われた← vuccati(v.) 言われるの pp.

訳) このように (evaṃ) 言われたるにおいて (vutte) →かく言われた時に

pubbe ananussutesu dhammesu

pubbe(adv.) 以前には ananussutesu = an + anussutesu an(pref.) 否定

anussutesu/anussuta (a.m.pl.loc.) かつて聞いた dhammesu/dhamma (m.pl.loc.) 法

訳）以前には（pubbe）聞いたことのない（ananussutesu）諸々の法において（dhammesu）。

→他から何事も聞いたことがないのに（独りでに）。

ここでは ananussutesu が suṇāti (v.) 聞く、の pp. で、suta が入った ananussuta の pl.loc. であるし、dhammesu が dhamma という名詞の pl.loc. であるので、独立処格を構成しています。

Brahmadatte rajjaṃ kārente

Brahmadatte/Brahmadatta (m.sg.loc.) ブラフマダッタ

rajjaṃ/rajja (n.sg.acc.) 王たること、王権、統治

kārente/kārent (a.m.sg.loc.) なさしめつつあるにおいて← kareti (v.) なさしめる、の ppr. ← karoti (v.caus.)

訳）ブラフマダッタ王が（Brahmadatte）政治を（rajjaṃ）なさしめつつあるにおいて（kārente）。

→ブラフマダッタ王が統治している時に

imasmiṃ sati idaṃ hoti

imasmiṃ/imaṃ (指示代名詞. m.sg.loc.) これ

sati/sant (m.sg.loc.) ← atthi (v.) ある、の ppr.　idaṃ (指示代名詞. n. sg.loc.) これ

hoti (v.pr.3.sg.) ある、成る

訳）これが（imasmiṃ）ありつつある時に（sati）これが（idaṃ）ある（hoti）。→これあれば彼あり。

imasmiṃ は指示代名詞（m.）これ、の sg.loc. であり、sati は atthi (v.) ある、の ppr.sant の sg.loc. です。imasmiṃ と sati で独立処格を形成しています。

vassasataparinibbute Bhagavati

vassasataparinibbute = vassa + sata + parinibbute　vassa（m.n. 語基）雨、雨期、年

sata（num）　百 parinibbute/parinubbuta（a.m.sg.loc.）　般涅槃した ← parinibbāti（v.）　般涅槃する、の pp.　　bhagavati/bhagavant（m.sg.loc.）世尊

訳）世尊の（Bhagavati）般涅槃（parinibbute）後百（sata）年に（vassa）。

Bhagavati は bhagavant の m.sg.loc. で parinibbute は parinibbāti の pp. であるので、そしてその m.sg.loc. で、この二語で独立処格を形成しています。

dinakare atthaṅgacchante nisākare ca udente.

dinakare = dina + kare dina（n. 語基）日、昼　kare/kara（a.m.sg.loc.）なす、作る

dinakara（m.sg.loc.）太陽（＝昼を作るもの）

atthaṅgacchante/atthaṅgacchant（m.sg.loc.）← atthaṅgacchati（v.）没する、の ppr.

nisākare = nisā + kare のコンパウンド　　nisā（f. 語基）夜

kare/kara（a.m.sg.loc.）なす、作る　　nisākara（m.sg.loc.）夜を作るもの、月 ca（conj.）そして　udente/udent（m.sg.loc.）← udeti（v.）現われる、の ppr.

訳）太陽が（dinakare）没しつつあり（atthaṅgacchante）そして（ca）月が（nisākare）現れつつある時に（udente）

ここでは dinakare と nisākare が普通の言葉の loc. であり、atthaṅgacchante と udente が現在分詞の loc. で独立処格を形成しています。

tesu vivadantesu bodhisatto cintesi

tesu/ta（人称代名詞. 3.m.pl.loc.）彼

vivadantesu/vivadant（a.m.pl.loc.）論争しつつある← vivadati（v.）争論する、の ppr.

bodhisatto/bodhisatta（m.sg.nom.）菩薩　cintesi/cinteti（v.aor.3.sg.）思う、考える

訳）彼等が（tesu）論争しつつある間に（vivadantesu）菩薩は（bodhisatto）考えた（cintesi）。

ここでは ta の pl.loc. である tesu と vivadantesu という vivadati の現在分詞の a.m.pl.loc. の二語で独立処格を形成しています。

imasmiṃ veyyākaraṇasmiṃ bhaññamāne āyasmato koṇḍaññassa dhammacakkhuṃ udapādi.

imasmiṃ/imaṃ（指示代名詞. n.sg.loc.）これ

veyyākaraṇasmiṃ/veyyākaraṇa（n.sg.loc.）記説、解説

bhaññamāne/bhaññamāna（a.n.sg.loc.）説かれつつある← bhaññati（v.）説かれる、話される、の ppr.　āyasmato/āyasmant（a.m.sg.gen.）尊者

koṇḍaññassa/koṇḍañña（m.sg.gen.）コンダンニャ

dhammacakkhuṃ = dhamma + cakkhuṃ のコンパウンド

dhamma（m. 語基）法　cakkhuṃ/cakkhu（n.sg.nom.）眼

udapādi/uppajjati（v.aor.3.sg.）生じる→生じた

訳）この（imasmiṃ）説法が（veyyākaraṇasmiṃ）なされつつある時に（bhaññamāne）尊者（āyasmato）コンダンニャに（koṇḍaññassa）法眼が（dhammacakkhuṃ）生じた（udapādi）。

ここでは imasmiṃ は代名詞の loc. であり、veyyākaraṇasmiṃ は veyyākaraṇa という中性名詞の loc. であり、bhaññamāne は bhaññati の現在分詞 bhaññamāna の loc. で、imasmiṃ と veyyākaraṇasmiṃ との二語と現在分詞である bhaññamāne で独立処格を形成しています。

◆形容詞の用法について

形容される主たる言葉にあわせて、その言葉を形容する言葉は形容される主たる言葉と性・数・格が一致します。これは形容される主たる言葉とその言葉を形容する言葉が、同じ「もの」や「こと」などを表しているために必然的に性・数・格が一致するからです。

例①

宝経に ratanaṃ paṇītaṃ という言葉が何回も出てきます。

ratanaṃ は ratana「宝」という言葉の中性（n.）単数（sg.）主格（nom.）です。意味は「宝は」ですが、ここでは「である」という動詞が省略されていて「宝（である）」となります。

この ratanaṃ にあわせて paṇītaṃ という形容詞は paṇīta（意味は「勝れた」）という言葉の中性（n.）単数（sg.）主格（nom.）となっています。

このように形容される主たる言葉の性・数・格に形容詞として形容する言葉の性・数・格は必ず一致します。

例②

吉祥経に maṅgalam uttamaṃ という言葉が何回も出てきます。

maṅgalam は本来は maṅgalaṃ という言葉なのですが、次の uttamaṃ の u と ṃ が連声して ṃ が母音 u の前に来たので m に変化したものです。

さて maṅgalaṃ は maṅgala「吉祥」という意味の形容詞（a.）の中性（n.）単数（sg.）対格（acc.）です。意味は「吉祥を」となります。そしてこの maṅgalam という主体となる形容詞を形容（修飾）しているのが uttamaṃ という言葉です。uttamaṃ は uttama「最上の」という形容詞（a.）の中性（n.）単数（sg.）対格（acc.）となって maṅgalaṃ と性・数・格が一致しております。

例③

箭経・スッタニパータ第 591 偈より

Evaṃ pi dhīro sappañño paṇḍito kusalo naro khippam uppatitaṃ sokaṃ

…

Evaṃ(adv.) このように　pi(adv.) また

dhīro/dhīra(m.sg.nom.) 賢者　　sappañño/sappañña(a.m.sg.nom.) 正慧者

paṇḍito/paṇḍita(a.m.sg.nom.) 智者、博学の

kusalo/kusala(a.m.sg.nom.) 善巧者　　naro/nara(m.sg.nom.) 人、人々

khippam = khippaṃ(adv.) 急速に

uppatitaṃ/uppatita(a.m.sg.acc.) 飛び上がった、生じた

sokaṃ/soka(m.sg.acc.) 愁

この文章ではnaroが主語（主たる言葉）であって、述語はここでは省略されていますparinibbayeです。

そしてdhiro, sappañño, paṇḍito, kusaloがnaroを形容しています。それでdhiroもsappaññoもpaṇḍitoもkusaloもnaroがnaraという男性名詞（m.）の単数（sg.）主格（nom.）であるのに一致して、すべて男性（m.）単数（sg.）主格（nom.）の形となっています。

このように主たる言葉を形容する言葉は主たる言葉と性・数・格が一致します。

この偈ではsokaṃとuppatitaṃも形容される主たる言葉と形容する言葉の関係となっています。主たる言葉であるsokaṃがsoka「愁い」の男性（m.）単数（sg.）対格（acc.）となっているので、それと性・数・格が一致してuppatitaṃもuppatita「生じた」の形容詞（a.）男性（m.）単数（sg.）対格（acc.）となっています。

以上のように形容される主たる言葉を形容する言葉はその形容される言葉に性・数・格は一致します。

訳）このように（evaṃ）また（pi）、賢者であり（dhīro）、正慧者であり（sappañño）、智者であり（paṇḍito）、善功者である（kusalo）人は（naro）、生じた（uppatitaṃ）愁いを（sokaṃ）急速に（khippam）…

第五章　動詞（現在・未来・命令・願望）

◆動詞の活用

動詞は人称、数、態、法、時などによって、それぞれ語尾が変化します。

①人称

人称は第一人称、第二人称、第三人称があります。動詞を表すには第三人称、単数、現在形をもってし、辞書にも第三人称、単数、現在形が出ています。

②数

数は単数と複数の二種があります。

③態

態には能動態（parassapada）為他言と反照態（attanopada）為自言があります。能動態為他言は他人の為に働くものとされていますが、一般によく使われているものです。反照態はその行為をすると自分自身のためになるものとされています。

④法

法には直説法、命令法、願望法、条件法があり、五種の時に分かれます。五種の時とは現在、不定過去、完了、アオリスト、未来です。このうち完了形は1・2の例があるのみであり、不定過去も比較的少なく、アオリストが最も普通に過去形として用いられます。現在形は普通に現在時をあらわすために用いられます。ただし過去や未来をあらわす時にも現在形を用いる時があります。未来形は普通には未来時を表すために用いられます。けれども、未来形を用いて命令、意思、保証等をあらわすこともあります。

命令法は命令を表すものですが、その他に勧誘、願望、意思などを表します。また否定の言葉である mā と共に用いられ禁止を表します。

願望法は願望、意思、命令、許可、可能、仮定、未来、譬喩などを表し

「〜するであろう」「〜するべきである」「〜しよう」「〜したい」「〜することが出来る」などの意味を表します。

条件法は「もし〜が〜であったとしたならば」という意味となる仮定であるので、過去と未来が混合したような形となっています。従って、その語尾変化も現在動詞語基の語首に過去を示すaをつけて、語尾は未来形と過去形を合わせたような形となっています。

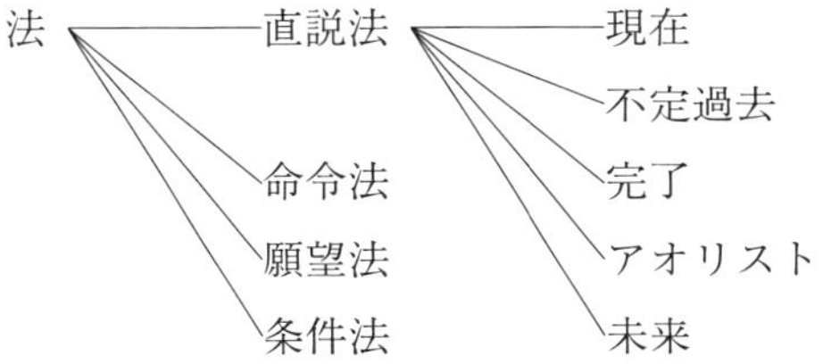

◆動詞の出来方

すべての動詞には語根（dhātu）があり、それに縁語（paccaya）が加わって動詞の語基が出来ます。それに活用語尾がついて動詞が出来上がります。

その動詞の出来方に７種があります。

（第一種）

語根	縁語	語基	動詞（語基＋活用語尾）
bhū	a	bhava	bhavati　ある

bhūがbhoと重音変化し、またそれがbhavと半母音変化し、そこに縁語aがついてbhavaという語基が出来ました。（長井真琴著　独習巴利語文法p48より）

第一種には他に

語根	縁語	語基	動詞
labh	a	labha	labhati　得る

というように語根に縁語aを加えるだけで語基が出来上がるものもあります。

また

語根		語基	動詞
dā		dadā	dadāti

同じ音が重なる音の変化を畳音変化といいます。その畳音変化して語基が出来るものがあります。(例えばここでは da と dā と同じ音が重なっている)

また

語根	語基	動詞
vā	vā	vāti　吹く

のように縁語 a が不要のように見えるものもあります。

(第二種)

語根中に抑制音 (ṃ) を挿入したものに更に縁語 a を加えて語基ができるもの。

語根	ṃ 挿入	縁語	語基	動詞
bhuj	bhu + ṃ + j	a	bhuñja	bhuñjati　食べる

(第三種)

語根に縁語 ya を加えて語基を形成するもの

語根	縁語	語基	動詞
div	ya	divya → dibba	dibbati　遊ぶ
		(vya では言いにくいため bba となっている)	

(第四種)

語根が母音で終わるものに縁語 ṇu 又は ṇā を加え、語根が子音で終わるものには uṇu 又は uṇā を加えて語基となります。

語根	縁語	語基	動詞
su	ṇā	suṇā	suṇāti　聞く
su	ṇu	suṇo	suṇoti
		重音変化 (u から o への変化)	

(第五種)

語根に縁語 nā, ṇā を加えて語基となる。語根が長母音の時は短母音に変わる。

語根	縁語	語基	動詞
kī	ṇā	kiṇā	kiṇāti　買う

ここでは kī という語根の ī(長母音) が語基になったとき kiṇā と i という短母音になっています。

（第六種）

語根に縁語 u を加えて語基を構成し、u が重音変化によって o となるもの。

語根	縁語	語基	動詞
kar	u	kar + u → karo	karoti　為す
tan	u	tan + u → tano	tanoti　伸ばす

それぞれ u が重音変化して o となっています。

（第七種）

語根に縁語 e あるいは aya を加えて語基を構成し、もし語根が子音で終わり、その子音の前に u がある場合、u は重音変化して o となる。

語根	縁語	語基	動詞
cur	e	cur + e → core = coraya	coreti/corayati　盗む
gup	e	gup + e → gope = gopaya	gopeti/gopayati　護る
bandh	e	bandh + e → bandhe = bandhaya	bandheti/bandhayati　縛る

cur, gup という語根の u が重音変化して o となっています。（core, gope）

ここでは e = aya ということも覚えておきましょう。

◆直説法現在形　present(pr.)

現在時をあらわす時の語尾変化です。

一人称単数の場合、語尾は mi です。gacchati「行く」という動詞の場合

gacchāmi となります。m の前の a は ā と伸びます。gacchāmi で「私は行く」という意味になります。主語がなくても gacchāmi という mi の語尾だけで「私は」という主語が解ります。

二人称単数の場合は gacchasi です。語尾は si です。「あなたは行く」という意味になります。

三人称単数の場合は gacchati です。語尾は ti です。「彼は行く」という意味になります。この三人称単数現在形が辞書にのっている動詞です。ですから、三人称単数現在形以外の活用の動詞は三人称単数現在形に直してから辞書を引かなければその単語を発見できません。

一人称複数は ma が語尾につきます。gacchati「行く」という動詞の場合 gacchāma となります。gacchāma で「私たちは行く」という意味になります。

二人称複数は tha が語尾につきます。gacchati「行く」という動詞の場合 gacchatha となります。gacchatha で「あなたがたは行く」という意味になります。

三人称複数は nti が語尾につきます。gacchati「行く」という動詞の場合 gacchanti となります。gacchanti で「彼らは行く」という意味になります。

現在形の語尾変化はミ（mi）シ（si）ティ（ti）マ（ma）タ（tha）ンティ（nti）と覚え込んでしまいましょう。

		単数活用語尾	複数活用語尾
能動態	一人称	-mi	-ma
		gacchāmi（私は行く）	gacchāma（私たちは行く）
	二人称	-si	-tha
		gacchasi（あなたは行く）	gacchatha（あなた方は行く）
	三人称	-ti	-nti
		gacchati（彼は行く）	gacchanti（彼等は行く）
		単数活用語尾	複数活用語尾
反	一人称	-e	-mhe, -mahe, -mha, -mase, -mhase
		labhe（私は得る）	labhāmhe（私たちは得る）

照	二人称	-se	-vhe
		labhase（あなたは得る）	labhavhe（あなた方は得る）
態	三人称	-te	-nte, -re
		labhate（彼は得る）	labhante（彼等は得る）

「パーリ語文法」P183 ①現在形の用法

現在形は普通に現在時を表すために用いられるが、現在形を用いて過去又は未来を表すこともある。

②歴史的現在

ekaṃ samayaṃ Bhagavā sāvatthiyaṃ viharati.

ekaṃ/eka（a.num.m.sg.acc.）ある、一つ　**samayaṃ**/samaya（m.sg.acc.）時

Bhagavā/bhagavant（m.sg.nom.）世尊　**sāvatthiyaṃ**/sāvatthī（f.sg.loc.）サーヴァッティー

viharati（v.pr.3.sg.）住む

訳）一時［ある時］（ekaṃ）世尊は（Bhagavā）舎衛城［サーヴァッティー］において（sāvatthiyaṃ）住みたまう［住んでおられた］（viharati）。

viharati は現在形だが、「住んでおられた」という意味の歴史的現在を示しています。

③習慣的現在

tasmiṃ kāle eko vāṇijo gadrabhabhārakena vohāraṃ karonto vicarati.

tasmiṃ/ta（m.sg.loc.）それ　**kāle**/kāla（m.sg.loc.）時

eko/eka（a.m.sg.nom.）ある、一人の　**vāṇijo**/vāṇija（m.sg.nom.）商人

gadrabhabhārakena = gadrabha + bhārakena　**gadrabha**（m. 語基）ろば、驢馬

bhārakena/bhāraka（m.ag.instr.）荷物

vohāraṃ/vohāra(m.sg.acc.) 商売

karonto/karonta(a.m.sg.nom.) 為しつつある← karoti(v.) 為す、の ppr.

vicarati(v.pr.3.sg.) 伺察す、彷徨す、歩き回る

訳）その（tasmiṃ）時（kāle）一人の（eko）商人が（vāṇijo）ろばに荷を積んで（gadrabhabhārakena）商売を（vohāraṃ）しつつ（karonto）歩きまわるのであった（vicarati）。

vicarati は習慣的現在の用法。習慣的現在は過去における習慣的一般例を示します。

attano vasanaṭṭhāne bhinnanāva-manusse alabhantiyo pana parato Kalyāṇaṃ orato Nāgadīpan ti evaṃ samuddatīraṃ anuvicaranti, ayaṃ tāsaṃ dhammatā.

attano/attan(m.sg.gen.) 自己

vasanaṭṭhāne = vasana + ṭhāne のコンパウンド vasana(n. 語基) 居住、住家、住所

ṭhāna (n.sg.loc.) 場所、処

bhinnanāva-manusse = bhinna + nāva + manusse のコンパウンド

bhinna(a. 語基) 破壊した← bindati(v.) 破る、の pp.

nāva/nāvā(f.) 船、のコンパウンド形（m. 語基）bhinnanāva(m. 語基) 難破者、破船した者

manusse/manussa(m.pl.acc.) bhinnanāva-manusse(m.pl.acc.) 難破した人々

alabhantiyo/alabhantī(f.pl.nom.) 得ないでいる者← alabhati(v.) 得ない、の ppr. の女性形。曲用の gacchantī を参照

pana(indecl.conj.) また、しかし、しかも、なお

parato/para(a.n.sg.abl.) 他の、彼方の、上の Kalyāṇaṃ/kalyāṇa(a.m.sg.acc.) カルヤーナ

orato/ora(a.m.sg.abl.) 低い、劣った、下の、此岸の（adv.）此岸の

Nāgadīpan ti = Nāgadīpaṃ + iti の連声 Nāgadīpaṃ/Nāgadīpa(m.

sg.acc.）ナーガディーパ　iti（indecl.）～と　evaṃ（adv.）このように

samuddatīraṃ = samudda + tīraṃ のコンパウンド

samudda（m. 語基）海 tīraṃ/tīra（n.sg.acc.）岸 samuddatīra（n.sg.acc.）海岸

anuvicaranti/anuvicarati（v.pr.3.pl.）従い歩く、徘徊する、探し求める

ayaṃ（指示代名詞 f.sg.nom.）これ　tāsaṃ/ta（人称代名詞. 3.f.pl.gen.）彼女

dhammatā（f.sg.nom.）習性、法性

訳）自分の（attano）住処において（vasanaṭṭhāne）難破した（bhinnanāva）人々を（manusse）得られない時には（alabhantiyo）［夜叉女たちは］また（pana）、あちらは（parato）カルヤーナ（Kalyāṇaṃ）からこちらは（orato）ナーガディーパ（Nāgadīpan）までという（ti）海岸を（samuddatīraṃ）このように（evaṃ）探し回る（anuvicaranti）のであった。これが（ayaṃ）彼女達の（tāsaṃ）習性であった（dhammatā）。

ここでは anuvicaranti が習慣的現在にあたり、「探し回るのが常であった」という意味です。

④過去分詞に現在形をつけて過去時を表す。

kiṃ āgat'attha?

kiṃ（疑問代名詞. n.sg.acc.）何

āgat'attha = āgatā + attha の連声 āgatā/āgata（a.m.pl.nom.）来たれる ← āgacchati（v.）

来る、の pp.　　**attha** = atthaṃ/attha（m.n.sg.acc.）義、目的、利益、道理

ここでの attha は atthaṃ の ṃ が落ちたものと見ます。

kiṃ-atthaṃ（adv.）何のために、何の目的で

訳）どうして（kiṃattha）あなた方はやって来た（āgat'）のか。

suṃsumāra vañcito me'si.

suṃsumāra(m.sg.voc.) 鰐魚、わに

vañcito/vañcita(a.m.sg.nom.) 欺かれたる、だまされたる← vañceti(v.) だます、の pp.

me(人称代名詞. 1.sg.abl.) 私　'si = asi/atthi(v.pr.2.sg.) ある

訳) 鰐よ (suṃsumāra) [あなたは] 私から (me) だまされたもの (vañcito) としてある (asi)。→鰐よ、[お前は] 私から騙されたんだ。

vañcito が過去受動分詞で asi が現在形です。この二つで過去時を表しています。

rathenāhaṃ āgato'smi.

rathenāhaṃ = rathena + ahaṃ の連声 rathena/ratha(m.sg.instr.) 車

ahaṃ(人称代名詞. 1.sg.nom.) 私

āgato'smi = āgato + asmi の連声 āgato/āgata(a.m.sg.nom.) 来た、到着した

āgacchati(v.) 到着する、来る、の pp.　asmi/atthi(v.pr.1.sg.) ある

訳) 車で (rathena) やって来たものとして (āgato) 私は (ahaṃ) ある ('smi)。

→私は車でやって来たのです。

āgato と asmi で āgato が pp. であり、asmi が現在形で過去時をあらわしています。

āyasmā Ānando bhagavato piṭṭhitoṭhito hoti.

āyasmā/āyasmant(m.sg.nom.) 尊者　**Ānando**/Ānanda(m.sg.nom.) アーナンダ

bhagavato/bhagavant(m.sg.gen.) 世尊　**piṭṭhito**/piṭṭhi(f.sg.abl.) 背面、後

ṭhito/ṭhita(a.m.sg.nom.) 立った← tiṭṭhati(v.) 立つ、の pp.　**hoti** (v.pr.3.sg.) ある

訳）尊者（āyasmā）阿難は（Ānando）世尊の（bhagavato）後ろに（piṭṭhito）立って（ṭhito）いる（hoti）。→立っていた。

ṭhita は tiṭṭhati（v.）立つ、の pp.。hoti は現在形です。この二つで過去時を示します。

⑤未来としても用いられる。

kiṃ karomi?

kiṃ（疑問代名詞 n.sg.acc.）何を　　**karomi**/karoti（v..pr.1.sg.）為す

訳）［私は］何を（kiṃ）いたしましょうか（karomi）。

yāvāhaṃ āgacchāmi tāva imasmiṃ uyyāne rukkha-potakesu udakaṃ siñcituṃ sakkhissatha?

yāvāhaṃ ＝ yāva ＋ ahaṃ の連声 yāva（adv.）～まで、限り、～の間は ahaṃ（人称代名詞. 1.sg.nom.）私

āgacchāmi/āgacchati（v.pr.1.sg.）来る　**tāva**（adv.）直ちに、まず、それだけ

imasmiṃ/imaṃ（指示代名詞. m.sg.loc.）これ　**uyyāne**/uyyāna（n.sg.loc.）庭園

rukkha（m. 語基）樹、木　　**potakesu**/potaka（m.pl.loc.）若枝、若樹

udakaṃ/udaka（n.sg.acc.）水　**siñcituṃ**/siñcati（v.inf.）注ぐ→注ぐことができる

sakkhissatha/sakkhati（v.fur.2.pl.）出来る、可能である

訳）私が（ahaṃ）戻って来るであろう（āgacchāmi）までに（yāva）それまでに（tāva）この（imasmiṃ）園における（uyyāne）若木に対して（rukkha-potakesu）水を（udakaṃ）注ぐことが（siñcituṃ）出来るであろうか（sakkhissatha）。

āgacchāmi はここでは現在形であるが未来のことを示しています。

⑥過去の習慣と同じく、未来における決まった事柄を示す時にも現在形を用い

る。

addhā pāpamanussā anāgate sukhaṃ na vindanti.

addhā(adv.) 確かに

pāpamanussā = pāpa + manussā のコンパウンド　pāpa(a.n. 語基) 悪

manussā/manussa(n.pl.nom.) 人

anāgate/anāgata(a.sg.loc.) 未来→未来において

sukhaṃ/sukha(a.n.sg.acc.) 楽、安楽　　na(adv.) 否定

vindanti/vindati(v.pr.3.pl.) 知る、見出す、所有する

訳) 確かに(addhā) 悪しき人々は(pāpamanussā) 未来において(anāgate) 幸福を(sukhaṃ) 見出さない(得ない)(na vindanti)(であろう)。

ここの vindanti は現在形ですが、未来のことを示しています。

○反照態現在形の例・ダンマパダ第132偈

Sukhakāmāni bhūtāni, yo daṇḍena na hiṃsati, attano sukham esāno, pecca so labhate sukhaṃ.(pali text socyety 版より引用)

Sukhakāmāni = sukha + kāmāni のコンパウンド　sukha(a.n. 語基) 安楽

kāmāni/kāma(n.pl.acc.) 欲

bhūtāni/bhūta(a.n.pl.acc.) 生き物、有情、生類← bhavati(v.) ある、の pp.

yo/ya(関係代名詞. m.sg.nom.) 所のもの　daṇḍena/daṇḍa(m.sg.instr.) 棒

na(adv.) 否定　hiṃsati(v.pr.3.sg.) 害す、殺す　attano/attan(m.sg.gen.) 自己、我

sukhamesāno = sukhaṃ + esāno の連声 sukhaṃ/sukha(a.n.sg.acc.) 安楽 esāno/esana(a.m.sg.nom.) 求めている者← esati(v.) 求める、探す、努力する、の ppr.

pecca(adv.) 死後に　　so(人称代名詞. 3.m.sg.nom.) 彼

labhate/labhati（v. 反照態. pr.3.sg.）　sukaṃ/sukha（a.n.sg.acc.）安楽

訳）安楽を欲する（Sukhakāmāni）生き物たちを（bhūtāni）棒によって（daṇḍena）害さない（na hiṃsati）なら（yo）自己の（attano）安楽を求めている（Sukhamesāno）彼は（so）死後に（pecca）安楽を（sukhaṃ）得る（labhate）。

ここで sukhamesāno は sukhaṃ と esāno の連声と見当をつけます。sukham と m になっているのは本来は ṃ ですが、次に esāno の e（母音）が来ているので m に変わったのです。

それで sukhaṃ は sukha の a. の n.sg.acc. と解ります。「安楽を」です。Esāno は esati 求める、探す、努力するという動詞の現在分詞です。「求めている者」の m.sg.nom. となります。

さて labhate ですが、これは labhati（v.）得る、の反照態の３人称、単数、現在形です。この偈のように、安楽を欲している生き物たちを暴力（棒）によって害することがなければ自分自身も安楽を得て、死後も安楽を得ることが出来て、自分自身のためになるから、反照態が使われています。

◆直説法未来形　future（fut.）

P184 ⑦未来形の用法

未来形は未来時を表すために用いられます。それ以外に命令、意思、保証等を表すこともあります。未来動詞の語基は現在動詞の語基に issa をつけて作ります。この場合現在動詞語基の語尾の母音はなくなります。

karoti で説明します。

karo → kara　　→ kara の最後の a を取って issa をつける → karissa

現在語基　　未来形の語基

Sg.	一人称	karissāmi	私はなすであろう
	二人称	karissasi	あなたはなすであろう
	三人称	karissati	彼はなすであろう

Pl.	一人称	karissāma	私たちはなすであろう
	二人称	karissatha	あなた方はなすであろう
	三人称	karissanti	彼等はなすであろう

未来形は未来時を表すために用いられます。未来動詞の語基は現在動詞の語基に issa をつけてつくります。命令、意思、保証等も表します。

		単数活用語尾	複数活用語尾
能動態	一人称	-mi, -ṃ	-ma
		Karissāmi （私は為すであろう）	Karissāma （私たちは為すであろう）
	二人称	-si	-tha
		Karissasi （あなたは為すであろう）	Karissatha （あなた方は為すであろう）
	三人称	-ti	-nti
		Karissati （彼は為すであろう）	Karissanti （彼等は為すであろう）

		単数活用語尾	複数活用語尾
反照態	一人称	-ṃ	-mhe, -mase
		karissaṃ （私は為すであろう）	Karissāmhe （私たちは為すであろう）
	二人称	-se	-vhe
		Karissase （あなたは為すであろう）	Karissavhe （あなた方は為すであろう）
	三人称	-te	-nte, -re
		Karissate （彼は為すであろう）	Karissante （彼等は為すであろう）

⑧命令又は希望として

tvaṃ tassa bandhanaṃ dantehi khādissasi.

tvaṃ（人称代名詞. 2.sg.nom.）　tassa/ta（人称代名詞. 3.m.sg.gen.）彼の
bandhanaṃ/bandhana（n.sg.acc.）縄縛　dantehi/danta（m.pl.instr.）歯
khādissasi/khādati（v.fut.2.sg.）噛る、食べる

訳）あなたは（tvaṃ）彼の（tassa）縄縛を（bandhanaṃ）歯で（dantehi）噛るであろう（khādissasi）。→かみ切って下さい。かみ切りなさい。

karotu Suppavāsā satta bhattāni, pacchā so karissati.

karotu/karoti（v.imper.3.sg.）為す　Suppavāsā（f.sg.nom.）スッパワーサー
satta（num. 語基）七　bhattāni/bhatta（n.pl.acc.）食されたる、食物、食事
pacchā（adv.）後に　so/ta（人称代名詞. m.sg.nom.）彼
karissati/karoti（v.fut.3.sg.）作す、作る、為す

訳）スッパワーサーに（suppavāsā）七日の（satta）食事を（bhattāni）させよ（karotu）。その後（pacchā）彼が（so）[比丘たちへの供養を] 為すだろう（karissati）。

⑨意思として

ahaṃ gāmaṃ gamissāmi.

ahaṃ（人称代名詞. 1.sg.nom.）私　gāmaṃ/gāma（m.sg.acc.）村
gamissāmi/gacchati（v.fut.1.sg.）行く

訳）私は（ahaṃ）村に（gāmaṃ）行くであろう（gamissāmi）。→行くつもりである

imaṃ bhikkhaṃ sabbakālaṃ tumhe labhissatha.

imaṃ（指示代名詞. n.sg.acc.）これ　bhikkhaṃ/bhikkha（n.sg.acc.）施

食

sabbakālaṃ = sabba + kālaṃ のコンパウント　sabba（a. 語基）一切

kālaṃ/kāla（m.sg.acc.）時　　sabbakāla（m.sg.acc.）一切時

tumhe/tvaṃ（人称代名詞. 2.pl.nom.）

labhissatha/labhati（v.fut..2.pl.）得る

訳）この（imaṃ）施食を（bhikkhaṃ）常に（sabbakālaṃ）あなた方は（tumhe）得るであろう（labhissatha）。→私は今後ずっとあなた方に施食を差し上げるつもりです。

yena samaṇo Gotamo dvārena nikkhamissati, taṃ Gotama-dvāraṃ nāma bhavissati.

yena/ya（関係代名詞. n.sg.instr.）それ　samaṇo/samaṇa（m.sg.nom.）沙門

Gotamo/Gotama（m.sg.nom.）ゴータマ　dvārena/dvāra（n.sg.instr.）門

nikkhamissati/nikkhamati（v.fut.3.sg.）～から出ていく、～から去る

taṃ/ta（人称代名詞. n.sg.nom.）それ　　Gotama（m. 語基）ゴータマ

dvāraṃ/dvāra（n.sg.nom.）門　　nāma（adv.）～と名付ける

bhavissati/bhavati（v.fut.3.sg.）なる

訳）沙門（samaṇo）ゴータマが（Gotamo）その（yena）門によって（dvārena）出て行くであろう（nikkhamissati）。その［門］は（taṃ）「ゴータマ門（Gotama-dvāraṃ）」と名づけられる（nāma）であろう（bhavissati）。→ゴータマ門と名づけるつもりだ。

⑩ bhavissati「あるであろう」という未来形を用いて「～に相違ない」または、その否定として「である筈がない」というように、保証又は期待を示す場合がある。

devo bhavissati.

devo/deva（m.sg.nom.）神　　bhavissati/bhavati（v.fut.3.sg.）ある

訳）［彼は］神様で（devo）であるに相違ない（bhavissati）。

ayam me putto bhavissati.

ayam me ＝ ayaṃ me の連声　　**ayaṃ**（指示代名詞. m.sg.nom.）これ
me/ahaṃ（人称代名詞. 1.sg.gen.）私
putto/putta（m.sg.nom.）息子　　**bhavissati**/bhavati（v.fut.3.sg.）なる
訳）これは（ayam）私の（me）息子（putto）であるに相違ない（bhavissati）。

rājā nahāpitassa jātako bhavissati.

rājā/rājan（m.sg.nom.）王　　**nahāpitassa**/nahāpita（m.sg.gen.）理髪師
jātako/jātaka（m.sg.nom.）生れのもの、本生　**bhavissati**/bhavati（v.fut.3.sg.）なる
訳）王は（rājā）理髪師の（nahāpitassa）生まれのもの（jātako）であるに相違ない（bhavissati）。

nāyaṃ issarabherī bhavissati.

nāyaṃ ＝ na ＋ ayaṃ の連声　na（adv.）否定　ayaṃ（指示代名詞. m.sg.nom.）これ
issarabherī ＝ issara ＋ bherī のコンパウンド issara（m. 語基）主、王
bherī（f.sg.nom.）太鼓　　**bhavissati**/bhavati（v.fut.3.sg.）なる
訳）(1) これは（ayaṃ）王の布令の（issara）太鼓（bherī）であるはずがない（na bhavissati）。(2) これは（ayaṃ）役人の（issara）［布告の］太鼓（bherī）であるはずがない（na bhavissati）。

⑪可能として

kahaṃ Gaṅgaṃ labhissasi ?

kahaṃ（adv.）どこに　　**Gaṅgaṃ**/Gangā（f.sg.acc.）ガンジス河
labhissasi/labhati（v.fut.2.sg.）得る
訳）［あなたは］どこに（kahaṃ）ガンジス河を（Gaṅgaṃ）得るであ

ろうか（labhissati）

→どこにガンジス河があり得るか。

日常読誦経典から引用してみます。

pare pāṇātipātī bhavissanti, mayamettha pāṇātipātā paṭiviratā bhavissāmāti sallekho karaṇīyo.

pare/para（a.m.pl.nom.）他人

pāṇātipātī ＝ pāṇa ＋ atipātī のコンパウンド　pāṇa（m. 語基）生物、有情

atipātī/atipātin（a.m.pl.nom.）殺すひと、たおす人 pāṇātipātin（a.m. pl. nom.）生き物たちを殺すもの

bhavissanti/bhavati（v.fut.3.sg.）ある、存在する

mayamettha ＝ mayaṃ ＋ ettha の連声　mayaṃ/ahaṃ（人称代名詞. 1.pl.nom.）私

ettha（adv.）ここに

pāṇātipātā＝ pāṇa ＋ atipātā のコンパウンド　pāṇa（m. 語基）生物、有情

atipātā/atipāta（a.m.sg.abl.）殺すこと、たおすこと　pāṇātipāta（a.m. sg.abl.）生き物たちを殺すことから

paṭiviratā/paṭivirata（a.m.pl.nom.）回避した、離れた

bhavissāmāti ＝ bhavissāma ＋ iti の連声　bhavissāma/bhavati（v. fut.1.pl.）ある　iti（indecl）かく、～と

sallekho/sallekha（m.sg.nom.）損減、削減

karaṇīyo/karaṇīya（a.m.sg.nom.）為されるべき、所作← karoti（v.）為す、の grd.

訳）他の人々は（pare）生きものたちを殺すものたちとして（pāṇātipātī）あろうとするが、（bhavissanti）私たちは（mayaṃ）ここに（ettha）、生きものたちを殺すことから（pāṇātipātā）離れたものたちとして（paṭiviratā）あろう（bhavissāma）と（ti）戒めを

（sallekho）為すべきです（karaṇīyo）。

◆命令法　imperative(imper.)

命令法は命令を表すものですが、その他に、勧誘、願望、意思などを表します。また否定の言葉である mā と共に用いられ禁止を表します。

命令法の活用語尾は次のようになっています。

		単数活用語尾	複数活用語尾
能動態	一人称	-mi,	-ma
		gacchāmi	gacchāma
	二人称	語基のまま、-hi	-tha
		gaccha, gacchahi, gacchāhi	gacchatha
	三人称	-tu	-ntu
		gacchatu	gacchantu
		単数活用語尾	複数活用語尾
反照態	一人称	-e	-mase
		gacche	gacchāmase
	二人称	-ssu	-vho
		gacchassu	gacchavho
	三人称	-taṃ	-ntaṃ
		gacchataṃ	gacchantaṃ

命令法能動態一人称単数、一人称複数、二人称複数は現在形のそれぞれ一人称単数、一人称複数、二人称複数と同じ形です。

命令法についてパーリ語文法 p185 ⑬に第三人称の命令法が目上の人に対する願望をあらわす例があります。それを説明します。

desetu bhante Bhagavā dhammaṃ, desetu Sugato dhammam.

desetu/deseti（v.imper.3.sg.）説く、示す：desetu は deseti という動詞

（意味は「説く、示す」）の命令法の三人称単数です。意味は「説きなさい」ですが、ここでは世尊（bhagavant）に対する願望をあらわす命令法ですので、意味は「お説き下さい」となります。

bhante は bhavati「ある、存在する」と云う動詞の現在分詞（ppr.）bhavant（意味は尊者」）の単数（sg.）呼格（voc.）です。訳は「尊師よ」となります。

Bhagavā は Bhagavant（世尊）の男性名詞（m.）単数（sg.）主格（nom.）です。Bhagavant は bhaga（幸運、福運）という男性名詞（m.）に vant（所有をあらわす接尾辞「～を持っている人」「～を有するもの」という意味）がついたもので、意味は「福運を持っている人」となります。それが「世尊」になりました。日常読誦経典の Bhagavato の訳を「福運に満ちた世尊」としているのは bhaga が「幸運、福運」という意味だからです。

dhammaṃ は dhamma「法」という意味の男性名詞（m.）の単数（sg.）対格（acc.）で意味は「法を」です。

Sugato は sugata（男性名詞（m.）善逝）の単数（sg.）主格（nom.）です。Sugata は su「善い」という意味の接頭辞と gata（gacchati「行く」）という動詞の過去受動分詞です。意味は「行った」です。そこで sugata は「善く（su）逝った人（gata）ということで「善逝」という意味になります。

ここまでをまとめますと、

尊師よ（bhante）、世尊は（Bhagavā）法を（dhammaṃ）説いて下さい（desetu）。

善逝は（Sugato）法を（dhammaṃ）説いて下さい（desetu）。

となります。desetu は「説きなさい」という意味の命令法ですが、「説いて下さい」という意味の願望を示す命令法となっています。

pivatu Bhagavā pānīyaṃ, pivatu sugato pānīyaṃ.

pivatu/pivati（v.imper.3.sg.） 飲む　　Bhagavā/Bhagavant（m.sg.nom.）

世尊

pānīyaṃ/pānīya（a.n.sg.acc.）飲まれるべきもの、水

sugato/sugata（m.sg.nom.）善逝

訳）世尊は（Bhagavā）水を（pānīyaṃ）飲め（pivatu）、善逝は（sugato）水を（pānīyaṃ）飲め（pivatu）→世尊は水をお飲みください。善逝は水をお飲みください。

suṇātu me bhante saṃgho.

suṇātu/suṇāti（v.imper.3.sg.）聞く suṇātu は suṇāti「聞く」という意味の動詞の命令法三人称単数です。

me/ahaṃ（人称代名詞. 1.sg.gen.）私 me は ahaṃ という第一人称の人称代名詞の単数（sg.）属格（gen.）です。ahaṃ の意味は「私」なので me の意味は「私の」です。

bhante は bhavati「ある、存在する」という動詞の現在分詞（ppr.）bhavant（意味は「尊師、尊者」）の単数（sg.）あるいは複数（pl.）の呼格（voc.）です。ここでは複数（pl.）となります。bhavant は第二人称代名詞の敬語として用いられるもので、品詞は代名詞または形容詞です。bhante は、ここでは複数呼格ととって意味は「尊師たちよ」となります。

saṃgho/saṃgha（m.sg.nom.）僧団 saṃgho は saṃgha = saṅgha（普通 g の前の ṃ は ṅ へ変化します）の男性名詞（m.）単数（sg.）主格（nom.）です。意味は「僧団は」です。

訳）尊師方よ（bhante）僧団は（saṃgho）私の（me）［言うことを］お聞きください（suṇātu）。

suṇātu は「聞きなさい」という意味の命令法ですが、ここでは「お聞きください」という相手に対する願望、お願いとなっています。

sotthiṃ nāvā nivattatu

sotthiṃ/sotthi（f.sg.acc.）平安、安穏 sotthiṃ は sotthi「平安、安穏」と

いう意味の女性名詞（f.）の単数（sg.）対格（acc.）です。「平安に」という意味になります nāvā(f.sg.nom.) 船 nāvā は nāvā「船」という意味の女性名詞（f.）の単数（sg.）主格（nom.）です。「船は」という意味になります。

nivattatu/nivattati(v.imper.3.sg.) 戻る、逃げる nivattatu は nivattati という意味の動詞の第三人称単数（sg.）命令法（imper.）です。意味は「戻りなさい」ですがここでは戻って欲しい」という願望となっています。

訳）船は（nāvā）平安に（sotthiṃ）戻ってほしい（nivattatu）。

⑭意思をあらわす命令法

yena dvārena icchati tena dvārena gacchatu.

yena/ya(関係代名詞. n.sg.instr.) 所のもの　yena は ya という関係代名詞の中性（n.）単数（sg.）具格（instr.）です。意味は「所のものによって」です。

dvārena/dvāra(n.sg.instr.) 門 dvārena は dvāra 門という意味の中性名詞（n.）の単数（sg.）具格（instr.）です。意味は「門によって→門から」となります。

icchati(v.pr.3.sg.) 欲する、求める icchati は icchati という動詞（v.）の三人称単数（sg.）現在形（pr.）です。意味は「欲する、求める」です。

tena/ta(人称代名詞. n.sg.instr.) それ tena は ta という第三人称の人称代名詞の中性（n.）単数（sg.）具格（instr.）です。意味は ta が「それ」という意味ですので tena は「それによって」となります。

gacchatu/gacchati(v.imper.3.sg.) 行く

訳）[彼が] 欲する（icchati）ところの（yena）門から（dvārena）、その（tena）門から（dvārena）[彼は] 行きなさい（gacchatu）。→ [彼をして] 行かしめなさい。

yattake bhikkhū icchati tattakehi bhikkūhi saddhiṃ āgacchatu.

yattake/yattaka（a.m.pl.acc.）それだけ　bhikkhū/bhikkhu（m.pl.acc.）比丘

icchati（v.pr.3.sg.）欲する、求める

tattakehi/tattaka（a.m.pl.instr.）それだけの、それほどの

bhikkūhi/bhikkhu（m.pl.instr.）比丘　　saddhiṃ（adv.）共に、一緒に

āgacchatu/āgacchati（v.imper.3.sg.）来る

訳）［彼が］欲する（icchati）だけの（yattake）比丘たちを（bhikkhū）、それだけの（tattakehi）比丘たちと（bhikkhūhi）と共に（saddhiṃ）［彼をして］来らしめよ（āgacchatu）。

⑮「いかにもあれ」「どうなろうと構わぬ」「兎も角も」という、無関心、放任等を示す時にも命令法 hotu.hontu が用いられる。

alaṃ bhaṇe, tuyh'eva hotu, amhākaññeva antepure nivesanaṃ māpetu.

alaṃ（indecl.adv.）十分に、適当な、もう沢山だ

bhaṇe（indecl.adv.）私は言う→確かに

tuyh'eva ＝ tuyhaṃ ＋ eva の連声　tuyhaṃ（人称代名詞. 2.sg.dat.）あなた

eva（adv.）こそのみ、だけ　hotu/hoti（v.imper.3.sg.）ある

amhākaññeva ＝ amhākaṃ ＋ yeva の連声　amhākaṃ/ahaṃ（人称代名詞. 1.pl.dat.）私→私たちのために　　eva（adv.）まさに、のみ

antepure/antepura（n.sg.loc.）内宮　nivesanaṃ/nivesana（n.sg.acc.）居住、住処

māpetu/māpeti（v.imper.3.sg.）築く、建設する

訳）言うまでもないが（alaṃ bhaṇe）お前には（tuyhaṃ）どうでもよろしい（eva hotu）。ただ（yeva）私たちのためには（amhākaṃ）内宮に（antepure）住居を（nivesanaṃ）建てしめよ（māpetu）。

ete tāvadaguṇā hontu.

ete/etad（指示代名詞. m.pl.nom.）これ

tāvadaguṇā = tāva + d + aguṇā の連声 tāva (adv.) それだけ、それほど、まず d は挿入 aguṇā = a + guṇā a (pref.) 否定 guṇā/guṇa (m.pl.nom.) 徳、功徳

hontu/hoti (v.imper.3.pl.) ある

訳) まずは (tāvad) 彼等が (ete) 非徳で (aguṇā) あろうとも (hontu) [いたしかたなし]。

nibbānassa sannihitokāso mā hotu.

nibbānassa/nibbāna (n.sg.gen.) 涅槃

sannihitokāso = sannihita + okāso のコンパウンド sannihita (a. 語基) 定置の、貯蔵の

okāso/okāsa (m.sg.nom.) 空間、場所

mā (adv.) 禁止、なかれ　　hotu/hoti (v.imper.3.sg.) ある

訳) 涅槃の (nibbānassa) 蔵せられたる場所は (sannihitokāso) なくともよろしい (mā hotu)。

⑯ mā という禁止語と共に禁止を示す。mā の語は命令法の他にアオリストを取ることが多い。又時には mā が願望法や現在形を取ることもある。

ajja ādiṃ katvā agginā pi mama santikaṃ mā ḍayhatu, udakenā pi mā vuyhatu.

ajja (adv.) 今日、今　　ādiṃ/ādi (m.sg.acc.) 初め、始め、等

katvā/karoti (v.ger.) 為す→為して

agginā pi = agginā + api の連声 agginā/aggi (m.sg.instr.) 火 pi = api (indecl.) また、〜もまた、おそらく、いえども

mama (人称代名詞. 1.sg.gen.) 私　santikaṃ/santika (n.sg.acc.) 面前、近く

mā (adv.) なかれ　　ḍayhatu/ḍayhati (v.imper.3.sg.) 焼かれる

udakenā pi = udakena + api の連声　　udakena/udaka (n.sg.instr.) 水

vuyhatu/vuyhati (v.imper.3.sg.) ← vahati (v.) 運ぶ、の pass.

訳）今日を（ajja）始めと（ādiṃ）なして（katvā）私の（mama）近くで（santikaṃ）火をも（agginā pi）燃やす（ḍayhatu）なかれ（mā）、水をも（udakenā pi）運ぶ（vuyhatu）なかれ（mā）。

Yānīdha bhūtāni samāgatāni bhummāni vā yāni va antalikkhe, sabbeva bhūtā sumanā bhavantu ; athopi sakkacca suṇantu bhāsitaṃ.(宝経第一偈)

Yānīdha ＝ yāni ＋ idha の連声 yāni/ya(関係代名詞. n.pl.nom.) 所のもの idha(adv.) ここに

yānīdha は関係代名詞 yāni と idha という副詞の連声です。yāni の最後の i と idha の最初の i が連声して ī となっています。yāni は関係代名詞 ya の中性（n.）複数（pl.）主格（nom.）です。意味は「ところのものたちは」です。

bhūtāni/bhūta(a.n.pl.nom.) 存在した、生物、生類← bhavati(v.) 存在する、ある、の pp.　bhūtāni は bhavati「存在する、ある」という動詞の過去受動分詞である bhūta(意味は「存在した、生物、生類」) という形容詞（a.）の中性（n.）複数（pl.）主格（nom.）です。

samāgatāni/samāgata(a.n.pl.nom.) 結集した← samāgacchati(v.) 来集する、の pp. samāgatāni は samāgacchati「来集する」という動詞の過去受動分詞である samāgata(意味は「結集した」) という形容詞（a.）の中性（n.）複数（pl.）主格（nom.）です。

bhummāni/bhumma(a.n.pl.nom.) 地の、土地　bhummāni は bhumma（意味は「地の」）という形容詞（a.）の中性（n.）複数（pl.）主格（nom.）です。

vā(adv.conj.) あるいは vā は「あるいは」「または」という意味の副詞（adv.）または接続詞（conj.）です。

yāni は前に出てきたものと同じ関係代名詞 ya の中性（n.）複数（pl.）主格（nom.）です。

va は副詞（adv.)vā と同じものです。意味は「あるいは」「または」です。va ＝ vā va は他に iva(「～のように」という意味の不変化詞

(indecl.)）の略である場合と、eva(「～こそ、～のみ、～だけ、まさしく」という意味の副詞（adv.)）の略の場合があります。

antalikkhe/antalikkha(n.sg.loc.) 虚空 antalikkhe は antalikkha 虚空という意味の中性名詞（n.）単数（sg.）処格（loc.）です。

sabbeva = sabbe + eva の連声 sabbe/sabba(a.m.pl.nom.) すべて eva(adv.) まさしく sabbe は sabba「一切の、すべての」という意味の代名詞的形容詞の男性名詞（m.）複数（pl.）主格（nom.）です。eva は「まさしく、まさに」という意味の副詞（adv.）です。

bhūtā/bhūta(a.m.pl.nom.) 存在した、生物、生類 bhūta は bhavati「ある、存在する」という意味の動詞の過去受動分詞（pp.）です。意味は「存在したもの、真実、生きもの、精霊、漏尽者」などの意味があります。ここでは「生きもの、すでに生まれたもの」などです。bhūtā と男性（m.）複数（pl.）主格（nom.）の形となっています。

sumanā = su + manā su(pref.) 善い manā/manas(n → 有財釈 m.pl.nom.) こころ、意 sumana(a.m.pl.nom.) 善いこころの sumanā は su と manā からできています。su は「善い」という意味の接頭辞です。manā は manas「こころ、意」の意味の中性名詞（n.）が有財釈によって男性形となったものの、複数（pl.）主格（nom.）です。sumana で「こころ善きもの、こころ喜んでいるもの」などの意味です。

bhavantu/bhavati(v.imper.3.pl.) 存在する、ある、bhavantu は bhavati「ある、存在する」という意味の動詞の命令法の複数形です。「あれよ、ありなさい」の意味です。

athopi = atho + pi atho(indecl) 時に、また、さらに pi(adv.conj.) も、また athopi は atho という不変化詞（indecl.)（意味は「さらに」）と pi という副詞（意味は「～も」「また」）から出来ています。

sakkacca/sakkaroti(v.ger.) 恭敬する、尊敬する→（adv.）恭敬して、尊敬して sakkacca は sakkaroti という動詞（意味は「恭敬する」「尊敬する」）の連続体です。その連続体が副詞になったものです。（意味は「恭敬して」「尊敬して」です。）

suṇantu/suṇāti(v.imper.3.pl.) 聞く suṇantu は suṇāti という動詞（意味は「聞く」）の命令法第三人称複数（pl.）です。（意味は「聞きなさい」です。）

bhāsitaṃ/bhāsita(a.n.sg.acc.) 説いた話した← bhāsati(v.) 説く、話す、の pp. bhāsitaṃ は bhāsati という動詞（意味は「説く、話す」）の過去受動分詞（pp.）で bhāsita（意味は「説いた、話した」）という形容詞（a.）の中性（n.）単数（sg.）対格（acc.）です。

訳）ここに（idha）集まって来た（samāgatāni）生き物たちは（bhūtāni）あるいは（vā）地にいるものたち（bhummāni）、あるいは（va）虚空において（antalikkhe）いるものたちも（yāni）、まさしく（va）一切の（sabbeva）生き物たちは（bhūtā）心喜んで（sumanā）ありなさい（bhavantu）。さらに（atho）また（pi）恭敬して（sakkacca）［私が］説くことを（bhāsitaṃ）聞きなさい（suṇantu）。

◆直説法過去形アオリスト aorist(aor.)

P186 ⑰過去形アオリストの用法

動詞の過去形はアオリストと呼ばれています。語根や語基に特別の活用語尾をつけてつくられます。a が前につくこともあり、また s をはさんで活用語尾をつけることもあります。また、禁止の言葉 mā とともに使われる場合、アオリストの訳は過去形には訳しません。なお、「原始仏教聖典パーリ語入門」（吉本信行著）にも解りやすくアオリストが解説されています。（p15 の活用表は特に役に立ちます。）

アオリストの活用語尾

		単数活用語尾	複数活用語尾
能	一人称	-aṃ, -a, -uṃ, -tthaṃ, -iṃ, -i, -isaṃ -siṃ, -si	-amha, -ma, -mhase, -imha, -imhā -ima, -simha
		agaṃ 私は行った	agamha 私たちは行った

動	二人称	-a, -ā, -o, -u, -ū, -i, -ī, -si	-attha, -tha, -ittha, -sittha
		akarā あなたは為した	akattha あなた方は為した
態	三人称	-a, -ā, -u, -ū, -i, -isi, -si	-u, -ū, -uṃ, -iṃsu, -isuṃ, -siṃsu, -suṃ
		agā 彼は行った	agamuṃ 彼等は行った
		単数活用語尾	複数活用語尾
反	一人称		-amhase -amhasa, -amahe, -imhe
			akaramhase 私たちは為した
照	二人称	-ase, -ise, -ittho	-avhaṃ, -ivhaṃ
		amaññittho あなたは思った	
態	三人称	-attha, -tha, -ittha	-atthaṃ, -re, -ruṃ, -iṃsu, -uṃ
		adassatha 彼は見た	amaññaruṃ 彼等は思った

それではアオリストの例を見ていきます。

ti me bhikkhave pubbe ananussutesu dhammesu cakkhuṃ udapādi ñāṇaṃ udapādi paññā udapādi vijjā udapādi āloko udapādi.

ti(indecl.) ～と　　**me**/ahaṃ(人称代名詞. 1.sg.instr.) 私

bhikkhave/bhikkhu(m.pl.voc.) 比丘　　**pubbe**(adv.) 以前には

ananussutesu/ananussuta(a.m.pl.loc.) かつて聞いたことのない

ananussuta = an + anu + suta an(pref.) 否定　anu(pref.) 随って

suta(a.) 聞いた← suṇāti(v.) 聞く、の pp. anussuta(a.) かつて聞いた

dhammesu/dhamma(m.pl.loc.) 法　**cakkhuṃ**/cakkhu(n.sg.nom.) 眼

udapādi/uppajjati(v.aor.3.sg.) 起る、生じる→生じた

ñāṇaṃ/ñaṇa(n.sg.nom.) 智　　**paññā**(f.sg.nom.) 智慧

vijjā(f.sg.nom.) 明　　**āloko**/āloka(m.sg.nom.) 光明

訳）と（ti）私に（me）以前には（pubbe）聞いたことのない（ananussutesu）諸々の法において（dhammesu）眼が（cakkhuṃ）生

じました（udapādi）智が（ñāṇaṃ）生じました（udapādi）智慧が（paññā）生じました（udapādi）明が（vijjā）生じました（udapādi）光明が（āloko）生じました（udapādi）。

atha kho bhagavā imaṃ udānaṃ udānesi “aññāsi vata bho Koṇḍañño, aññāsi vata bho Koṇḍañño “ti. iti hidaṃ āyasmato Koṇḍaññassa “aññāsi Koṇḍañño “tveva nāmaṃ ahosi.**（転法輪経）**

atha（adv.）今、さて　**kho**（adv.）実に、確かに　**bhagavā**/bhagavant（m.）世尊

imaṃ（指示代名詞. n.sg.acc.）これ

udānaṃ/udāna（n.sg.acc.）自説、上に息をすること

udānesi/udāneti（v.aor.3.sg.）息をする、発語する

aññāsi/ājānāti（v.aor.3.sg.）覚知する、了解する、知る

vata（indecl.）ああ、実に（感嘆の言葉）　**bho**（indecl.）君よ、友よ

Koṇḍañño/Koṇḍañña（m.sg.nom.）コンダンニャ　**ti** ＝ iti（indecl.）～と

hidaṃ ＝ hi ＋ idaṃ の連声　hi（adv.）実に　idaṃ（指示代名詞. n.sg. nom.）これ

āyasmato/āyasmant（m.sg.gen.）尊者、長寿を具えた方

Koṇḍaññassa/Koṇḍañña（m.sg.gen.）コンダンニャ

tveva ＝ iti ＋ eva の連声 eva（adv.）こそ　**nāmaṃ**/nāma（n.sg.nom.）名前

ahosi/hoti（v.aor.3.sg.）ある、なる

訳）その時（atha kho）世尊は（bhagavā）この（imaṃ）感嘆の言葉を（udānaṃ）発せられました（udānesi）。「君たちよ（bho）ああ（vata）コンダンニャは（Koṇḍañño）覚った（aññāsi）。君たちよ（bho）ああ（vata）コンダンニャは（Koṇḍañño）覚った（aññāsi）。」と（ti）。というように（iti）まさに（hi）このことがあって（idaṃ）尊者（āyasmato）コンダンニャの（Koṇḍaññassa）名前が（nāmaṃ）「アンニャーシ（aññāsi）コンダンニャ（Koṇḍañño）」と（ti）こそ（eva）

なりました（ahosi）。

⑱過去形として過去時以外を示すものとしては完了形 āha が「言った」「言う」という過去及び現在の両者に用いられるものと、アオリストに禁止語 mā を附して禁止の意味をあらわすものがあります。

mā kho vitthāsi, mā kho maṅku ahosi.

mā（adv.）なかれ、禁止　　**kho**（adv.）実に

vitthāsi/vitthāyati（v.aor.3.sg.）困惑する、畏怖する

maṅku（a.m.sg.nom.）恥じる、赤面の　**ahosi**/hoti（v.aor.3.sg.）ある、なる

maṅku hoti ＝恥じおそれる

訳）怖るること（vitthāsi）なかれ（mā）恥じおそれること（maṅku ahosi）なかれ（mā）。

ここでは vitthāsi, ahosi は aor. 過去形には訳しません。禁止の語 mā とともに禁止の意味を表します。

mā yaṃ pi'ssa taṃ ekaṃ cakkhuṃ tamhā pi parihāyi.

mā（adv.）なかれ　　**yaṃ**/ya（関係代名詞. n.sg.acc.）所のもの

pi'ssa ＝ pi ＋ assa の連声 pi（adv.）も、又、といえども、けれども、たとい～でも

assa（人称代名詞. 3.m.sg.gen.）彼

taṃ/ta（人称代名詞. 3.n.sg.acc.）それ　**ekaṃ**/eka（a.num.n.sg.acc.）一つ

cakkhuṃ/cakkhu（n.sg.acc.）眼　**tamhā**/ta（人称代名詞. 3.m.sg.abl.）彼

parihāyi/parihāyati（v.aor.3.sg.）衰損する、失う

訳）彼に（'ssa）まだ（pi）[残っている] 所のものを（yaṃ）、その（taṃ）一（ekaṃ）眼を（cakkhuṃ）彼から（tamhā）また（pi）なくする（parihāyi）ことなかれ（mā）。

mā saddaṃ akāsi.

mā(adv.)　なかれ　**saddaṃ**/sadda(m.sg.acc.)　声　**akāsi**/karoti(v.aor.3.sg.) 為す、作る

訳）声を（saddhaṃ）たてる（akāsi）なかれ（mā）。

mā asakkhimhā.

mā(adv.) なかれ　**asakkhimhā**/sakkoti(v.aor.3.pl.) 出来る、可能である

訳）［我々は］出来なかった（mā asakkhimhā）。

ここでは禁止の意味ではなく、否定としてnaの代りに用いられたものであり、従って過去形が過去としての意味をもっている。

yato ca kho me bhikkhave imesu catūsu ariyasaccesu evaṃ tiparivaṭṭaṃ dvādasākāraṃ yathābhūtaṃ ñāṇadassanaṃ suvisuddham ahosi.(**転法輪経より**)

yato(adv.) 故に　**ca**(conj.) そして　**kho**(adv.) 実に　**me**(人称代名詞.1.sg.gen.) 私

bhikkhave/bhikkhu(m.pl.voc.)　比丘　**imesu**/imaṃ(指示代名詞.n.pl.loc.) これ

catūsu/catu(num.pl.loc.) 四

ariyasaccesu ＝ ariya ＋ saccesuのコンパウンド　ariya(a.語基) 聖なる

saccesu/sacca(n.pl.loc.) 真理、真実　　ariyasacca(n.pl.loc.) 聖諦

evaṃ(adv.) かくの如く、このように

tiparivaṭṭaṃ ＝ ti ＋ parivattaṃのコンパウンド　　ti(num.語基) 三

parivattaṃ/parivatta(a.n.sg.nom.)　転変、回転　tiparivatta(a.n.sg.nom.) 三転

dvādasākāraṃ ＝ dvādasa ＋ ākāraṃのコンパウンド dvādasa(num.) 十二

ākāraṃ/ākāra(m.→n.sg.nom.) ※相、行相、形、状態

yathābhūtaṃ(adv.) 如実に、あるがままに

ñāṇadassanaṃ = ñāṇa + dassanaṃ のコンパウンド　ñāṇa(n. 語基) 智

dassanaṃ/dassana(n.sg.nom.) 見

suvisuddham ahosi = suvisuddhaṃ + ahosi の連声　suvisuddhaṃ = su + visudddhaṃ

su(pref.) 極めて visuddhaṃ/visuddha(a.n.sg.nom.) 清浄な

suvisuddha(a.n.sg.nom.) 極めて清浄な

ahosi//hoti(v.aor.3.sg.) ある、なる

※ここで ākāra は男性名詞（m.）ですが、後の ñāṇadassanaṃ にあわせて中性名詞（n.）となっています。

訳）比丘たちよ（bhikkhave）そして（ca）実に（kho）私にとって（me）これら（imesu）四つの（catūsu）聖なる真理において（ariyasaccesu）このように（evaṃ）三転（tiparivaṭṭaṃ）十二行相の（dvādasākāraṃ）あるがままの（yathābhūtaṃ）智見が（ñāṇadassanaṃ）極めて清浄と（suvisuddhaṃ）なった（ahosi）故に（yato）

idamavoca bhagavā attamanā pañcavaggiyā bhikkhū bhagavato bhāsitaṃ abhinandun ti.(**無我相経より**)

idamavoca = idaṃ + avoca の連声　idaṃ(指示代名詞. n.sg.acc.) これ

avoca/vatti(v.aor.3.sg.) 語る、話す

bhagavā/bhagavant(m.sg.nom.)　世尊　**attamanā**/attamana(a.m.pl.nom.) 意にかなう

pañcavaggiyā = pañca + vaggiyā のコンパウンド　pañca(num. 語基) 五

vaggiyā/vaggiya(a.m.pl.nom.)　群れの　pañcavaggiyā/pañcavaggiya(m.pl.nom.) 五群

bhikkhū/bhikkhu(m.pl.nom.)　比丘　**bhagavato**/bhagavant(m.sg.gen.) 世尊

bhāsitaṃ/bhāsita（a.m.sg.acc.）話された← bhāsati（v.）話す、語る、の pp.

abhinandun ti = abhinanduṃ + iti の連声　abhinanduṃ/abhinandati（v.aor.3.pl.）歓喜する　iti（indecl.）～と

訳）世尊は（bhagavā）このことを（idaṃ）説かれました（avoca）。こころ喜んだ（attamanā）五群の（pañcavaggiyā）比丘たちは（bhikkhū）世尊の（bhagavato）説かれたことに（bhāsitaṃ）歓喜しました（abhinandun）と（ti）。

◆条件法

条件法は「もし～が～であったとしたならば」という意味となる仮定であるので、過去と未来が混合したような形となっています。従って、その語尾変化も現在動詞の語基の語首に過去を示す a をつけて、語尾は未来形と過去形をあわせたような形となっています。(「パーリ語文法」水野弘元著より少し表現を変えて引用)

条件法の語尾変化

		単数活用語尾	複数活用語尾
能動態	一人称	-ssaṃ	-ssāma, -ssamhā
	二人称	-sse, -ssa, -ssasi	-ssatha
	三人称	-ssa, -ssā, -ssati	-ssaṃsu

(「パーリ語文法」水野弘元著より引用)

rūpañ ca hidaṃ bhikkhave attā avavissa, nayidaṃ rūpaṃ ābādhāya saṃvatteyya.

rūpañ ca = rūpaṃ + ca の連声　rūpaṃ/rūpa（n.sg.nom.）色　ca（conj.）そして

hidaṃ = hi + idaṃ の連声　hi（adv.）まさしく　idaṃ（指示代名詞. n.sg.nom.）これ

bhikkhave/bhikkhu（m.pl.voc.）比丘　　**attā**/attan（m.sg.nom.）我

avavissa/bhavati(v. 条件法. 3.sg.) ある→〜であるとすれば

nayidaṃ = na + y 挿入 + idaṃ na(adv.) 否定 idaṃ(指示代名詞. n.sg.nom.)

rūpaṃ/rūpa(n.sg.nom.) 色　　**ābādhāya**/ābādha(m.sg.dat.) 病

saṃvatteyya/saṃvattati(v.opt.3.sg.) 作用する、資する、導く、〜になる

訳) 比丘たちよ (bhikkhave)、そして (ca) まさしく (hi) この (idaṃ) 色が (rupañ) 我 (attā) であるとするならば (avavissa)、この (idaṃ) 色は (rūpaṃ) 病気に (ābādhāya) なら (saṃvatteyya) ない (na) であろうし

saṅkhārā anattā, saṅkhārā ca hidaṃ bhikkhave attā avavissaṃsu, nayidaṃ saṅkhārā ābādhāya saṃvatteyyuṃ(**無我相経より**)

saṅkhārā/saṅkhāra(m.pl.nom.) 行、形成力、現象

anattā = an + attā an(pref.) 否定 attā/attan(m.pl.nom.) 我 ca (conj.) そして

hidaṃ = hi + idaṃ の連声 hi(adv.) まさしく idaṃ(指示代名詞. n.sg.nom.) これ

bhikkhave/bhikkhu(m.pl.voc.) 比丘　　**attā**/attan(m.pl.nom.) 我

avavissaṃsu/bhavati(v. 条件法. 3. pl.) ある→〜であるとすれば

nayidaṃ = na + y 挿入 + idaṃ na(adv.) 否定 **ābādhāya**/ābādha (m.sg.dat.) 病

saṃvatteyyuṃ/saṃvattati(v.opt.3.pl.) 作用する、資する、導く、〜になる

訳) 比丘たちよ (bhikkhave)、諸々の行は (saṅkhārā) 無我である (anattā)。そして (ca) まさしく (hi) もしこれらの (idaṃ) 諸々の行が (saṅkhārā) 我 (attā) であるとするならば (avavissaṃsu)、これらの (idaṃ) 諸々の行は (saṅkhārā) 病気に (ābādhāya) なら (saṃvatteyyuṃ) ない (na) であろうし、

ここで hidaṃ, nayidaṃ が、その中の idaṃ が本来複数であるところ単数となっていますが、これは idaṃ が不変化詞のあつかいのため idaṃ のままで変化しないためです。

◆願望法　optative(opt.)

願望法は、現在語基に e, eyya などの活用語尾をつけて形成し、見込み、命令、希望、祈願、期待、忠告、能力、条件などいろいろの意味を表します。

願望法の活用語尾

		単数活用語尾	複数活用語尾
能動態	一人称	-eyyāmi, -yaṃ, -e, -eyyaṃ	-eyyāma, -ema, -emu, -emasi
		gaccheyyaṃ 私は行きたい	gacchema 私たちは行くだろう
	二人称	-eyyāsi, -e, -eyya	-eyyātha, -etha
		gaccheyyāsi あなたは行くだろう	gaccheyyātha あなた方は行くだろう
	三人称	-eyya, -ya, -e, -ye, -ā	-eyyuṃ, -uṃ, -eyyu, -yu
		gaccheyya 彼は行くがよい	gaccheyyuṃ 彼等は行くがよい
		単数活用語尾	複数活用語尾
反照態	一人称	-eyyaṃ, -e	-eyyāmhe, -emase, -emasi
		gaccheyyaṃ 私は行きたい	gaccheyyāmhe 私たちは行きたい
	二人称	-etho	-eyyavho
		gacchetho あなたは行くだろう	gaccheyyavho あなた方は行くだろう
	三人称	-etha, -eta, -ātha	-eraṃ
		gacchetha 彼は行くがよい	gaccheraṃ 彼等は行くがよい

P187 ⑳意思を表す。

handa mayaṃ, āvuso, tathā vihāraṃ kappema. yathā no viharataṃ Bhagavā attamano assa.

handa (interj.) いざ　mayaṃ/ahaṃ (人称代名詞. 1.pl.nom.) 私→私たちは

āvuso (pl.voc.) 友よ　　tathā (adv.) かく、そのように

vihāraṃ/vihāra (m.sg.acc.) 住、住法、精舎→住み方、生活の仕方

kappema/kappeti (v.opt.1.pl.) なす、営む、準備する　kappema：ここで ema という語尾は、願望法の語尾の表の能動態一人称複数に出ていますので、願望法であろうと推察します。そこで、本来の動詞ですが、元の形は ema を取って eti を入れてみると、kappeti という動詞が出てきます。ここでは意思を示す願望法なので、意味は「なそう、しよう」となります。

yathā (adv.) ～の如くに、～のように

no/ahaṃ (人称代名詞. 1.pl.gen.) 私→私たちにとって　no は ahaṃ の複数に nom. から acc.instr.abl.dat.gen. まであり、どれがいいか選ぶのに迷いますが、次の viharataṃ との関係で gen. と決めます。

viharataṃ/viharant (a.m.pl.gen.) 住しつつある、住しつつある者←viharati (v.) 住する、の ppr.　viharataṃ とみて辞書を探すと viharati という動詞があります。viharat までは同じなので、この viharati 関連の言葉であると推察します。そこで辞書 p379 からの曲用表で ataṃ となっているものを探します。すると p385, 19.ant.at 語基 m. 男性. 現在分詞の中に ataṃ が複数 dat.gen. で出ています。ここでは gacchati 行くの現在分詞で gacchataṃ となっていますが、viharati なら最後の ati が取れて ataṃ が語尾となり viharataṃ となります。それでここでは、意味を考えると dat. より gen. が適当ですので、「住しつつある者たちにとって」という訳となる viharant の m.pl.gen. になります。また、もう一つの探し方は辞書の p418 のⅣ曲用・活用の語尾および動詞語基等の語尾の表を見てみますと p422 に taṃ がでていて、その 1. に

m.n.pl.dat.gen. があり、その中に arahataṃ, guṇavataṃ, gacchataṃ がでていますので、viharataṃ はこれに違いないとします。

Bhagavā/bhagavant（m.sg.nom.）世尊 bhagavā:bhagavā は辞書で似た言葉の bhagavant を見ますと、その中に（sg.）nom. として bhagavā が出てきますので、bhagavant の m.sg.nom. だと解ります。また bhagavant は、bhaga m. 幸運、福運という言葉に接尾辞 vant が付いて出来た言葉です。vant は所有を表す接尾辞で、「～を有するもの」「～を持つもの」「～があるもの」などの意味となります。そこで、また bhagavant は「福運を有する方」となります。日常読誦経典で Bhagavant を「福運に満ちた世尊」としているのはこのためです。

attamano/attamana（a.m.sg.nom.）心にかなえる、適意の、悦意の attamano は atta + mano の合成語（コンパウンド）です。atta は「得た、取った」という意味の形容詞の語基で、mano は manas n. 意、心、の sg.nom. です。attamana という形容詞になって m. 男性名詞に変わっています。（有財釈）

assa/atthi（v.opt.3.sg.）ある assa は① m. 馬② ayaṃ/tad の m.n.sg.dat. gen. これの、それの、彼の、彼のために③ atthi の opt.2.3.sg. あるであろうとあるように、三つに分かれていますが、ここでは「世尊が心にかなえるであろう」というように、③の atthi の opt.3.sg. となっています。

訳）いざ（handa）友よ（āvuso）、私たちは（mayaṃ）私たち（no）住している者たちにとって（viharataṃ）、世尊が（Bhagavā）心にかない賜うで（attamano）あろう（assa）ように（yathā）、そのように（tathā）住し方を（vihāraṃ）しましょう（kappema）。

㉑願望を示す

labheyyaṃ ahaṃ upasampadaṃ

labheyyaṃ/labhathi（v.opt.1.sg.）得る→得たい labheyyaṃ は eyyaṃ という語尾が願望法の語尾変化表一人称単数（反照態）のところに載っていますので願望法と解ります。ここで反照態を用いているのは、反照態は自分自身のためになる動作を表現する態ですので、「私は（自分自身のために）具足戒を得たい」ということをはっきりと示すためです。

ahaṃ（人称代名詞. 1.sg.nom.）私 ahaṃ は辞書に pron. として出ています。また、p388 代名詞、代名詞的形容詞の曲用のところに第一人称として出ています。

upasampadaṃ/upasampadā（f.sg.acc.）具足、授具、受戒　upasampadā は女性名詞（f.）ですが、sg.acc は upasampadaṃ となります。

訳）私は（ahaṃ）具足戒を（upasampadaṃ）得たい（labheyyaṃ）

pavattiñ c'ssa ñatvā va āgaccheyyāsi

pavattiñ c'ssa ＝ pavattiṃ ＋ ca ＋ assa の連声　pavattiṃ/pavatti（f.sg.acc.）出来事、顛末

ca（conj.）そして　　　assa（人称代名詞. 3.m.sg.gen.）彼

ñatvā/jānāti（v.ger.）知る　　　va ＝ eva（adv.）まさに

āgaccheyyāsi/āgacchati（v.opt.2.sg.）来る

訳）［あなたは］彼の（assa）顛末（動静）を（pavattiṃ）知ったら（ñatvā）すぐに（va）戻って来るがよい（āgaccheyyāsi）。

㉒命令の意味を示します。

pahiṇeyyāsi tvaṃ Ānanda, bhikkhūnaṃ santike dūtaṃ.

pahiṇeyyāsi/pahiṇati（v.opt.2.sg.）送る、使いを出す eyyāsi は表にも載っていますように願望法の能動態第二人称単数（sg.）の語尾です。

tvaṃ（人称代名詞. 2.sg.nom.）あなたは tvaṃ は辞書に汝、君として出ています。

また p388 代名詞的形容詞の曲用のところに第二人称として出ています。

Ānanda（m.sg.voc.）アーナンダ Ānanda はアーナンダ尊者のことです。

a 語基のこの言葉がそのまま Ānanda となっていますので sg.voc. です。

意味は「アーナンダよ」です。

bhikkhūnaṃ/bhikkhu（m.pl.gen.）比丘　辞書 p381bhikkhu の曲用表を

見ますと、bhikkhūnaṃ は pl.dat.gen. と解ります。ここでは意味から考えて gen. とします。意味は「比丘たちの」です。

santike/santika（n.sg.loc.）付近、面前 santike の e は、中性名詞の曲用表（p379）をみますと n.sg.loc. と解ります。

dūtaṃ/dūta（m.sg.acc.）使者　dūta は男性名詞ですので、p379 の一番上の曲用表を見ると、dūtaṃ は m.sg.acc. と解ります。

訳）アーナンダよ（Ānanda）、あなたは（tvaṃ）比丘たちの（bhikkhūnaṃ）許に（santike）使者を（dūtaṃ）送りなさい（pahiṇeyyāsi）。

cittaṃ rakkhetha medhāvī.

cittaṃ/citta（n.sg.acc.）心　**rakkhetha**※/rakkhati（v.opt. 反照態 3.sg.）護る

medhāvī/medhāvin（a.m.sg.nom.）有慧者

訳）有慧者は（medhāvī）心を（cittaṃ）護るべし（rakkhetha）。

※ rakkhetha の etha ですが、rakkhati の語尾らしいと解ったとします。etha が全く解らなかったらパーリ語辞典の最後の方 p418 にⅣ曲用・活用の語尾および動詞語基等の語尾の表があるのでそこに etha があるか探します。すると p421 中ほどに etha があります。opt.3.sg.med. と書いてあります。med. は反照態の略語です。それでこれは願望法の三人称単数反照態とわかります。ここでは心を護ることが自分自身のためになるので反照態が使われています。

tuṇhī assa

tuṇhi（adv.）沈黙して、黙って tuṇhī は副詞ですので、曲用、活用はありません

assa/atthi（v.2.sg.opt.）ある assa は atthi（v.）ある、の願望法第二人称単数です。「あれ」という命令の意味です。

訳）［あなたは］沈黙して（tuṇhī）あれ（assa）。→［あなたは］黙っ

ていなさい。という意味の命令の意味をあらわす文章です。

yassa na kkhamati, so bhāseyya.

yassa/ya（関係代名詞. m.sg.gen.）彼

na kkhamati　= na + khamati の 連 声　na（adv.）否 定　khamati（v.pr.3.sg.）忍ぶ、堪える、ゆるす

so（人称代名詞. m.sg.nom.）彼　bhāseyya/bhāsati（v.opt.3.sg.）話す、告ぐ、語る

訳）堪えられ（kkhamati）ない（na）もの（yassa）、彼（そのもの）は（so）告げるように（bhāseyya）。→我慢出来ない人は申し出よ。

musā na bhāse, na ca majjapo siyā.

musā（adv.）偽って、虚妄に　na（adv.）否定　musā, na ともに副詞ですので曲用、活用はしません。

bhāse/bhāsati（v.opt.3.sg.）話す、語る、言う bhāse は bhāsati 話すという動詞の願望法です。語尾表では e は能動態第一人称、二人称、三人称、反照態第一人称の単数にありますが、ここでは意味から考えて三人称単数能動態とします。

na（adv.）否定　ca（conj.）そして、また na, ca は副詞（adv.）接続詞（conj.）ですので、曲用、活用はしません。

majjapo/majjapa（m.sg.nom.）飲酒者 majjapa は、majja n. 酒、酔わしめるもの、の中の説明で、「-pa 飲酒者」として出ています。

siyā/atthi（v.opt.3. sg.）ある siyā は atthi v. ある、の 1/2/3 人称単数の願望法です。パーリ語文法 p117 の表に出ています。

訳）［人は］偽って（musā）語るべからず（na bhāse）。そして（ca）飲酒者と（majjapo）なるべからず（na siyā）。

na aññe bhikkhū Rājagahe vassaṃ upagaccheyyuṃ.

na（adv.）否定　aññe/añña（a.m.pl.nom.）他の　bhikkhū/bhikkhu（m.pl.

nom.）比丘

Rājagahe/Rājagaha（m.sg.loc.）ラージャガハ　vassaṃ/vassa（m.sg.acc.）雨期

upagaccheyyuṃ※ /upagacchati（v.opt.3.pl.）近づく、接近する、来る

訳）他の（aññe）比丘たちは（bhikkhū）ラージャガハで（rājagahe）雨期を（vassaṃ）むかえる（upagaccheyyuṃ）べからず（na）。

※ここではupagaccheyyuṃのeyyuṃをパーリ語文法p116からp117の願望法の語尾表で調べます。三人称複数のところにありましたのでupagaccheyyuṃはupagacchatiの願望法三人称複数と解ります。

mā pamādaṃ anuyuñjetha.

mā（adv.）なかれ

pamādaṃ/pamāda（m.sg.acc.）放逸　pamādaはa語基の言葉ですのでp379の曲用表を見るとm.sg.acc.と解ります。

anuyuñjetha/anuyuñjati（v.opt.反照態.3.sg.）実践する、従事する、実行する、専心する　ethaは願望法の語尾表を見ますと、能動態の二人称複数と、反照態の三人称単数にあります。ここでは意味から考えて、反照態の三人称単数です。反照態は「自分自身のための動作」を表す態ですから、この場合に丁度あてはまります。（放逸に従わないことは自分自身のためになることだからです。）

訳）［人は］放逸を（pamādaṃ）実践する（anuyuñjetha）なかれ（mā）。

㉓許可を示す。

sakkā panāyam mayhaṃ pi dātuṃ.

sakkā/sakkoti（v.opt.3.sg.）出来る、可能である　sakkāは辞書にも出ていますが、願望法の表には能動態の第三人称単数のところにāという語尾がでているので、opt.第三人称単数と解ります。

panāyam ＝ pana ＋ ayaṃの連声　pana（adv.conj.）また、然し、然る

に、然らば、しかも　ayaṃ/imaṃ（指示代名詞. m. sg.nom.）これ
panāyam は最後の m は、次に mayhaṃ の m が来ているので、発音し易いので、本来の ṃ が m となっています。panāyam は本来 panāyaṃ です。panāyaṃ は辞書を引いても全く出てきません。そんな時は連声を考えましょう。ここでは ā となっているところが連声になっているかもしれないと考えて、pana と ayaṃ に分けてみます。すると上に書いたように辞書に出ています。

mayhaṃ/ahaṃ（人称代名詞. 1.sg.dat.）私 mayhaṃ は辞書にも出ていますが、p388 の代名詞、代名詞的形容詞の曲用の第一人称のところにでています。

pi（adv.）～も、また、といえども

dātuṃ/dadāti（v.inf.）与える、施す→施すべく、与えるべく、施すことができる、与えることが出来る　dātuṃ については解らなかったら辞書 p418 からのところで語尾を調べます。すると p422 に tuṃ が出ていて不定体（inf.）と解ります。

訳）しからば（pana）これは（ayaṃ）私のために（mayhaṃ）も（pi）与えるべきことが（dātuṃ）可能であろうか（許されるだろうか）（sakkā）。

㉔可能

brūhi yathā jānemu te kasiṃ.

brūhi/brūti（v.imper.2.sg.）言う、告げる　brūhi は brūti（v. 言う、告げる）の命令法（imper.）の第二人称単数です。

yathā（adv.）～のように

jānemu/jānāti（v.opt.1.pl.）知る emu という語尾は、願望法の表に第一人称、複数で出ています。もとの単語は jānāti（v. 知る）です。

te/tvaṃ（人称代名詞. 2.sg.gen.）あなた te は第三人称の代名詞 ta の m.pl.nom. acc. と tvaṃ の sg.dat.gen.instr.abl. の二つがありますが、ここでは tvaṃ の sg. gen. です。

kasiṃ/kasī（f.sg.acc.）耕作、農耕

訳）あなたの（te）耕作を（kasiṃ）［私たちが］知ることが出来る（jānemu）ように（yathā）［あなたは］話しなさい（brūhi）。

ahañ ca kho pana dhammaṃ deseyyaṃ pare ca me na ājāneyyuṃ.

ahañ ca = ahaṃ caの連声　ahaṃ（人称代名詞. 1.sg.nom.）私　ahañは本来ahaṃですが、次にcで始まるcaが来ているので、そのcと同じ口の形で「ん」と発音できるñとなっています。（パーリ語文法p60§18の①五群の子音の前のṃはその群の鼻音（日本語で言うと「ん」の音）に変わる。）

ca（conj.）そして、また　**kho**（adv.）実に　**pana**（adv.conj.）また、しかし、然るに、然らば、しかも

dhammaṃ/dhamma（m.sg.acc.）法 aṃの語尾はa語基m.の場合sg.acc.となります。

deseyyaṃ/deseti（v.opt.1.sg.）示す、説く eyyaṃは願望法の語尾表を見ますと、能動態の一人称単数にあります。それで、deseyyaṃはdeseti. v.説くの願望法第一人称単数であると解ります。

pare/para（a.pl.nom.）他の pareは、語尾eが曲用した形ですから、一応paraと考えてみます。辞書にはpareとしてparaのsg.loc.あるいはm.pl.acc.とでていますが、どちらも違います。paraはsabbaと同じ曲用をする単語で、sabbaの曲用は辞書p391の代名詞的形容詞に出ています。pareはparaのm.pl.nom.voc.acc.とありますが、ここではparaのm.pl.nom.です。

ca（conj.）また、そして

me/ ahaṃ（人称代名詞. 1.sg.gen.）私　meはahaṃのsg.instr.abl.dat.gen.ですが、ここでは意味から考えてgen.です。

na（adv.）否定

ājāneyyuṃ/ājānāti（v.opt.3.pl.）了知する、よく知る→了知することができるであろう　eyyuṃは願望法の語尾表を見ますと、能動態の三人称

複数にあります。

訳）また（ca）実に（kho）、しからば（pana）私が（ahañ）法を（dhammaṃ）説くであろう（deseyyaṃ）［としても］また（ca）他の人々には（pare）私の（me）［話すことを］よく理解することが出来ないであろう（na ājāneyyuṃ）。

na hi etehi yānehi gacceyya agataṃ disaṃ.

na(adv.) 否定　**hi**(adv.) まさに、実に　**etehi**/etad(指示代名詞. n. pl.instr.) これ

yānehi/yāna(n.pl.instr.) 乗物　　**gacceyya**/gacchati(v.opt.3.sg.) 行く

agataṃ = a + gataṃ　a(pref.) 否定　gataṃ/gata 達した← gacchati の pp.

agata(a.m.sg.acc.) 未だ達していない

disaṃ/disā(f.sg.acc.) 方角、方位、四方

訳）実に（hi）これらの（etehi）乗物では（yānehi）［彼は］未到の（agataṃ）地に（disaṃ）行き得（gaccheyya）ないであろう（na）。

taṃ kut'ettha labbhā.

taṃ/ta(人称代名詞. n.sg.nom.) それ

kut'ettha = kuto + ettha の連声　kuto(adv.) どこから、何故に、どうして、いかなる理由で　ettha(adv.) ここに

labbhā/labhati(v.opt.3.sg.) 得る→できる、可能である、得ることができる

labbhā は辞書に「labhati の opt.3.sg. できる、可能である、得ることができる」として出ています。

訳）どうして（kut'）ここに（ettha）それが（taṃ）得られるであろうか（labbhā）。

→どうして可能であろう、不可能だ

㉕仮定または想像

sace bhikkhūnaṃ santike dūtaṃ pahiṇeyya.

sace(conj.) もし　　bhikkhūnaṃ/bhikkhu(m.pl.gen.) 比丘

santike/santika(n.sg.loc.) 付近、面前　　dūtaṃ/dūta(m.sg.acc.) 使者

pahiṇeyya/pahiṇati(v.opt.3.sg.) 送る、使いを出す　eyya は願望法の語尾表を見ますと、能動態 2/3 人称単数に出ています。ここでは三人称単数です。

訳）もし（sace）［彼が］比丘たちの（bhikkhūnaṃ）許に（santike）使者を（dūtaṃ）送るとすれば（pahiṇeyya）

Sādhu, mayaṃ labheyyāma Bhagavantaṃ dassanāya.

Sādhu(a.adv.interj.) 善き、善き哉　mayaṃ/ ahaṃ(人称代名詞. 1.pl. nom.) 私

labheyyāma/labhati(v.opt.1.pl.) 得る　eyyāma は願望法の語尾表を見ますと、能動態の一人称複数です。

Bhagavantaṃ/bhagavant(m.sg.acc.)　世尊　Bhagavantaṃ は Bhagavant の m.sg. acc. です。辞書 p384 の 16.ant.at 語基の曲用表に出ています。

dassanāya/dassana(n.sg.dat.) 見、見ること　dassanāya は dassana n. 見、の曲用表（a 語基、中性（n.））を見ますと、語尾が āya となっていますのは、sg.dat. です。

訳）私たちは（mayaṃ）世尊に（Bhagavantaṃ）会うことを（dassanāya）得ることができれば（labheyyāma）幸いです（Sādhu）。

siyā tumhākaṃ evaṃ assa.

siyā/atthi(v.opt.3.sg.) ある　tumhākaṃ/tvaṃ(人称代名詞. 2.pl.acc.) あなた

evaṃ(adv.) このように　　assa/atthi(v.opt.3.sg.) ある

訳）あなた方に（tumhākaṃ）このようであろう（evaṃassa）［という

思いが］あるかも知れぬ（siyā）。

yan nūnāhaṃ sve antepure sallapeyyaṃ

yan nūnāhaṃ ＝ yaṃ ＋ nūna ＋ ahaṃ の連声　yaṃ nūna（adv.）それでは〜しよう、〜したらどうだろう　ahaṃ（人称代名詞. 1.sg.nom.）私

sve（adv.）明日、翌日　　antepure/antepura（n.sg.loc.）王宮、後宮

sallapeyyaṃ/sallapati（v.opt.1.sg.）共に語る、会談する、対語する

訳）私は（ahaṃ）明日（sve）宮中において（antepure）討論したら（sallappeyyaṃ）どうだろう（yan nūna）。→討論したい。

㉖未来または仮定的未来

yatthaṭṭhitaṃ na ppasahetha maccu.

yatthaṭṭhitaṃ ＝ yattha ＋ ṭ ＋ ṭhitaṃ の連声　連声に際して ṭ の前に ṭ が付いて促音便となっています。パーリ語文法 p59 § 17 ①参照 yattha（adv.）所のその場所へ、〜の所へ

ṭhitaṃ/ṭhita（a.m.sg.acc.）住立した、立った、在世の、生存の← tiṭṭhati（v.）立つ、止まる、の pp.

na ppasahetha ＝ na ＋ ppasahetha　ppasahetha は na との連声で p が二つ重なっています。本来は pasahetha です。ここで etha は願望法の語尾です。表を見てみますと、能動態の第二人称複数と反照態の三人称単数にあります。ここでは三人称単数反照態です。na（adv.）否定 pasahetha/pasahati（v.opt. 反照態. 3.sg.）征服する、圧迫する　maccu（m.sg.nom.）死、死王

訳）そこに存在しているものを（yatthaṭṭhitaṃ）死が（maccu）征服しないであろう（na ppasahetha）。

paṭidaṇḍā phuseyyu taṃ.

paṭidaṇḍā ＝ pati ＋ daṇḍā の連声　pati（pref.）対、反　paṭi ＝ pati

daṇḍā/daṇḍa（m.pl.nom.）杖、棒、罰　paṭidaṇḍa（m.pl.nom.）罪の仕返

し、返報、杖罰の仕返し

phuseyyu/phusati（v.opt.3.pl.）触る、接触する　eyyu は願望法の語尾表を見ますと、能動態の三人称複数です。

taṃ/so（人称代名詞. m.sg.acc.）彼　辞書 p388 代名詞、代名詞的形容詞の曲用の表に、第三人称の m.sg.acc. のところにあります。

訳）諸々の罰の仕返しが（paṭidaṇḍā）彼に（taṃ）触れるであろう（phuseyyu）。

yaṃ iccheyya taṃ vadeyya.

yaṃ/ya（関係代名詞. n.sg.acc.）所のもの

iccheyya/icchati（v.opt.3.sg.）望む、求める、欲する

taṃ/ta（人称代名詞. n.sg.acc.）それ　**vadeyya**/vadati（v.opt.3.sg.）言う

訳）［彼が］欲するであろう（iccheyya）ことを（yaṃ）それを（taṃ）［彼が］言うであろう（vadeyya）。

㉗ seyyathā pi（nāma）とともに比喩に用います。

seyyathā pi nāma balavā puriso sammiñjitaṃ vā bāhaṃ pasāreyya, pasāritaṃ vā bāhaṃ sammiñjeyya

seyyathā（adv.）その如き　　**pi**（adv.conj.）も、また、～といえども

nāma（adv.）～という、～と名づける　seyyathā pi nāma あたかも～のように

balavā/balavant（a.sg.nom.）力がある、強い　**puriso**/purisa（m.sg.nom.）男、人

sammiñjitaṃ/sammiñjita（a.m.sg.acc.）曲げた、屈した ← sammiñjati（v.）曲げる、屈する、の pp.

vā（adv.conj.）または、あるいは　　**bāhaṃ**/bāhā（f.sg.acc.）腕、臂

pasāreyya/pasāreti（v.opt.3.sg.）伸ばす、差し出す eyya は願望法の語尾表で見ますと、能動態 2/3 人称単数にあります。ここでは三人称単数です。

pasāritaṃ/pasārita (a.m.sg.acc.) 伸ばした← pasāreti (v.) 伸ばす、の pp.

vā (adv.conj.) または、あるいは　　bāhaṃ/bāhā (f.sg.acc.) 腕、臂

sammiñjeyya/ sammiñjati (v.opt.3.sg.) 曲げる、屈する

訳）あたかも（seyyathā）力ある（balavā）男の人が（puriso）、あるいは（vā）曲げた（sammiñjitaṃ）腕を（bāhaṃ）伸ばす（pasāreyya）ように（pi nāma）、あるいは（vā）伸ばした（pasāritaṃ）腕を（bāhaṃ）曲げる（sammiñjeyya）ように（pi nāma）……

これはよくお経に出てくる表現です。

seyyathā pi nikkujjitaṃ vā ukkujjeyya paṭicchannaṃ vā vivareyya, mūḷhassa vā maggaṃ ācikkheyya, andhakāre vā telapajjotaṃ dhāreyya,

seyyathā (adv.) その如き　pi (adv.conj.) も、また、～といえども

seyyathā pi あたかも～のように

nikkujjitaṃ/nikkujjita (a.m.sg.acc.) 倒れた← nikkujjati (v.) 倒れる、の pp. nikkujjita は nikkujjati 倒れるという動詞の過去受動分詞（pp.）です。過去受動分詞がそのまま形容詞（a.）になったものです。

vā (adv.conj.) または、あるいは

ukkujjeyya/ukkujjati (v.opt.3.sg.) 起こす、直立させる eyya は願望法の語尾表で見ますと、能動態 2/3 人称単数にあります。ここでは三人称単数です。

paṭicchannaṃ/paṭicchanna (a.m.sg.acc.) 覆われた、かくされた ← paṭicchādeti (v.) 覆う、かくす、包む、の pp. paṭicchanna は paṭicchādeti v. 覆うという動詞の過去受動分詞（pp.）です。過去受動分詞がそのまま形容詞（a.）になったものです。vivareyya/vivarati (v.opt.3.sg.) 開く、開明する、明らかにする　eyya は願望法の語尾表で見ますと、能動態 2/3 人称単数にあります。ここでは三人称単数です。

mūḷhassa/mūḷha (a.m.sg.gen.) 愚昧の、愚痴の、混迷した、迷った

mūḷha は muyhati (v.) 愚昧となる、の過去受動分詞（pp.）です。pp. が

そのまま形容詞になっています。mūḷhassa の語尾の assa は mūḷha が a 語基の言葉ですから p379 の曲用表の最初の a 語基をみると dat. と gen.（単数）に見えますが、ここでは gen. です。

maggaṃ/magga（m.sg.acc.）道、道路、正道

ācikkheyya/ācikkhati（v.opt.3.sg.）告げる、述べる、説く　eyya は願望法の語尾表で見ますと、能動態 2/3 人称単数にあります。ここでは三人称単数です。

andhakāre/andhakāra（m.sg.loc.）暗夜、闇夜　andhakāre は andhakāra の m. 単数（sg.）処格（loc.）です。

telapajjotaṃ　= tela + pajjotaṃ のコンパウンド　tela（n. 語基）油 pajjotaṃ/pajjota（m.sg. acc.）灯火、灯明、光明 telapajjotaṃ/telapajjota（m.sg.acc.）油燈

dhāreyya/dhāreti（v.opt.3.sg.）持たせる、保持する、与える、差し出す eyya は願望法の語尾表で見ますと、能動態 2/3 人称単数にあります。ここでは三人称単数です。

訳）あたかも（seyyathā pi）倒れたものを（nikkujjitaṃ）起こす（ukkujjeyya）ように、あるいは（vā）覆われたものを（paṭicchannaṃ）開く（vivareyya）ように、あるいは（vā）［道に］迷った者に（mūḷhassa）道を（maggaṃ）告げる（ācikkheyya）ように、あるいは（vā）暗夜に（andhakāre）油燈を（telapajjotaṃ）揚げる（dhāreyya）ように……

　この文章もお経の終わりによく出てきます。

　ここでは seyyathā pi は「あたかも」の所だけに書いていますが、起こすようにの「ように」聞くようにの「ように」告げるようにの「ように」掲げるようにの「ように」にもかかっています。seyyathā pi で「あたかも～のように」です。

◆受動動詞と使役動詞

○受動動詞

受動動詞はpassiveでpass.と略されるもので、語根あるいは受動動詞、使役動詞の語基にya又はiya又はīyaをつけて作られます。語根にya, iya, īyaがつく場合は語根の母音が変化する場合があります。

語根hā(捨てる)にyaがついて受動語基になる場合、普通はhāyati(失われる、消失する、減損する)となりますが、hīyati(捨てられる)となることもあります。もとの動詞はjahati(捨てる、断じる)で語根はhāとなっています。

次に普通の受動動詞の作られ方を見ます。語根がñāとなる能動動詞はjānāti(知る)です。(辞書には語根[jñā]となっていますが、[jñā]も[ñā]も語根です。)その語根ñāにyaがついてñāyaという受動動詞の語基が出来ます。そこに活用の語尾mi, si, ti, ma, tha, ntiが付いて受動動詞が出来ます。三人称単数ではñāyati(知られる)という受動動詞になります。

例　勝利の経　スッタニパータ第205偈

dipādakoyaṃ asuci, duggandho parihīrati ; nānākuṇapaparipūro, vissavanto tato tato.

dipādakoyaṃ = dipādako + ayaṃの連声　dipādaka(m.sg.nom.)人間
ayaṃ(指示代名詞. m.sg.nom.)これ

asuci = a + suci　a(pref.)否定　suci(a.)浄い、清浄の　asuci(a.m.sg.nom.)不浄の

duggandho = du + gandho　du(pref.)悪い　gandho/gandha(m.sg.nom.)香

duggandho/duggandha(a.m.sg.nom.)悪臭

parihīrati/pariharati(v.pass.3.sg.)注意する、世話する、守る、持ち運ぶ→注意される、守られる　このparihīratiが受動動詞です。ここではpariharatiが「注意する、守る」という意味の能動動詞でparihīratiが「注意される、守られる」という意味の受動動詞です。

nānākuṇapaparipūro ＝ nānā ＋ kuṇapa ＋ paripūro のコンパウンド

nānā(adv.) 種々に、異なって kuṇapa(m. 語基) 死体、死骸、汚物

paripūro/paripūra(a.m.sg.nom.) 完全な、完成した、満たされた、充満した

nānākuṇapaparipūro/ nānākuṇapaparipūra(m.sg.nom.) 種々の汚物が充満したもの

vissavanto/vissavant(a.m.sg.nom.) 流れ出ているもの← vissavati(v.) 流れる、しみ出る、の ppr.

tato/ta(人称代名詞. n.sg.abl.) それ→それより

訳）この（ayaṃ）両足者（dipādako）［の身体］は、不浄で（asci）、悪臭があるもの（duggandho）［であり］、［人間によって］守られている（parihīrati）。種々の汚物が充満したものであり（nānākuṇapaparipūro）そこ（tato）かしこから（tato）［汚物が］流れ出ている（vissavanto）。

○使役動詞

使役動詞は「～させる」というように、使役の意味を持っている動詞です。使役動詞の語基は、語根または現在能動動詞の語基、あるいは使役動詞の語基などに縁語 e, aya, pe, paya, āpe, āpaya をつけて作られます。ここでは e ＝ aya であることを覚えておきましょう。

pāpeti と pāpayati は共に pāpuṇāti(得る、達する）という動詞の使役動詞です。意味は「得させる、到達させる」などとなります。この pāpeti と pāpayati という使役動詞から願望法や現在分詞が出来る場合、願望法ですと、pāpayati の語尾の ati が取れて、願望法の活用語尾 e などがついて pāpaye などとなる場合があります。

これは辞書などには何も出ていませんが、e がパーリ語文法 p116 から p117 の願望法の語尾の表から、能動態一、二、三人称単数及び反照態一人称単数の語尾であることが解ります。文章の中で三人称単数能動態が適当としますと、pāpaye は pāpayati の三人称単数、能動態の願望法とします。

pāpayati は辞書にはのっていませんので、e = aya の法則から aya を e に変えて、pāpeti という単語にして辞書を引いて見ます。すると pāpeti の②のところに「[pāpuṇātī の caus.] 得させる、到達させる」とのっていましたので、pāpaye が「pāpeti 得させる」の願望法（opt.）三人称単数であると決定できます。このように e = aya の法則を知っていると、aye などの語尾で解らない時も本来の動詞を探すのに役立つと思います。

これは現在分詞なども同じで、pāpeti, pāpayati の現在分詞は pāpayati から pāpayant という形になる場合があります。意味は「得させつつあるもの、到達させつつあるもの」などです。そこで、文章の中で pāpayaṃ が出てくると pāpayati = pāpeti（得させる）の現在分詞の m.sg.nom. であることが解ります。このように e = aya の法則をしっかり知っておくと、文章の理解に役に立ちます。

例　ダンマパダ 135 偈

yathā daṇḍena gopālo gāvo pāceti gocaraṃ evaṃ jarā ca maccu ca āyuṃ pācenti pāṇinaṃ.

yathā(adv.) ～のように　**daṇḍena**/daṇḍa(m.sg.instr.) 杖、棒、むち

gopālo/gopāla(m.sg.nom.) 牧牛者　**gāvo**/go(m.pl.acc.) 牛

pāceti/pacati(v.caus.3.sg.pr.) 煮る、焼く、責める→苦しめる、責めさせる、煮らせる　**gocaraṃ**/gocara(m.sg.acc.) 牧場

evaṃ(adv.) かくの如く、このように　**jarā**(f.sg.nom.) 老

ca(conj.) そして、～と　**maccu**(m.sg.nom.) 死、死神、死王、悪魔

āyuṃ/āyu(n.sg.acc.) 寿、寿命、命

pācenti/pāceti(v.pr.3.pl.) 苦しめる、責めさせる、煮らせる← pacati (v.) 煮る、焼く、責める、の caus.　**pāṇinaṃ**/pāṇin(a.pl.gen.) 生命ある、生物

訳）牧牛者が（gopālo）むちによって（daṇḍena）牛たちを（gāvo）牧場に（gocaraṃ）責め追い込む（pāceti）ように（yathā）、そのように（evaṃ）老（jarā）と（ca）死（maccu）とが（ca）、生き物たちの

（pāṇinaṃ）命を（āyuṃ）責め立てる（pācenti）。

◆分詞

分詞は動詞から派生してできた名詞、形容詞と同じ働きをするものです。品詞としては形容詞に分類されることが多いです。分詞は名詞、形容詞と同じく曲用の変化をします。動詞のように活用の変化はしません。

分詞には、現在能動分詞、現在受動分詞、過去能動分詞、過去受動分詞、未来能動分詞、未来受動分詞があります。この中でよく使われるのが、現在能動分詞、過去受動分詞、未来受動分詞です。

これからそれぞれについて説明します。

㈠現在能動分詞　present participle（ppr.）

現在能動分詞は「～しつつあるもの」「～しているもの」「～しつつ」などと訳されるもので、現在能動分詞の語基は、現在能動動詞の語基に、t, nt, nta, māna, āna などをつけて作られます。

この中で t, nt がついて現在能動分詞となるときは ant, at 語基の曲用をします。また、nta, māna, āna が付いて現在能動分詞の語基ができる場合は、いずれも語基が a なので a 語基の曲用をします。（男性、中性とも）

語根	現在 語基	t	nt	nta	māna	āna
ṭhā 立つ	tiṭṭha	tiṭṭhat	tiṭṭhant	tiṭṭhanta	tiṭṭhamāna	tiṭṭhāna
gam 行く	gaccha	gacchat	gacchant	gacchanta	gacchamāna	gacchāna

例　勝利の経（Vijaya sutta）スッタニパータ 193 偈

caraṃ vā yadi vā tiṭṭhaṃ, nisinno uda vā sayaṃ, Sammiñjeti pasāreti, esā kāyassa iñjanā.

caraṃ は carati 歩く、という動詞の現在分詞の主格、単数で男性です。意味は「歩いているもの」です。

vā は副詞（adv.）で意味は「あるいは」です。

yadi は接続詞（conj.）で意味は「もしくは」です。yadi vā で「もしまた」の意味です。

tiṭṭhaṃ は tiṭṭati(v.) 立つ、という動詞の現在分詞の男性、単数、主格です。意味は「立っているもの」です。

nisinno は nisinna「坐ったもの」という形容詞の男性、単数、主格です。

nisinna は nisīdati「坐る」という動詞の過去受動分詞（pp.）です。

uda は不変詞（indecl.）で意味は「あるいは」です。

sayaṃ は sayati という動詞の現在分詞です。sayati は e = aya の法則から seti という動詞と全く同じものです。seti の意味は「横たわる、横臥する」です。

sayaṃ は sayant という現在分詞の男性、単数、主格です。意味は「横たわっているもの、臥しているもの」です。

Sammiñjeti は「曲げる」という意味の動詞の三人称、単数、現在です。

pasāreti は「伸ばす」という意味の動詞の三人称、単数、現在です

esā は etad「これ」という意味の指示代名詞の女性形、単数、主格です。意味は「これが」となります。

kāyassa は kāya「身体」という意味の男性、単数、属格です。意味は「身体の」です。

iñjanā は「動き」という意味の女性名詞の単数、主格です。この iñjanā に合わせて etad も女性形の esā になっています。

訳）あるいは（vā）歩いている（caraṃ）もしくは（yadi）また（vā）立っている（tiṭṭhaṃ）、あるいは（uda）坐ったものとして（nisinno）[ある]。あるいは（vā）横臥している（sayaṃ）。曲げる（sammiñjeti）、伸ばす（pasāreti）、これが（esā）身体の（kāyassa）動き（iñjanā）[です]。

㈡過去受動分詞　past participle(pp.)

過去受動分詞は動詞の語根または現在語基に ta, na, ita, などをつけて作られます。意味は「～されたもの」などとなります。

たとえば辞書で buddha を引いて見ますと、buddha a.m.[bujjhati の pp.]

覚った、目覚めた、……と出ています。ここでは buddha は bujjati v. 覚るの pp. つまり過去受動分詞で意味は覚った、などと解ります。このように辞書でも沢山過去受動分詞が名詞形容詞になっています。次に過去受動分詞がどのように出来るかを見てみます。

①語根に ta がついてできるもの。√は語根であることを示しています。

bhavati ある　√ bhū ＋ ta → bhūta あるもの、衆生

jānāti　知る　√ jñā ＋ ta → ñāta 知られたもの

②母音を除き ita をつけるもの

tiṭṭhati 立つ　√ sthā ＋ ita → ṭhita 立ったもの、生存の

③語基変化をして ta がついてできるもの。

karoti 作る　√ kṛ ＋ ta → kata 作られたもの

④語基変化して na がついてできるもの。

dadāti 与える　√ dā ＋ na → dinna 与えられたもの

⑤語根が子音で終わる時、語根に ita をつけてできるもの。

vasati 住む　√ vas ＋ ita → vasita 住した、住者

⑥語根に ta をつけて出来る場合、子音は同化したり、省略されることがある。

bujjhati 覚る　√ budh ＋ ta → buddha 覚った（人）

labhati 得る　√ labh ＋ ta → laddha 得た（人）

⑦語基に ita をつけてできるもの。

deseti 示す　√ dis ＋ ita → desita 説示された

⑧語根または語基に na をつける場合同化することがあります。

uppajjati 生ずる　ud ＋√ pad ＋ na → uppanna 生じた、生起した

nisīdati 坐る　ni ＋√ sad ＋ na → nisinna 座した、坐った

例　箭経スッタニパータ第 574 偈

Animittaṃ anaññātaṃ maccānamidha jīvitaṃ kasirañ ca parittañ ca, tañ ca dukkhena saññutaṃ.

animittaṃ は a ＋ nimittaṃ に分けることが出来ます。a は否定の接頭

辞です。

nimittaṃ は nimitta「相、徴」という中性名詞の単数、主格です。そこで animittaṃ は「徴がないもの」という中性名詞の単数、主格です。

anaññātaṃ は an + aññātaṃ と分けることが出来ます。an は否定の接頭辞です。

aññātaṃ は aññāta という形容詞の中性、単数、主格です。aññata は ājānāti「了知する、よく知る」という動詞の過去受動分詞です。意味は「よく知った」となります。anaññātaṃ で「よく知らないもの」の意味になります。

maccānamidha は maccānaṃ + idha の連声です。maccānaṃ は macca「死すべきもの＝人間」という意味の言葉で、macca は marati「死ぬ」という動詞の未来受動分詞です。maccānaṃ は macca という形容詞の男性、複数、属格です。意味は「死すべきものたちの」となります。

idha は副詞で「ここに」という意味です。

jīvitaṃ は jīvita「命、寿命」という意味の中性名詞の単数、主格です。意味は「命は」となります。

kasirañ は次に ca の c の語が来ているので連声して kasiraṃ の ṃ が ñ に変化しています。kasirañ は「苦難の」という形容詞の中性、単数、主格です。意味は「苦難のもの」です。

ca は「そして、また」という意味の接続詞です。

parittañ は本来 parittaṃ ですが、次に ca の c の語が来ているので連声して parittaṃ の最後の ṃ が ñ に変化しています。parittaṃ は paritta「小さい、少ない」という意味の形容詞の中性、単数、主格です。

tañ は本来は taṃ ですが、次に ca の c の語が来ているので連声して taṃ の最後の ṃ が ñ に変化しています。taṃ は ta「それ」という意味の人称代名詞の中性、単数、主格です。意味は「それは」です。

dukkhena は dukkha「苦しみ」という意味の中性名詞の単数、具格です。意味は「苦しみと」です。

saññutaṃ は saññuta「結びついた」という形容詞の中性、単数、主格です。

訳）この［世］における（idha）死すべきものたちの（maccānaṃ）命は（jīvitaṃ）徴もなく（animittaṃ）、はかり知ることが出来ないもの（anaññātaṃ）［である］。そして（ca）、苦難のもの（kasirañ）［であり］、また（ca）短いもの（parittañ）［である］。また（ca）それは（tañ）苦しみと（dukkhena）結びついたもの（suññutaṃ）［である］。

㈢未来受動分詞　gerundive（grd.）

未来受動分詞は義務分詞とも言われる分詞です。「〜せられるべき」「〜すべき」などの意味のもので、動詞の語根あるいは現在語基に tabba, eyya, anīya, ya, tāya, tayya, teyya などをつけて、あるいは i の後にこれらの縁語をつけて作られます。

例　慈教　第一偈

Karaṇīyam atthakusalena yan taṃ santaṃ padaṃ abhisamecca ; Sakko ujū ca sūjū ca suvaco c'assa mudu anatimānī.

Karaṇīyam は次の atthakusalena の a と連声して、本来 ṃ であるものが m になっています。karaṇīyaṃ は karaṇīya「為されるべきこと、為すべきこと」という意味の形容詞の中性、単数、主格です。意味は「為すべきことは」です。この karaṇīya は karoti「為す」という動詞の未来受動分詞です。

atthakusalena は attha と kusalena のコンパウンドで、attha は「義、意味」という意味の男性名詞の語基です。kusalena は kusala「善き、巧みな」という意味の形容詞の男性、単数、具格です。

yan は次に taṃ の t が来ているので、語尾が本来の ṃ から n に変化しています。yaṃ は ya という関係代名詞の中性、単数、主格です。ya は「所のもの」という意味です。

taṃ は人称代名詞 ta の中性、単数、主格です。意味は「それは」です。

santaṃ は santa「静まれる、寂静の」という意味の形容詞の中性、単数、対格です。

padaṃ は pada「場所、境地」という意味の中性名詞の単数、対格です。

abhisamecca は abhisameti「現観する、領解する」という意味の動詞の連続体です。ここでは「行く」の意味に取って訳しています。saṃ という接頭辞と i が語根の eti(行く) という動詞が一緒になって sameti (集まる、結合する、近づく、知る、会う) という動詞が出来ます。それに abhi という接頭辞がついて、abhisameti(理解する、現観する、領解する) という動詞ができました。この語根 i の eti という動詞のもともとの意味「行く」を採られて (静かな場所に)「行って」という意味にされました。これが「慈経」(日本テーラワーダ仏教協会刊) の訳です。ここでは「静かな場所に行って」とします。

sakko は sakka「可能な、出来る」という意味の形容詞の男性、単数、主格です。sakka は sakkoti「出来る、可能である」という動詞の未来受動分詞 (義務分詞) です。

ujū は本来は uju ですが、韻律の関係で ū と伸びています。uju は「正しい、正直の、質直の」という意味の形容詞の男性、単数、主格です。意味は「正しい」です。

ca は接続詞で意味は「また、そして」です。

sūjū は本来は sūju ですが、韻律の関係で ū と伸びています。sūju は su「善い」という意味の接頭辞と uju という単語が合成して出来た単語です。

sūju は「真直の、端直の」という意味の形容詞の男性、単数、主格です。

suvaco は suvaca「善い言葉の、言われやすい、従順の」という意味の形容詞の男性、単数、主格です。suvaca は su という接頭辞と vaca という中性名詞の合成語です。su の意味は「善い、易しい」です。vaca の意味は「語、言葉」です。ところで vaca は中性名詞ですが、suvaca となると、有財釈で形容詞、男性形に変わり (a.m.)「言葉が善い人、話しやすい人、[人の] 言葉によく従う人」となります。ここでは「話しやすい人」「[人の] 言葉によく従う人」という意味がよいと思います。

c'assa は ca と assa の連声です。ca は「そして」の意味の接続詞です。

assa は atthi「ある」という意味の動詞の願望法、第三人称単数です。

意味は「あるように、ありなさい」です。

mudu は「柔らかい、柔和な」という意味の形容詞の男性、単数、主格です。

anatimānī は an + atimānī の合成語です。an は否定の意味の接頭辞です。

atimānī は「高慢な」という形容詞 atimānin の男性、単数、主格です。

an と atimānī と合成させて anatimānī となりますと意味は「高慢でないもの」となります。　訳）[解脱という] 義（意味あること）に（attha）巧みな人が（kusalena）静かな（santaṃ）場所へ（padaṃ）行って（abhisamecca）その（taṃ）為すべき（karaṇīyam）ことは（yan）、[何事も] 有能で（sakko）そして（ca）正しく（ujū）まっすぐで（sūjū）また（ca）[人の] 言葉によく従い（suvaco）そして（c'）柔和で（mudu）高慢でないもので（anatimānī）あるように（assa）。

◆連続体　gerund（ger.）

連続体は「～して」と訳される言葉で、複文の従属節のところで用いられ、主節の動作主と同じ動作主の行為を表します。

連続体は動詞の語根または現在語基に tvā, tvāna, tūna, ya, tya などの縁語がついて出来ています。語根または現在語基との間に i をはさむ場合もあります。ya, tya が付く場合 cca, jja などとなる場合もあります。

例　宝経　第七偈より

Te pattipattā amataṃ vigayha laddhā mudhā nibbutiṃ bhuñjamānā.

Te/ta（人称代名詞. 3.pl.nom.）彼　te は人称代名詞. 第三人称 ta の m. pl.nom. と acc. 第二人称 tvaṃ の sg.dat.gen.instr.abl. がありますが、ここでは前後の文章から考えて、人称代名詞. 第三人称の複数、主格です。

pattipattā ＝ patti ＋ pattā のコンパウンド patti（f. 語基）得達

pattā/patta（a.m.pl.nom.）得た← pāpuṇāti（v.）得る、の pp. pattipatta（a.m.pl.nom.）得達すべきもの（涅槃）を得たもの

amataṃ ＝ a ＋ mataṃ　a（pref.）否定　mata（a.sg.acc.）死んだ、死者← marati（v.）死ぬ、の pp.　amataṃ/amata（n.sg.acc.）不死の

vigayha/vigāhati（v.ger.）潜入する、入って→入って　vigayha は vigāhati（v.）潜入する、入る、の連続体です。

laddhā/labhati（v.ger.）得る→得て laddhā は labhati の連続体です。意味は「得て」です。

mudhā（adv.）ただで mudhā は辞書にのっていませんが、パラマッタジョーティカー第二巻 p272 に「< ただで（mudhā）> とは失費しないで（avyayena）、一銭（kākaṇikā）も失費せずに。」と出ています。

nibbutiṃ/nibbuti（f.sg.acc.）寂滅

bhuñjamānā/bhunjamāna（m.pl.nom.）享受している← buñjati（v）受容する、享受する、食べる、の ppr. bhuñjamāna の語尾 māna は現在分詞の語尾です。

訳）彼等は（te）得達すべきもの（涅槃）を得たものたち（pattipattā）［であり］、不死（涅槃）に（amataṃ）入って（vigayha）、ただで（mudhā）得て（laddhā）、寂滅を（nibbutiṃ）享受しているものたち（bhuñjamānā）［である］。

Sutvāna buddhavacanaṃ, bhikkhu paññāṇavā idha ; so kho naṃ parijānāti, yathābhūtam hi passati.（勝利の経　202 偈）

Sutvāna/suṇāti（v.ger.）聞く→聞いて tvāna は連続体の語尾の表にでていますように、連続体の語尾です。

buddhavacanaṃ ＝ buddha ＋ vacanaṃ のコンパウンド　buddha（m. 語基）仏陀　vacanaṃ/vacana（n.sg.acc.）言葉　buddhavacana（n.sg.acc.）仏陀の言葉

bhikkhu（m.sg.nom.）比丘

paññāṇavā/paññāṇavant（m.sg.nom.）慧を有するもの paññāṇavā の語尾 vā は vant.mant などの ant 語基の単数、主格の語尾です。「増補改訂パーリ語辞典」p384-16.17. 参照

idha（adv.）ここに　**so**（人称代名詞. 3.m.sg.nom.）彼　**kho**（adv.）実に

naṃ/ so（人称代名詞. 3.m.sg.acc.）それ

parijānāti（v.pr.3.sg.）完全に知る　parijānāti の pari は「完全に」という意味の接頭辞です。jānāti は「知る」という動詞です。

yathābhūtam hi ＝ yathābhūtaṃ hi の連声 yathābhūtaṃ（adv.）如実に、あるがままに yathābhūtaṃ はパーリ語文法 p167 にでていますように、コンパウンドの隣近釈です。yathā は「～のように」、bhūtaṃ は bhūta の sg.acc. が adv. になったもので、意味は「真実の如く→如実に、あるがままに」です。

hi（adv.conj.）実に、何となれば　　**passati**（v.pr.3.sg.）見る

訳）仏陀の言葉を（buddhavacanaṃ）聞いて（sutvāna）、智慧ある（paññāṇavā）比丘は（bhikkhu）ここに（idha）、実に（kho）、彼は（so）それ［身体］を（naṃ）完全に知る（parijānāti）。なんとなれば（hi）［彼は］ありのままに（yathābhūtam）観るからである（passati）。

Atha kho aññatarā devatā abhikkantāya rattiyā abhikkantavaṇṇā kevalakappaṃ jetavanaṃ obhāsetvā yena Bhagavā ten'upasaṃkami, upasaṃkamitvā Bhagavantaṃ abhivādetvā ekamantaṃ aṭṭhāsi.（吉祥経の最初の部分より）

Atha（adv.）時に　**kho**（adv.）実に、確かに　**aññatarā**（a.f.sg.nom.）或る

devatā（f.sg. nom.）女神

abhikkantāya/abhikkanta（a.f.sg.instr.）勝れた、超えた← abhikkamati（v.）前進する、近づく、の pp.

rattiyā/ratti（f.sg.instr.）夜 abhikkantāya と rattiyā の語尾の āya, iyā はそれぞれ女性名詞の具格（instr.）の語尾です。

abhikkantavaṇṇā ＝ abhikkanta ＋ vaṇṇā のコンパウンド　abhikkanta（a. 語基）勝れた vaṇṇā（f.sg.nom.）容色の

abhikkantavaṇṇā（f.sg.nom.）勝れた容色の

kevalakappaṃ ＝ kevala ＋ kappaṃ のコンパウンド　kevala（a.）独一の、全部の、完全の

kappaṃ/kappa（m.sg.acc.）時、あまねく　kevalakappa（m.sg.acc.）全面に

jetavanaṃ ＝ jeta ＋ vanaṃ　jeta（m. 語基）ジェータ（太子）

vanaṃ/vana（n.sg.acc.）林、森　jetavana（n.sg.acc.）ジェータ太子の林

obhāsetvā/obhāseti（v.ger.）照らす　tvā は連続体の語尾の表にありますように連続体の語尾です。

yena/ya（関係代名詞. n.sg.instr.）所のもの

Bhagavā/bhagavant（m.sg.nom.）世尊　Bhagavā の vā という語尾は Bhagavant の vant という接尾辞（所有の意味の接尾辞）の単数、主格の語尾です。

ten'upasaṃkami ＝ tena upasaṃkami の連声　tena/ta（指示代名詞. n.sg.instr.）それ

upasaṃkami/upasaṃkamati（v.aor.3.sg.）近づく　upasaṃkami の語尾 i はアオリスト（過去形）の第二人称、三人称、単数の語尾ですが、ここでは三人称単数の語尾です。

upasaṃkamitvā/upasaṃkamati（v.ger.）近づく→近づいて tvā は連続体の語尾の表にありますように連続体の語尾です。

Bhagavantaṃ/bhagavant（m.sg.acc.）世尊　Bhagavantaṃ の語尾 vantaṃ 辞書 p384 の 16.17ant.at 語基の語尾に出ています。

abhivādetvā/abhivādeti（v.ger.）礼拝する→礼拝して　tvā は連続体の語尾の表にありますように連続体の語尾です。

ekamantaṃ ＝ ekaṃ ＋ antaṃ の連声　ekaṃ/eka（num.sg.acc.）一 antaṃ/anta（m.sg. acc.）辺 ekamantaṃ 一方に

aṭṭhāsi/tiṭṭhati（v.aor.3.sg.）立つ　aṭṭhāsi は tiṭṭhati（v.）立つ、のアオ

リストです。原始仏教聖典パーリ語入門のp14にsアオリストとして出ています。またパーリ語文法p110にもアオリスト第三形sアオリストとして出ています。

訳）時に（atha）そこで（kho）ある（aññatarā）勝れた容色の（abhikkantavaṇṇā）女神が（devatā）夜（rattiyā）［半］すぎに（abhikkantāya）ジェータ太子の林を（jetavanaṃ）全面に（kevalakappaṃ）照らして（obhāsetvā）世尊が（Bhagavā）［いらっしゃる］ところに（yena）そこに（ten'）近づきました（upasaṃkami）。近づいて（upasaṃkamitvā）世尊を（Bhagavantaṃ）礼拝して（abhivādetvā）一方に（ekamantaṃ）立ちました（aṭṭhāsi）。

上記の例で解るように連続体は勝れた容色の女神が（devatā）全面に照らして（obhāsetvā）世尊がいらっしゃるところに近づきました（upasaṃkami）。女神が（devatā）が主語でその女神が照らして（obhāsetvā）近づきました（upasaṃkami）という「照らして」が連続体になって、そこまでが従属節になっていて、次に主文の近づきました（upasaṃkami）が来ます。このように連続体は〜して、〜する、の「〜して」のところで使われます。

◆不定体　infinitive(inf.)

不定体は動詞の語根または現在語基にiを加えて、またはそのままで縁語tuṃ, tu, tave, tuye, tāyeなどをつけて作ります。意味は「〜すべく」「〜することができる」「〜するため」「〜すべき」などとなります。

p131 ①不定体

不定体は目的、必要、可能、適当、希望、欲求などを表す場合に用いられる語で、目的、必要の意味のattha(m.n.義、目的、必要)、可能の意味のsamattha(a.可能な、できる、強力な)sakkoti(v.出来る、可能である)、pahoti(v.生ずる、出来る、可能である)、labbhati(v.得られる、出来る、可能である)、ussahati(v.できる、適する)、bhabba(a.可能の、出来る)、paṭibala(a.有能の、可能な)、不可能の意味のalattha(a.得ない、不可能な)、abhabba (a.不可能の、不能の)、適当の意味の arahati(v.価値ある、値する、〜に相応する)、vaṭṭati(v.適当である、正しい、よろしい)、yutta(a.適当な、相応した)、anucchavika(v.適当な、相応の)、不適当の意味の ayutta(a.不適当な、相応しない)、希望の意味の icchati(v.欲する、求める)、paṭibhāti(v.現れる、明らかになる、見える、思える、〜したい)、開始の意味の ārabhati((v.始める、出発する、励む) などの語と一緒に使われたり、不定体そのものだけで使われたりします。

例　ダンマパダ　第196偈

Te tādise pūjayato nibbute akutobhaye na sakkā puññaṃ saṃkhātuṃ im'ettam api kenaci.

Te(人称代名詞. 3.m.pl.acc.) 彼　tādise/tādisa(a.m.pl.acc.) その如き、そのような

pūjayato/pūjayant(a.m.sg.gen.) 供養しつつある者、供養している者 ← pūjayati = pūjeti(v.) 供養する、の ppr.

nibbute/nibbuta(a.m.pl.acc.) 涅槃に達した、寂滅した

akutobhaye = a + kuto + bhaye　a(pref.) 否定　kuto(adv.) 何処から、何故に　bhaye/bhaya(m.) 畏怖、恐怖　akutobhaya(a.m.pl.acc.) どこからも恐れのない人、何ものも恐れない人　na(adv.) 否定

sakkā/sakkoti(v.opt.3.sg.) 出来る、可能である→出来るだろう

puññaṃ/puñña(n.sg.acc.) 功徳、善

saṃkhātuṃ/saṃkhāyati(v.inf.) 数える、量る→数えることが出来る

im'ettam api = imaṃ + etta + m(挿入) + api の連声　imaṃ(指示代名詞. n.sg.acc.) これ

etta(adv.) ここに api(indecl.) また、もまた、おそらく、いえども

kenaci/kaci(疑問代名詞. n.sg.instr.) 何か

訳) 涅槃に達した (nibbute) 恐れがどこにもないものたち (akutobhaye)、そのような (tādise) 彼等を (te) 供養している者の (pūjayato) この (imaṃ) 功徳を (puññaṃ) いかなる者であろうとも

（kenaci）（api）ここに（etta）［これこれと］計り数えることが（saṃkhātuṃ）出来ないであろう（na sakkā）。

ここではsaṃkhātuṃが不定体です。p170で書いたsakkotiのopt. sakkāと共に使われており、「計り数えることができる」の意味です。

例　ダンマパダ　第230偈

Nekkhaṃ jambonadasseva, ko taṃ ninditum arahati, devā pi naṃ pasaṃsanti, Brahumnā pi pasaṃsito.

Nekkhaṃ/nekkha（m.sg.acc.）胸または頸の金属製の装飾品、首飾、金環※

jambonadasseva ＝ jambonadassa ＋ ivaの連声 jambonadassa/jambonada（m.sg. gen.）ジャンブー河産の金　iva（indecl）～のように

ko/ka（疑問代名詞. m.sg.nom.）誰　**taṃ**/ta（人称代名詞. 3.m.sg.acc.）彼

ninditum arahati ＝ ninditum ＋ arahatiの連声 ninditum/nindati（v.inf.）非難する

arahati（v.pr.3.sg.）価値ある、価する

devā/deva（m.pl.nom.）天　　**pi** ＝ api（indecl.）～もまた、いえども

naṃ/ta（人称代名詞. 3.m.sg.acc.）彼　**pasaṃsanti**/pasaṃsati（v.pr.3.pl.）賞賛する

Brahumnā/brahumā（m.sg.instr.）梵天

pasaṃsito/pasaṃsita（a.m.sg.nom.）賞賛された← pasaṃsati（v.）賞賛する、のpp.

訳）ジャンブー河の金［で作った］（jambonadassa）金貨（nekkhaṃ）のような（va）彼を（taṃ）誰が（ko）非難し得るのだろう（ninditum arahati）（誰も非難し得ない）。天たち（devā）でさえも（pi）彼を（naṃ）賞賛する（pasaṃsanti）。梵天によっても（brahumnā）また（pi）賞賛される（pasaṃsito）。

ここではninditumが不定体です。p222で書いたarahati（v. 価値ある、値する、～に相応する）と共に使われており、arahatiも意味に入れる

と「非難することに（ninditum̩）ふさわしい（arahati）のだろうか。いや非難するにふさわしいことはない。（いや非難し得ない）」という意味です。

※ nekkha：特に金貨として使用されるものを総称していう。15suvaṇṇa に相当する金貨を nekkha という。

yam̩ panāniccam̩ dukkham̩ vipariṇāmadhammam̩, kallam̩ nu tam̩ samanupassitum̩ "etam̩ mama esohamasmi, eso me attā" ti.（**無我相経より**）

yam̩/ya（関係代名詞. n.sg.acc.）所のもの

panāniccam̩ = pana + aniccam̩ の連声　pana（adv.）しからば

aniccam̩/anicca（a.n.sg.acc.）無常

dukkham̩/dukkha（a.n.sg.acc.）苦しみ

vipariṇāmadhammam̩ = vipariṇāma + dhammam̩ のコンパウンド

vipariṇāma（m. 語基）転変、変易　dhammam̩/dhamma（a.m.sg.acc.）法、性質

vipariṇāmadhamma（m.sg.acc.）変化する性質のもの

kallam̩/kalla（a.n.sg.nom.）善い、正しい　nu（adv.）～かどうか

tam̩/ta（人称代名詞. 3.n.sg.acc.）それ

samanupassitum̩/samanupassati（v.inf.）見る、認める、見なす、考える→見ることが出来る

etam̩/etad（指示代名詞. n.sg.nom.）これ　**mama**/aham̩（人称代名詞. 1.sg.gen.）私

esohamasmi = eso + aham̩ + asmi の連声　eso/etad（指示代名詞. m.sg.nom.）これ

aham̩（人称代名詞. 1.sg.nom.）私　asmi/atthi（v.pr.1.sg.）ある

me/aham̩（人称代名詞. 1.sg.gen.）私　**attā**/attan（m.sg.nom.）自己、我

ti（indecl.）と、～と言って、～とて

訳）しからば（pana）無常であり（aniccam̩）苦であり（dukkham̩）変化する性質の（vipariṇāmadhammam̩）ものを（yam̩）、それを（tam̩）

「これは（etaṃ）私のものである（mama）。これは（eso）私（aham）である（asmi）。これは（eso）私の（me）我である（attā）。」と（ti）見ることが（samanupassituṃ）正しいか（kallaṃ）どうですか（nu）と。

ここでは samanupassituṃ が不定体です。「見ることが出来る」という意味を含んでいます。

また宝経第10偈 kātuṃ も不定体です。ababba と共に使われて「為すことが出来ない」という意味です。ここでは ababbo が「不可能な」ですから ababbo kātuṃ で「為すことは不可能である」という意味になります。

第六章　構文法

パーリ語文法 p158 ②命令文の主語は省略されることが多い。省略された語は（　）に入れる。

yena dvārena(so)icchati, tena dvārena(so)gacchatu.

yena/ya(関係代名詞. n.sg.insr.) 所のもの　**dvārena**/dvāra(n.sg.instr.) 門

(so) は省略　　　**icchati**(v.pr.3.sg.) 望む、求める

tena/ta(人称代名詞. 3.n.sg.instr.) それ　**gacchatu**/gacchati(v.imper.3.sg.) 行く

訳）[彼が（so)] 欲する（icchati）ところの（yena）門から（dvārena)、その（tena）門から（dvārena）[彼を（so)] 行かしめよ（gacchatu)。

ここで［彼を（so)］となって so が対格のように見えますが、本来の文章は［彼が（so)］行きなさい（gacchatu）です。

sīghaṃ(tvaṃ)pesehi taṃ mātu-santike.

sīghaṃ/sīgha(a.m.sg.acc.) 速なる（adv.）速やかに

tvaṃ(人称代名詞. 2.sg.nom.) あなたは　**pesehi**/peseti(v.imper.2.sg.) 送る、遣わす

taṃ(人称代名詞. 3.sg.acc.) 彼

mātu-santike = mātu + santike のコンパウンド mātu/mātar(f. 語基) 母 santike/santika(n. sg.loc.) 付近、面前

訳）[あなたは（tvaṃ)] 急いで（sīghaṃ）彼を（taṃ）母の許に（mātu-santike）遣わしなさい（pesehi)。

③主語が第一人称、第二人称の代名詞の場合、又は前の文章の続きで主語なしでも判る場合、主語を省略することがある。

(ahaṃ) gacchāmi　　gacchāmi/gacchati (v.pr.1.sg.) 行く

訳)［私は (ahaṃ)］行く (gacchāmi)

(tvaṃ) āgacchasi　　āgacchasi/āgacchati (v.pr.2.sg.) 来る

訳)［あなたは (tvaṃ)］来る (āgacchasi)。

④主語が漠然としている文章では主語を略する。

na tena (so) paṇḍito hoti yāvatā (naro) bahu bhāsati.

na (adv.) 否定　　tena/ta (人称代名詞. 3.m.sg.instr.) それ

so/ta (人称代名詞. 3.m.sg.nom.) 彼　paṇḍito/paṇḍita (a.m.sg.nom.) 賢者

hoti (v.pr.3.sg.) ある　　yāvatā (adv.) 所のそれだけで、である限り

naro/nara (m.sg.nom.) 人々　bahu※ = bahuṃ (a.m.sg.acc.) 多くの

bhāsati (v.pr.3.sg.) 語る、話す

訳)［人が (naro)］多くを (bahu) 語る (bhāsati) からといって、それだけで (yāvatā) それによって (tena)［彼は (so)］賢者 (paṇḍito) では (hoti) ない (na)。

※ bahu：本来 bahuṃ であったが bhāsati の b という子音の前だから ṃ は消失した。

siyā tumhākaṃ evaṃ (mataṃ) assa.

siyā/atthi (v.opt.3.sg.) ある

tumhākaṃ/tvaṃ (人称代名詞. 2.pl.acc.) あなた→あなた方に

evaṃ (adv.) このように

mataṃ/mata (a.n.sg.nom.) 考え、思い← maññati (v.) 思う、考える、の pp.

assa/atthi (v.opt.2.3.sg.) ある

訳) あなた方に (tumhākaṃ) このような (evaṃ)［考えが (mataṃ)］あろうやも (assa) 知れぬだろう (siyā)。

⑤述語が名詞形の時には、これに附する動詞 as「ある」bhū「ある」はしばし

ば省略される。

lobho akusala-mūlaṃ(hoti).

lobho/lobha(m.sg.nom.) 貪　**akusala**(a. 語基) 不善の　**mūlaṃ**/mūla (n.sg.nom.) 根

訳) 貪は (lobho) 不善 (akusala) 根 (mūlaṃ) [である (hoti)]。

vāṇijo so(hoti), na(atthi)brāhmaṇo.

vāṇijo/vāṇija(m.sg.nom.) 商人　**so** (人称代名詞. 3.m.sg.nom.) 彼

hoti(v.pr.3.sg.) ある　**na**(adv.) 否定

atthi(v.pr.3.sg.) ある　**brāhmaṇo**/brāhmaṇa(m.sg.nom.) 婆羅門.

訳) 彼は (so) 商人 (vāṇijo) [である (hoti)]。婆羅門 (brāhmaṇo) [である (atthi)] ではない (na)。

⑥過去分詞によって過去時を示す時には助動詞としての動詞 as「ある」、bhū「ある」を略すことが多い。

idāni pañca-mattāni sakaṭasatāni atikkantāni(honti).

idāni(indecl.adv.) 今　**pañca**(num.) 五　**mattāni**/matta(a.) 程度の

sakaṭasatāni = sakaṭa + satāni のコンパウンド sakata(n.) 車 satāni/sata(n.pl.nom.) 百

atikkantāni(a.n.pl.nom.) 過ぎたる　**honti**/hoti(v.pr.3.pl.) ある

訳) 今 (idāni) 五 (pañca) 百 (satāni) 程の (mattāni) 車が (sakaṭa) 過ぎ去った (atikkantāni) [のである (honti)]。

⑦パーリ語では構文の部分の位置に関しては一定の規則がない。

aniccā vata saṅkhārā.

aniccā/anicca(a.m.pl.nom.) 無常の　**vata**(adv.) 実に

saṅkhārā/saṅkhāra(m.pl.nom.) 行

訳) 諸行は (saṅkhārā) 実に (vata) 無常である (aniccā)。

tesaṃ vūpasamo sukho.

tesaṃ/ta（人称代名詞. m.pl.gen.）それ　**vūpasamo**/vūpasama（m.sg.nom.）寂静

sukho/sukha（m.sg.nom.）幸福

訳）それらの（tesaṃ）寂滅は（vūpasamo）楽（sukho）［である］。

⑧主語や述語を修飾する形容詞、副詞等は、主として夫々主語や述語よりも前へ置かれる。

tadā tasmiṃ gāme cattāro purisā mahantaṃ rukkhaṃ sīghaṃ chindiṃsu.

tadā（adv.）その時　　**tasmiṃ**/ta（人称代名詞. m.sg.loc.）それ

gāme/gāma（m.sg.loc.）村　　**cattāro**/catu（num.nom.）四

purisā/purisa（m.pl.nom.）男　**mahantaṃ**/mahanta（a.m.sg.acc.）大いなる

rukkhaṃ/rukkha（m.sg.acc.）樹　**sīghaṃ**/sīgha（a.m.sg.acc.）速なる、急に

chindiṃsu/chindati（v.aor.3.pl.）切る、切断する

訳）その時（tadā）その（tasmiṃ）村における（gāme）四人の（cattāro）男たちは（purisā）大きな（mahantaṃ）樹を（rukkhaṃ）急ぎ（sīghaṃ）伐った（chindiṃsu）。

⑨称呼は文章の最初に置かれます。ただし例外もあります。

āvuso, imaṃ temāsaṃ katīhi iriyāpathehi vītināmessatha.

āvuso（pl.voc.）友よ　　**imaṃ**（指示代名詞）

temāsaṃ = te + māsaṃ　te（num.）三　māsaṃ/māsa（m.sg.acc.）月

katīhi/kati（indecl.pron.m.pl.instr.）いくら、どれだけの（数）

iriyāpathehi = iriyā + pathehi のコンパウンド　iriyā（f.）行動、威儀

pathehi/patha（m.pl.instr.）道路

vītināmessatha※ /vītināmeti（v.fut.2.pl.）時を過ごす、暮らす

訳）友よ（āvuso）この（imaṃ）三か月間を（temāsaṃ）どのような（katīhi）威儀の路によって（iriyāpathehi）暮らそうとするのであろうか（vītināmessatha）。

※ vītināmessatha で語尾の essatha が全く解りません。パーリ語辞典の曲用、活用等の語尾表でも essatha は見つかりません。そこで tha の部分を見ますと、p422tha の 2 に fut.2pl に karissatha（作すであろう）gamissatha（行くであろう）とあります。vītināmessatha は vītināmeti（v.）時をすごす、暮らす、の未来形二人称複数ではないかと見当をつけます。未来形は deseti などのように ti の前が e の動詞は未来形は essa という縁語がつくことになりますので、vītināmessatha は vītināmeti の未来形二人称複数であるとわかります。

dve'me, bhikkhave, antā pabbajitena na sevitabbā.（転法輪経より）

dve'me ＝ dve ＋ ime の連声　　dve（num.）二

ime/imaṃ（指示代名詞. m.pl.nom.）これ

bhikkhave/bhikkhu（m.pl.voc.）比丘　　**antā**/anta（m.pl.nom.）極端

pabbajitena/pabbajita（m.sg.instr.）出家　　**na**（adv.）否定

sevitabbā/sevitabba（a.m.pl.nom.）親しむべき← sevati（v.）仕える、親近する、の grd.

訳）比丘たちよ（bhikkhave）、これら（'me）二つの（dve）極端は（antā）出家者によって（pabbajitena）親しく行われるべき（sevitabbā）ではありません（na）。

⑩副詞、代名詞等による疑問語は文章の最初に置かれる。

kiṃ kathesi ?　kiṃ（疑問代名詞. n.sg.acc.）何　**kathesi**/katheti（v. pr.2.sg.）説く、語る

訳）［あなたは］何を（kiṃ）語るのか（kathesi）

ap'āvuso, amhākaṃ satthāraṃ jānāsi.

ap'āvuso ＝ api ＋ āvuso の連声 api（indecl.）〜もまた、恐らく、いえども

āvuso（pl.voc.）友よ

amhākaṃ/ahaṃ（人称代名詞. 1.pl.gen.）私　satthāraṃ/satthar（m.sg.acc.）師

jānāsi/jānāti（v.pr.2.sg.）知る

訳）友よ（āvuso）おそらく（ap'）［君は］私たちの（amhākaṃ）師を（satthāraṃ）知っている（jānāsi）であろうか。

kuhiṃ yāsi, upāsaka

kuhiṃ（adv.）どこに　yāsi/yāti（v.pr.2.sg.）行く　upāsaka（m.sg.voc.）優婆塞

訳）優婆塞よ（upsaka）、［あなたは］どこに（kuhiṃ）行きますか（yāsi）。

kasmā so sappo etaṃ na dasi ?

kasmā/ka（疑問代名詞. m.sg.abl.）何→何故に、誰より

so/ta（人称代名詞. m.sg.nom.）彼　　sappo/sappa（m.）蛇

etaṃ/etad（指示代名詞. m.sg.acc.）これ　　na（adv.）否定

dasi ＝ ḍasi ※ /ḍasati（v.aor.3.sg.）かむ　ḍasati ＝ ḍaṃsati　※ ḍasi の d の下点は必要

訳）何故に（kasmā）その（so）蛇は（sappo）この（etaṃ）［人を］噛ま（ḍasi）なかったのか（na）？

⑪疑問語のない疑問文では疑問の動詞が最初に置かれる。

passatha nu tumhe, bhikkhave, mahantaṃ aggikkhandhaṃ.

passatha/passati（v.pr.2.pl.）見る　　nu（adv.）〜かどうか

tumhe/tvaṃ（人称代名詞. 2.pl.nom.）あなた

bhikkhave/bhikkhu（m.pl.voc.）比丘　mahantaṃ/mahant（a.m.sg.acc.）

大いなる

aggikkhandhaṃ = aggi + k + khandhaṃ のコンパウンド　aggi（m. 語基）火

khandhaṃ/khandha（m.sg.acc.）蘊、あつまり

訳）比丘たちよ（bhikkhave）あなた方は（tuṃhe）大火聚を（mahantaṃaggikkhandhaṃ）見るか（passatha）どうか（nu）。

⑫命令文では命令の動詞が最初に置かれる。

desetu bhagavā dhammaṃ.

desetu/deseti（v.imper.3.sg.）示す、説く　**bhagavā**/bhagavant（m.sg.nom.）世尊

dhammaṃ/dhamma（m.sg.acc.）法

訳）世尊は（bhagavā）法を（dhammaṃ）お説きください（desetu）。

⑬肯定語は文章の最初に置かれる。

āma, samma, idānāhaṃ vihāraṃ gantvā theraṃ disvā āgato'mhi.

āma（indecl.）然り、よろしい、諾　　**samma**（interj.）友よ

idānāhaṃ = idāni + ahaṃ の連声　idāni（adv.）今　ahaṃ（人称代名詞.1.sg.nom.）私

vihāraṃ/vihāra（m.sg.acc.）精舎　**gantvā**/gacchati（v.ger.）行く→行って

theraṃ/thera（m.sg.acc.）長老　**disvā**/dissati（v.ger.）見る、認める、会見する

āgato'mhi = āgato + amhi の連声　āgato/āgata（a.m.sg.nom.）来れる←āgacchati（v.）来る、近づく、の pp.　amhi/atthi（v.pr.1.sg.）ある

訳）然り（āma）友よ（samma）、今（idāni）私は（ahaṃ）精舎に（vihāraṃ）行って（gantvā）長老に（theraṃ）お会いして（disvā）もどって来た（āgato）のである（'mhi）。

⑭仮定や条件を示す sace, yadi「もし」等の語は文章の最初に置かれる。ただし ce「もし」の語は最初に来ることはない。

sac'āhaṃ gehaṃ gamissāmi, sāmiko te kuhin ti pucchissanti.

sac'āhaṃ = sace + ahaṃ の連声　sace (conj.) もし　ahaṃ (人称代名詞. 1.sg.nom.) 私

gehaṃ/gaha (n.sg.acc.) 家　**gamissāmi**/gacchati (v.fut.1.sg.) 行く

sāmiko/sāmika (m.sg.nom.) 所有者、主人　**te**/tvaṃ (人称代名詞. 2.sg.gen.) あなた

kuhin (adv.) どこに　**ti** (indecl.) ～と

pucchissanti/pucchati (v.fut.3.pl.) 問う、質問する、尋ねる

訳）もし（sac'）私が（ahaṃ）家に（gehaṃ）行くであろうならば（gamissāmi）あなたの（te）御主人は（sāmiko）どこに（kuhin）［おられるか］と（ti）［人々は私に］問うであろう（pucchissanti）。

yadi pana me parājayo bhaveyya, matam me jīvitā seyyo.

yadi (conj.) もし　**pana** (adv.) また、然し、然らば

me/ahaṃ (人称代名詞. 1.sg.gen.) 私　**parājayo**/parājaya (m.sg.nom.) 敗北、負け

bhaveyya/bhavati (v.opt.3.sg.) ある　**matam me** = mataṃ + me の連声

mataṃ/mata (a.n.sg.nom.) 死んだ、死者← marati (v.) 死ぬ、の pp.

me/ahaṃ (人称代名詞. 1.sg.gen.)

jīvitā/jīvita (a.m.sg.abl.) 生命、命、生、寿命← jīvati (v.) 生きる、の pp.

seyyo/seyya (a.m.sg.nom.) より良い、より勝れた

訳）しかし（pana）もし（yadi）私にとって（me）敗北が（parājayo）あるとすれば（bhaveyya）私には（me）生よりも（jīvitā）死が（mataṃ）より良い（seyyo）。

pāpañ ce puriso kayirā, na taṃ kayrā punappunaṃ.

pāpañ ce = pāpaṃ + ce の連声　pāpaṃ/pāpa (a.n.sg.acc.) 悪い、悪人、悪

ce (conj.) もし　puriso/purisa (m.sg.nom.) 人　kayirā/karoti (v.. opt.3.sg.) 為す

na (adv.) 否定　taṃ/ta (人称代名詞. 3.sg.acc.) それ

punappunaṃ (adv.) 再三再四

訳）もし（ce）人が（puriso）［一度］悪を（pāpañ）為すとしても（kayirā）それを（taṃ）再三再四（punappunaṃ）為すべき（kayrā）ではない（na）。

⑮禁止語 mā は多く文章の最初に置く。また否定語 na も文章の最初に来ることがある。

⑯一文中に多くの主語と人称とが用いられる場合には、その列挙の順序は第三人称、第二人称、第一人称とし、またそれらが一つの述語動詞を有する場合には、この動詞は最後に置かれた人称の複数形をとる。

so ca tvañ ca ahañ ca gāmaṃ gacchāma.

so/ta (人称代名詞. 3.m.sg.nom.) 彼　ca (conj.) そして

tvañ ca = tvaṃ + ca の連声　tvaṃ (人称代名詞. 2.sg.nom.) あなた

ahañca = ahaṃ + ca の連声　ahaṃ (人称代名詞. 1.sg.nom.) 私

gāmaṃ/gāma (m.sg.acc.) 村　gacchāma/gacchati (v.pr.1.pl.) 行く

訳）彼（so）と（ca）君（tvañ）と（ca）私（ahañ）とは（ca）村に（gāmaṃ）行く（gacchāma）。

ここでは so、tvaṃ、ahaṃ と三つの主語がありますが、動詞 gacchāma「私たちは行く」は、その最後の ahaṃ の人称である第一人称の複数形となっています。

te ca tumhe ca nadiyaṃ nahāyatha.

te/ta（人称代名詞. m.pl.nom.）彼　　　ca（conj.）そして

tumhe/tvaṃ（人称代名詞. 2.pl.nom.）あなた　nadiyaṃ/nadī（f.sg.loc.）河

nahāyatha/nahāyati（v.pr.2.pl.）浴する、沐浴する、洗浴する

訳）彼等（te）と（ca）君等（tumhe）とは（ca）河において（nadiyaṃ）浴する（nahāyatha）

ここでは te と tumhe の二つの主語がありますが、動詞 nahāyatha はその最後の tumhe の人称である第二人称の複数となっています。

⑰主語が単数であれば、これに saha, saddhiṃ, samaṃ「共に」「一緒に」等の語による副詞句を伴い、あるいは伴うことなく、多くの人々が同一行動をなすことを示す場合にもその行動を示す動詞は単数となる。

rājā saha parisāya uyyānaṃ agami.

rājā/rājan（m.sg.nom.）王　　　**saha**（prep.pref）共に、倶に

parisāya/parisā（f.sg.instr.）衆会

uyyānaṃ/uyyāna（n.sg.acc.）園、庭園　**agami**/gacchati（v.aor.3.sg.）行く

訳）王は（rājā）群臣と（parisāya）共に（saha）庭園に（uyyānaṃ）行った（agami）。

王（rājā）と衆（parisāya）で複数だが、動詞「行った」（agami）は単数となっています。

ajjāhaṃ pañcahi bhikkhusatehi saddhiṃ vihāre yeva nisīdissāmi.

ajjāhaṃ ＝ ajja ＋ ahaṃ の連声　ajja（adv.）今日、今　ahaṃ（人称代名詞. 1.sg.nom.）私

pañcahi/pañca（num.instr.）五

bhikkhusatehi ＝ bhikku ＋ satehi のコンパウンド　bhikkhu（m. 語基）比丘

satehi/sata（num.pl.instr.）百　pañcahi bhikkhusatehi →五百人の比丘

たち

saddhiṃ(adv.) 共に、一緒に　**vihāre**/vihāra(m.sg.loc.) 精舎

yeva(adv.) まさに、だけ　**nisīdissāmi**/nisīdati(v.fut.1.sg.) 坐る→坐るであろう

訳) 今日 (ajja) 私は (ahaṃ) 五百人の比丘たちと (pañcahi bhikkhusatehi) 共に (saddhiṃ) 精舎において (vihāre) まさに (yeva) 坐るであろう (nisīdissāmi)。

satthā Ānandattherena pacchāsamaṇena piṇḍāya cari.

satthā/satthar(m.sg.nom.) 師

Ānandattherena = Ānanda + t + therena のコンパウンド　Ānanda (m. 語基) アーナンダ

therena/thera(m.sg.instr.) 長老

pacchāsamaṇena/pacchāsamaṇa(m.sg.instr.) 随従沙門 pacchā(adv.) 後に

samaṇena/samaṇa(m.sg.instr.) 沙門

piṇḍāya/piṇḍa(m.sg.dat.) 団食 piṇḍāya →托鉢のために

cari/carati(v.aor.3.sg.) 行く、歩く

訳) 師は (satthā) アーナンダ長老を (Ānandattherena) 随従沙門として (pacchāsamaṇena) 托鉢のために (piṇḍāya) 歩かれた (cari)。

⑱主語が集合名詞の時には述語動詞は単数形をとる。

tesu gacchantesu Sañjayassa parisā bhijji.

tesu/ta(人称代名詞. m.pl.loc.) 彼

gacchantesu/gacchant(a.m.pl.loc.) 行きつつある、去りつつある ← gacchati(v.) 行く、の ppr.　**Sañjayassa**/Sañjaya(m.sg.gen.) サンジャヤ

parisā(f.sg.nom.) 衆、会衆　**bhijji**/bhijjati(v.aor.3.sg.) 破れる、こわれる

訳）彼等が（tesu）去りつつある時（gacchantesu）サンジャヤの（sañjayassa）徒衆は（parisā）分裂した（bhijji）。

ここではparisāは「衆」という意味の集合名詞ですからbhijjiという動詞も三人称の単数形となっています。

ここでtesu gacchantesuはtesuが普通の代名詞の複数loc.でgacchantesuは現在分詞の複数loc.ですので、tesu gacchantesuの独立処格と見ることが出来ます。訳は「彼等が（tesu）去りつつある時（gacchantesu）」となります。

rañño Udenassa orodho yen'āyasmā Ānando ten'upasaṅkami.

rañño/rājan(m.sg.gen.) 王　**Udenassa**/Udena(m.sg.gen.) ウデーナ

orodho/orodha(m.sg.nom.) 内宮

yen'āyasmā = yena + āyasmāの連声　yena/ya(関係代名詞m.sg.instr.) 所のもの

Ānando/Ānanda(m.sg.nom.) アーナンダ

ten'upasaṅkami = tena + upasaṅkamiの連声　tena/ta(人称代名詞.3.m.sg.instr.) 彼　upasaṅkami/upasaṅkamati(v.aor.3.sg.) 近づく

訳）ウデーナ（Udenassa）王の（rañño）内宮の（orodho）［女達は］尊者（āyasmā）アーナンダの（Ānando）いる所に（yen'）そこに（ten'）近づいた（upasaṅkami）。

⑳「〜ではないか」という否定的質問に対する答えは、若しそれが〜でない場合には、パーリ語では日本語の場合と同じく「然り」と答え、英語等の如く「然らず」とはいわない。

na si rājabhaṭo ?　āma bhante.

na(adv.) 否定　**si**※ /asi(v.pr.2.sg.) ある

rājabhaṭo = rāja + bhaṭoのコンパウンド　rāja(m.語基) 王

bhaṭo/bhaṭa(m.sg.nom.) 下僕、傭人

āma(indecl.) 然り、よろしい　**bhante**/bhavant(m.sg.voc.) 尊者→尊者

よ

訳）［あなたは］王の傭兵（rājabhaṇṭo）ではないのか（na si）？　尊い方よ（bhante）そのとおりです（āma）。→傭兵ではありません。

si は atthi の現在形第二人称単数で「あなたは～である」という意味です。

第七章　六合釈（りくがっしゃく）

六合釈とはcha samāsāというパーリ語の漢訳です。chaは数詞の六、samāsāはsamāsa「結合」という意味の男性名詞の複数主格であり、それを六合釈と訳しました。その日本語読みが「リクガッシャク」です。

パーリ語では名詞などの言葉と言葉が合成して一つの言葉になることがあります（合成語＝コンパウンド）。その言葉の合成の仕方が六種類あります。複数の言葉が合成するとき、最後の言葉は曲用して意味がはっきりしますが、最後の言葉のひとつ前の言葉までは語基のままで曲用しないので意味がはっきりしません。それでどのように理解すればその合成語の意味をより明確にとらえられるかをこの六合釈で学んでいきます。

六合釈

㈠持業釈（形容詞＋名詞形）
㈡帯数釈（数詞＋名詞形）
㈢依主釈（名詞形＋名詞形）
㈣相違釈（名詞形の列挙）
㈤隣近釈（副詞形）
㈥有財釈（名詞の形容詞化―性の変化）

㈠持業釈（じごうしゃく）

パーリ語文法 p162 ③持業釈とは二語の合成において一つが他を形容する場合と、二つが同格となる場合を指す。

④前語が後語の形容詞となる場合。

nīlaṃ ＋ uppalaṃ ＝ nīluppalaṃ

nīlaṃ/nīla（a.n.sg.nom.）青、藍　　uppalaṃ/uppala（n.m.sg.nom.）青蓮

nīluppalaṃ ＝ nīlaṃ ＋ uppalaṃ 連声にしてコンパウンド

nīluppalaṃ/nīluppala（n.sg.nom.） 青き蓮→青き蓮は

dīgho ＋ maggo ＝ dīgha − maggo

dīgho/dīgha（a.m.sg.nom.） 長き、長い　**maggo**/magga（m.sg.nom.） 道

dīghamaggo/dīghamagga（m.sg.nom.） 長い道→長い道は

puṇṇā ＋ nadī ＝ puṇṇanadī

puṇṇā/puṇṇa（a.） 充満せる、充たされた、が nadī にあわせて女性名詞になっています。**nadī**（f.sg.nom.） 河　**puṇṇanadī**（f.sg.nom.） 満水せる河→満水せる河は

ここでは puṇṇā はコンパウンドになる女性語基であるが、前語に来ているので男性語基 puṇṇa となっています。（パーリ語文法 p163 ⑧参照）

asubhā ＋ saññā ＝ asubhasaññā

asubhā/asubha（a.） 不浄の　a は否定の接頭辞 subha は「清浄」の意味の形容詞。ここでは saññā にあわせて subha の女性名詞 subhā となっています。

saññā（f.sg.nom.） 想　　　**asubhasaññā**（f.sg.nom.） 不浄の想

ここの asubhā は女性語基となっていますが、saññā とコンパウンドになり、asubhā は前語であり、saññā は後語となって前語の asubhā は男性語基 asubha となっています。

⑤前後の両語が同格の場合。主として主体が前語となり、後語は従位に立つ。

vinayaṃ ＋ piṭakaṃ ＝ vinayapiṭakaṃ

vinayaṃ/vinaya（m.→ n.sg.nom.） 律　**piṭakaṃ**/piṭaka（n.sg.nom.） かご、蔵

vinayapiṭakaṃ（n.sg.nom.） 律蔵

ここで vinaya は男性名詞ですが piṭaka が中性名詞なので、それにあ

わせて vinaya も中性名詞の曲用をしています。

Sāriputto + thero = Sāriputtatthero

Sāriputto/sāriputta（m.sg.nom.）サーリプッタ　**thero**/thera（m.sg.nom.）長老

Sāriputtathero/Sāriputtatthera（m.sg.nom.）サーリプッタ長老

Visākhā + upāsikā = visākhopāsikā

Visākhā（f.sg.nom.）ヴィサーカー　**upāsikā**（f.sg.nom.）在俗の女性信者

Visākhopāsikā（f.sg.nom.）ヴィサーカー信女

Visākhā の最後の ā と upāsikā の u が連声して o となっています。

⑥時には形容詞が後に置かれる。

nāgo viya buddho = buddhanāgo

nāgo/nāga（m.sg.nom.）龍、象　**viya**（indecl.adv.）～の如く、～のように = iva, va

buddho/buddha（m.sg.nom.）仏陀

buddhanāgo/buddhanāga（m.sg.nom.）竜象の如き仏陀、仏竜象

cando viya mukhaṃ = mukhacando

cando/canda（m.sg.nom.）月、月天　**viya**（indecl.adv.）～の如く、～のように

mukhaṃ/mukha（n.sg.nom.）口、顔

mukhacando/mukacanda（m.sg.nom.）月の如き顔、面月

usabho viya puriso = purisusabho

usabho/usabha（m.sg.nom.）牡牛、牛王　**viya**（indecl.adv.）～の如く、～のように

puriso/purisa（m.sg.nom.）　男、　人　**purisusabho**/purisusabha（m.

sg.nom.）牛王の如き人、牛王

⑦前語の形容詞 mahant「大いなる」のコンパウンドにおける変化

mahanto + muni = mahā-muni

mahanto/mahant（m.sg.nom.）大いなる　**muni**（m.sg.nom.）牟尼

mahā-muni（m.sg.nom.）大牟尼

mahanto は muni が男性主格単数なので、男性主格単数となっています。

mahatī + paṭhavī = mahāpaṭavī

mahatī/mahant（m. → f.sg.nom.）大いなる　**paṭhavī**（f.sg.nom.）大地

mahāpaṭhavī（f.sg.nom.）大地

mahatī は mahant の f.sg.nom.。paṭhavī に合わせて f. になっています。

mahantaṃ + bhayaṃ = mahābhayaṃ

mahantaṃ/mahant（n.sg.nom.）大いなる　**bhayaṃ**/bhaya（n.sg.nom.）怖、怖畏、恐怖

mahābhayaṃ/mahābhaya（n.sg.nom.）怖畏

mahantaṃ は bhayaṃ にあわせて n. になっています。

増補改訂パーリ語辞典より mahant のコンパウンドの例

mahadhana = mahant + dhana のコンパウンド

mahadhana（a.n.）大富の、大財の　**mahant**（a. 語基）大いなる

dhana（n. 語基）財、富

ここでは mahant は maha となって dhana とコンパウンドになっています。

mahāaggikkhandha = mahant + aggi + k + khandha のコンパウンド

mahāaggikkhandha（m.）大火聚　**mahant**（a. 語基）大いなる　**aggi**（m. 語基）火

khandha（m. 語基）蘊、あつまり

mahiccha = mahant + iccha のコンパウンド

mahiccha（a.）多欲者、大欲者　**mahant**（a. 語基）大いなる　**iccha**（a.）～を欲せる、～を欲求する

iccha が i ではじまっているので mahant が i と連声して mahiccha となっています。

mahesi = mahā + isi の連声（ā + i = e となる）

mahesi（m.sg.nom. あるいは語基）大仙　**mahant**（a. 語基）大いなる　**isi**（m.）仙人

mahogho = mahant + ogho

mahogho（m.）大暴流　**mahant**（a. 語基）大いなる　**ogho**（m.sg.nom.）暴流

mahant が通常は mahā となるところ、ogha のように o ではじまる単語とコンパウンドとなる場合には maho となります。

⑧前語にある女性語基は男性語基となる。ただし前語が固有名詞の時は女性語基のままで合成される。

khattiyā + kumārī = khattiya-kumārī

khattiyā/khattiya（m. → f.sg.nom.）クシャトリヤ　ここでは女性名詞 kumārī に合わせて本来は男性名詞である khattiya が khattiyā（f.）となります。

kumārī（f.sg.nom.）童女

khattiya-kumārī（f.sg.nom.）クシャトリヤの童女　ここでは kattiyā と女性名詞語基であったものが kumārī とコンパウンドになって khattiyakumārī の khattiyā が khattiya という男性名詞語基となっています。

brāhmaṇī + kaññā = brāhmaṇa-kaññā

brāhmaṇī は brāhmaṇa（m.）婆羅門の女性形。kaññā（f.）に合わせて女性形になっています。　　kaññā（f.）娘

brāhmaṇa-kaññā（f.sg.nom.）婆羅門娘 brahmaṇī（婆羅門娘）が kaññā とコンパウンドになる時 brāhmaṇa（婆羅門）と男性名詞語基となっています。

Nandā + pokkharaṇī = Nandāpokkharaṇī

Nandā（f. 語基）　　pokkharaṇī（f.sg.nom.）泉池、蓮池

Nandāpokkharaṇī（f.sg.nom.）ナンダー池

Nandā は固有名詞であるので pokkharaṇī とコンパウンドになる時、Nandā という女性語基のままです。

Upplavaṇṇā + bhikkhunī = Uppalavaṇṇābhikkhunī

Uppalavaṇṇā（f. 語基）ウッパラヴァンナー　bhikkhunī（f.sg.nom.）比丘尼

Uppalavaṇṇābhikkhunī（f.sg.nom.）ウッパラヴァンナー比丘尼

⑨否定語 na の形容詞は a 又は an となる。

na + manusso = amanusso

na（adv.）否定　manussa（m.sg.nom.）人　amanusso（a.m.sg.nom.）非人

na と manusso がコンパウンドになって na が a となり、amanussa（非人、人でないもの）という形容詞となっている。

na + samaṇo = assamaṇo

na（adv.）否定　　samaṇa（m.sg.nom.）沙門　　assamaṇo（a.）非沙門

na と samaṇo がコンパウンドになる時、na が a となり samaṇo の s が

連声の法則で重複しています。

na + ariyo = anariyo

na(adv.) 否定　**ariyo**/ariya(m.sg.nom.) 聖者　**anariyo**/anariya(a.m.sg.nom.) 非聖者、凡人

na と ariyo がコンパウンドになる時、na は an となります。これは na の次に ariyo と a という母音が来ているので発音がしやすくなるため、na は本来 a となるべきところが an となっている。

母音の前の na は a とならずに an となる。

na + uttaro = anuttaro

na(adv.) 否定　**uttaro**/uttara(a.m.sg.nom.) より上の、より勝れた **anuttaro**/anuttara(a.m.sg.nom.) 無上の

na と uttaro がコンパウンドになる時、na は a とならずに an となります。これは次に uttaro の u という母音が来ているために発音がしやすくなるため an となっています。

(二)帯数釈(たいすうしゃく)

p163 ⑩帯数釈は持業釈の特例で、合成語の前語が形容詞ではなくて数詞となり、その数詞が形容詞的な働きをするものです。帯数釈には後語の名詞がその性や数の如何にかかわらずすべて中性の単数形となるものと、後語の性による複数形となるものとがあります。前者を集合帯数といい、後者を非集合帯数といいます。

p163 ⑪集合帯数

dve + aṅguliyo = dvaṅgulaṃ

dve(num.) 二　**aṅguliyo**/aṅguli(f.pl.nom.) 指

dvaṅgulaṃ = dve + aṅgulaṃ dve(num.) 二　aṅgulaṃ/aṅgula(n.) 指尺、指の長さ

dvaṅgula（a.n..sg.nom.） 二指（長さ）

ここではdveのeがコンパウンドになる時落ちてdvとなっています。また指を示すaṅguliも中性名詞のaṅgulaに変わっています。そしてその単数、主格となっています。

tayo + lokā = tilokaṃ

tayo/ti（num.nom.） 三　**lokā**/loka（m.pl.nom.） 世界　**tilokaṃ**/tiloka（n.sg.nom.） 三界

ここではtayoは数詞三の主格（nom.）でlokāはloka（世界）の男性（m.）複数（pl.）主格（nom.）となっています。それがコンパウンドになるとti（三）lokaṃ（loka、中性、単数、主格、世界の）となっています。

catasso + disā = catuddisaṃ

catasso/catu（num.f.nom.） 四　　**disā**（f.pl.nom.） 方角、四方、方位

catuddisaṃ/catuddisa（a.n.sg.nom.） 四方

catassoとdisāがコンパウンドになる時、catassoはdisāにあわせてf.nom.となっていたが、語基のcatuにもどって、disāが中性になったdisaṃとコンパウンドになっています。catuddisaṃとdが二つになっているのは連声の法則によります。またdisāは本来の女性名詞（f.）からdisaṃという中性名詞の単数、主格の形になっています。

cattāri + saccāni = catusaccaṃ

cattāri/catu（num.n.nom.） 四　　**saccāni**/sacca（n.pl.nom.） 諦、真理

catusaccaṃ/catusacca（a.n.sg.nom.） 四諦

cattāriとsaccāniがコンパウンドになる時、cattāriはsaccāniにあわせてn.nom.となっていましたが、語基のcatuにもどってsaccaがもともと中性の言葉なので、複数、主格から単数、主格のsaccaṃとなっています。

pañca + sīlāni = pañcasīlaṃ

pañca(num.)　五　**sīlāni**/sīla(n.pl.nom.)　戒　**pañcasīlaṃ**/pañcasīla(n.sg.nom.) 五戒

pañca と sīlāni がコンパウンドになる時、pañca は曲用する時三性の別がないので、この pañca は sīlāni とあわせて n.nom. と見ます。sīlāni は複数主格ですがコンパウンドになった後は pañcasīlaṃ と中性、単数、主格となっています。

satāṃ(又は satāni) + yojanāni = satayojanaṃ

sataṃ/sata(n.sg.nom.) 百　**satāni**/sata(n.pl.nom.) 百

yojanāni/yojana(n.pl.nom.) 由旬（長さの単位 14km ～ 20km ほど）

satayojanaṃ/satayojana(n.sg.nom.) 百由旬

sata(百)、sahassa(千)、lakkha(十万) 等の a 語基の数詞は多くの a 語基中性の名詞変化に従います。この場合単数を取る時と、複数となる時があります。（パーリ語文法 p89）ここでは sataṃ は中性名詞の単数の形、satāni は中性複数の形です。

sataṃ あるいは satāni が yojanāni とコンパウンドになる時、sataṃ かあるいは satāni が yojanāni の前語として考えられます。それが sata という語基となって yojanāni とコンパウンドになり、yojanāni も yojanaṃ という中性、単数、主格の形となっています。

p164 ⑫非集合帯数

tayo + bhavā = tibhavā

tayo/ti(num.m.nom.) 三　**bhavā**/bhava(m.pl.nom.) 有、存在

tibhavā(m.pl.nom.) 三有

tibhavā 三有とは欲有（欲界での生存）色有（色界での生存）無色有（無色界での生存）です。

tayo は ti の m.nom. で bhavā が bhava の m.pl.nom. であるのにあわせています。コンパウンドになると、tibhavā と「三有」の複数主格とな

っています。これが非集合帯数です。

pañca + indriyāni = pañcindriyāni

pañca(num.) 五　**indriyāni**/indriya(n.pl.nom.) 根

pañcindriyāni/pañcindriya(n.pl.nom.) 五根

ここでは pañca と indriyāni がコンパウンドになって pañcindriyāni というように、後語の indriya の性である中性の複数形となっています。

㈢依主釈(えしゅしゃく)

p164 ⑬依主釈とは、合成している二語の格が相違し、前語が後語に対して Acc. Instr.Dat.Abl.Gen.Loc. のいづれかの格関係を有する場合である。

⑭ Acc. によるもの

gāmaṃ + gato = gāmagato

gāmaṃ/gāma(m.sg.acc.) 村　**gato**/gata(a.m.sg.nom.) 行った ← gacchati(v.) 行く、の pp.　**gāmagato**/gāmagata(m.sg.nom.) 村に行った［人］。省略された人は manusso です。

gāmaṃ が gāma の m.sg.acc. で gato が gata の m.sg.nom. であるから、前語が acc. で後語が nom. と格が違っているので acc. による依主釈となっています。

sukhaṃ + patto = sukhappatto

sukhaṃ/sukha(a.n.sg.acc.) 楽、安楽

patto/patta(a.m.sg.nom.) 得た、已得の← pāpuṇāti(v.) 得る、達する、到達する、の pp.　**sukhappatto**/sukhappatta(a.m.sg.nom.) 楽を得た［人］

sukhaṃ が sukha の n.sg.acc. で patto が patta の m.sg.nom. ですので、前語が acc. で後語が nom. と格が違っているので、acc. による依主釈となっています。

ratham̩ + ārūḷho = rathārūḷho

ratham̩/ratha(m.sg.acc.) 車

ārūḷho/ārūlha(a.m.sg.nom.) 登った、乗った← ārūhati(v.) 上る、登る、の pp.

rathārūḷho/rathārūḷha(a.m.sg.nom.) 車に乗った［人］

ratham̩ が ratha の m.sg.acc. で ārūḷho が ārūḷha の m.sg.nom. ですので、前語が acc. で後語が nom. と格が違っているので acc. による依主釈となっています。

⑮ Instr. によるもの

buddhena + desitam̩ = buddhadesitam̩

buddhena/buddha(m.sg.instr.) 仏陀

desitam̩/desita(a.n.sg.nom.) 示された、説かれた← deseti(v.) 説く、示す、の pp.

buddhadesitam̩/buddhadesita(a.n.sg.nom.) 仏陀によって示された［教］「教え」はここでは sāsana(n.)「教え」です。

ここでは buddhena が buddha の m.sg.instr. で desitam̩ が desita の n.sg.nom. ですので、前語が instr. で後語が nom. と格が違っているので instr. による依主釈となっています。

raññā + hato = rājahato

raññā/rājan(m.sg.instr.) 王

hato/hata(a.m.sg.nom.) 殺された← hanti(v.) 殺す、害する、の pp.

rājahato/rājahata(a.m.sg.nom.) 王によって殺された［人］ここで人は manussa。ただ曲用して manusso となっています。

ここでは raññā が rājan の m.sg.instr. で hato が hata の m.sg.nom. ですので、前語が instr. で後語が nom. と格が違っているので instr. による依主釈となっています。

viññūhi + garahitā = viññūgarahitā

viññūhi/viññū (a.m.pl.instr.) 有智、識者

garahitā/garahita (a.m.pl.nom.) 非難された← garahati (v.) 呵責する、非難する、の pp.

viññūgarahitā/viññūgarahita (a.m.pl.nom.) 識者たちによって非難された［人々］ここで人々は manussā (manussa の m.pl.nom.)

ここでは viññūhi が viññū の m.pl.instr. で garahitā が garahita の m.pl.nom. ですので前語が instr. で後語が nom. と格が違っているので instr. による依主釈となっています。

padhānena + atthiko = padhānatthiko

padhānena/padhāna (m.sg.instr.) 努力、精勤

atthiko/atthika (a.m.sg.nom.) 希求する、欲求する

padhānatthiko/padhānatthika (a.m.sg.nom.) 努力を望む［人］ここで人は manusso (manussa の m.sg.nom.)

ここでは padhānena が padhāna の m.sg.instr. で atthiko が atthika の a.m.sg. nom. ですので前語が instr. で後語が nom. と格が違っているので instr. による依主釈となっています。

⑯ Dat. によるもの

rañño + arahaṃ = rājārahaṃ

rañño/rājan (m.sg.dat.) 王

arahaṃ/araha (a.n.sg.nom.) 価値ある、適当した、ふさわしい

rājārahaṃ/rājāraha (a.n.sg.nom.) 王に適当した［もの］、王のためにふさわしい［もの］

ここでものは dhamma (n.sg.nom.)

ここでは rañño が rājan の m.sg.dat. で arahaṃ が araha の n.sg.nom. ですので、前語が dat. で後語が nom. と格が違っているので dat. による

依主釈となっています。

buddhassa + deyyaṃ = buddhadeyyaṃ

buddhassa/buddha(m.sg.dat.) 仏陀

deyyaṃ/deyya(a.n.sg.nom.) 与えられるべき、施されるべき← dadāti (v.grd.) 与える

buddhadeyyaṃ/buddhadeyya(a.n.sg.nom.) 仏陀に施されるべき［もの］ここのものは dhamma

ここでは buddhassa が buddha の m.sg.dat. で deyyaṃ が deyya の n.sg.nom. ですので、前語が dat. で後語が nom. と格が違って dat. による依主釈となっています。

yāguyā + taṇḍulā = yāgutaṇḍulā

yāguyā/yāgu(f.sg.dat.) 粥、かゆ　taṇḍulā/taṇḍula(m.pl.nom.) 米、稲

yāgutaṇḍulā /yāgutaṇḍula(m.pl.nom.) 粥のための米

ここでは yāguyā が yāgu の f.sg.dat. で taṇḍulā が taṇḍula の m.pl. nom. ですので、前語が dat. で後語が nom. と格が違って dat. による依主釈となっています。

⑰なお不定体による合成語も dat. によるものと同視せられる。これはすでに述べた如く、不定体と dat. とは同じ意味のものとなり得るからである。

gantuṃ + kāmo = gantu-kāmo

gantuṃ/gacchati(v.) 行く、の不定体→行くべく

kāmo/kāma(m.sg.nom.) 欲、欲する

gantu-kāmo/gantukāma(m.sg.nom.) 行かんと欲する

gantuṃ は gacchati の不定体で「行くべく」などの意味で、kāmo とコンパウンドとなっていて dat. と同じ働きをしています。

普通の dat. で表現すれば

gamanassa + kāmo = gamanakāmo となる。

gamanassa/gamana(n.sg.dat.) 行くこと kāmo/kāma(m.sg.nom.) 欲
gamanakāmo/gamanakāma(m.sg.nom.) 行くことを欲する＝行かんと欲する

ここでは gamanassa は gamana の n.sg.dat. で kāmo は kāma の m.sg.nom. ですので、前語が dat. で後語が nom. と格が違うので dat. による依主釈となっています。

daṭṭhuṃ + kāmo = daṭṭhukāmo

daṭṭhuṃ/dassati(v.) 見る、の不定体 **kāmo**/kāma(m.sg.nom.) 欲、欲する

daṭṭhukāmo/daṭṭhukāma(m.sg.nom.) 見んと欲する

daṭṭhuṃ は dassati の不定体で「見るべく」などの意味で、kāmo とコンパウンドとなっていて、dat. と同じ働きをしています。

普通の dat. で表現すれば

dassanassa + kāmo = dassanakāmo

dassanassa/dassana(n.sg.dat.) 見、見ること kāmo/kāma(m.sg.nom.) 欲 dassanakāmo/dassanakāma(m.sg.nom.) 見ることを欲する、見んと欲する

ここでは dassanassa は dassana の n.sg.dat. で kāmo は kāma の m.sg.nom. ですので、前語が dat. で後語が nom. と格が違うので dat. による依主釈となっています。

dātuṃ + kāmatā = dātukāmatā

dātuṃ/dadati(v.) 与える、施す、の不定体 **kāmatā**(a.f.sg.nom.) 欲すること

dātukāmatā(a.f.sg.nom.) 与えんと欲すること

kāmatā は kāma に接尾辞 tā がついたもので、tā がついて女性名詞となります。意味は「〜性」「〜なること」などとなります。

dātuṃ は dadāti の不定体で「与えるべく」などの意味で、kāmatā とコ

ンパウンドとなっていて、dat. と同じ働きをしています。

これを普通の dat. で表現すれば

dānassa + kāmatā = dānakāmatā

dānassa/dāna(n.sg.dat.) 施、布施　kāmatā(a.f.sg.nom.) 欲すること

dānakāmatā(f.sg.nom.) 与えんと欲すること

ここでは dānassa は dāna の n.sg.dat. で、kāmo は kāma の m.sg.nom. ですので、前語が dat. で後語が nom. と格が違うので dat. による依主釈となっています

⑱ Abl. によるもの

rukkhā + patito = rukkhapatito

rukkhā/rukkha(m.sg.abl.) 樹

patito/patita(a.m.sg.nom.) 落ちた← patati(v.) 落ちる、の pp.

rukkhapatito/rukkhapatita(a.m.sg.nom.) 樹から落ちた［人］ここで人は manusso ここでは rukkhā は rukkha の m.sg.abl. で、patito が patita の m.sg.nom. ですので、前語が abl. で後語が nom. と格が違うので abl. による依主釈となっています。

raññā + bhīto = rājabhīto

raññā/rājan(m.sg.abl.) 王

bhīto/bhīta(a.m.sg.nom.) 恐れた← bhāyati(v.) 怖畏する、おそれる、の pp.

rājabhīto/rājabhīta(a.m.sg.nom.) 王から恐れた［人］、王を恐れた［人］ここで人は manusso

ここでは raññā は rājan の m.sg.abl. で bhīto は bhīta の m.sg.nom. ですので、前語が abl. で後語が nom. と格が違うので abl. による依主釈となっています。

duccaritato + virati = duccaritavirati

duccaritato/duccarita(f.sg.abl.) 悪行　　**virati**(f.sg.nom.) 離

duccaritavirati(f.sg.nom.) 悪行からの離

ここでは duccaritato は duccarita の n.sg.abl. で virati が virati の f.sg.nom. ですので、前語が abl. で後語が nom. と格が違うので abl. による依主釈となっています。

⑲ Gen. によるもの

buddhassa + vacanaṃ = buddhavacanaṃ

buddhassa/buddha(m.sg.gen.) 仏陀　**vacanaṃ**/vacana(n.sg.nom.) 語、言葉

buddhavacanaṃ/buddhavacana(n.sg.nom.) 仏陀の言葉、仏語

ここでは buddhassa は buddha の m.sg.gen. で vacanaṃ が vacana の n.sg.nom. ですので、前語が gen. で後語が nom. と格が違うので gen. による依主釈となっています。

pupphānaṃ + gandho = pupphagandho

pupphānaṃ/puppha(n.pl.gen.) 花　　**gandho**/gandha(a.m.sg.nom.) 香

pupphagandho /pupphagandha(m.sg.nom.) 諸々の花の香、花香

ここでは pupphānaṃ は puppha の n.pl.gen. で gandho が gandha の m.sg.nom. ですので、前語が gen. で後語が nom. と格が違うので gen. による依主釈となっています。

⑳ Loc. によるもの

gāme + vāsī = gāmavāsī

gāme/gāma(m.sg.loc.) 村　　**vāsī**/vāsin(a.m.sg.nom.) 住む者

gāmavāsī/gāmavāsin(a.m.sg.nom.) 村に住む［人］ここで人は manusso

ここでは gāme は gāma の m.sg.loc. で vāsī が vāsin の m.sg.nom. ですので、前語が loc. で後語が nom. と格が違うので loc. による依主釈とな

っています。

dhamme + rato = dhammarato

dhamme/dhamma（m.sg.loc.）法

rato/rata（a.m.sg.nom.）楽しんだ、愛好した← ramati（v.）楽しむ、の pp.

dhammarato/dhammarata（a.m.sg.nom.）法を楽しめる［人］ここで人は manusso

ここでは dhamme は dhamma の m.sg.loc. で rato は rata の m.sg.nom. ですので、前語が loc. で後語が nom. と格が違うので loc. による依主釈となっています。

vane + pupphāni = vanapupphāni

vane/vana（n.sg.loc.）森　　**pupphāni**/puppha（n.pl.nom.）花

vanapupphāni/vanapuppha（n.pl.nom.）森の中の諸花

ここでは vane は vana の n.sg.loc. で pupphāni は puppha の n.pl.nom. ですので、前語が loc. で後語が nom. と格が違うので loc. による依主釈となっています。

㉑前語に格の形をとどめている依主釈。

manasi + kāro = manasikāro

manasi/manas（n.sg.loc.）意→意に対して　**kāro**/kāra（m.）行為、所作、為すもの

manasikāro/manasikāra（a.m.sg.nom.）意に対して作すもの、作意

ここでは manasi は mano, manas の sg.loc. の形です。manasikāro とコンパウンドになっていますが、前語の manasi は mano, manas が語基とならないで、曲用した sg.loc. の形でそのまま manasikāro というコンパウンドになっています。

pubbe + nivāso = pubbenivāso

pubbe/pubba(a.n.sg.loc.) 前の、先の、昔の nivāso/nivāsa(m.sg.nom.) 居住、住所

pubbenivāso/pubbenivāsa(a.m.sg.nom.) 前（世）における居住、宿住

ここでは pubba の sg.loc. の形ですが、nivāso とコンパウンドとなっても語基とならずに loc. の形が残っています。

parassa + padaṃ = parassapadaṃ

parassa/para(a.m.sg.dat.) 他の→他人のための padaṃ/pada(n.sg.nom.) 句

parassapadaṃ/parassapada(n.sg.nom.) 他人のための句、為他言 能動態です。

ここでは para の sg.dat. の形ですが、padaṃ とコンパウンドになっても parassa が語基 para とならずに曲用した parassa のままになっています。

attano + padaṃ = attanopadaṃ

attano/attan(m.sg.dat.) 自己 padaṃ/pada(n.sg.nom.) 句

attanopadaṃ/attanopada (n.sg.nom.) 自分自身のための句、為自言

反照態です。反照態はその行為をしたら自分自身のためになる時に使われます。

ここでは attano は attan の sg.dat. の形ですが、padaṃ とコンパウンドになっても attano が語基 atta とならずに曲用した attano のままとなっています。

㉒なお依主釈による合成語には単独語としては存在せず、合成語としてのみ用いられるものがある。

dīpaṃkaroti ti = dīpaṅkaro

dīpaṃ/dīpa(m.sg.acc.) 灯 karoti(v.pr.3.sg.) 作る ti = iti(indecl.) か

く、～と

karotī ti は karoti + iti の連声　「灯を作る者」と

dīpaṇkaro/dīpaṅkara（m.sg.nom.）燈を作る者、燃燈者

kumbhaṃkarotī ti = kumbhakāro

kumbhaṃ/kumbha（m.sg.acc.）瓶、かめ　**karotī**/karoti（v.pr.3.sg.）作る

ti = iti（indecl.）かく、～と karotī ti は karoti + iti の連声　「瓶を作る者」と

kumbhakāro/kumbhakāra（m.sg.nom.）瓶を作る者、陶工

dhammaṃcaratī ti = dhammacārī

dhammaṃ/dhamma（m.sg.acc.）法　**caratī ti** = carati + iti の連声 caratī/carati（v.）行く、行ず、歩く　ti = iti（indecl.）かく、～と「法を行う者」と

dhammacārī/dhammacārin（a.m.sg.nom.）法行者

urena gacchatī ti = urago

urena/ura（m.n.sg.instr.）胸　**gacchatī ti** = gacchati + iti の連声 gacchati（v.pr.3. sg.）行く　iti（indecl.）かく、～と「胸で行くもの」と

urago/uraga（m.sg.nom.）蛇　足でなく胸や腹で歩くものという意味で蛇のこと

attanā jāto = attajo

attanā/attan（m.sg.abl.）自己　**jāto**/jāta（a.m.sg.nom.）生じた← janati（v.）生ずる、生むの、pp. 「自己から生じた者」と

attajo/attaja（a.m.sg.nom.）自己から生じたもの、子　ja は「生じた」という意味の接尾辞

pabbate tiṭṭhatī ti = pabbataṭṭho

pabbate/pabbata（m.sg.loc.）山

tiṭṭhatī ti = tiṭṭhati + iti の連声　tiṭṭhati（v.pr.3.sg.）立つ iti（indecl.）かく、～と

pabbataṭṭho/pabbataṭṭha（a.m.sg.nom.）山に立つ者、在山者

㈣相違釈（そういしゃく）

p166 ㉓相違釈とは、いくつかの名詞形を併挙する場合の合成関係です。集合相違釈と非集合相違釈があります。

集合相違釈は合成語が合成している諸語の性や数に関係なく中性単数とされる場合です。

非集合相違釈は合成語の合成した最後の語の性の複数とされる場合です。

㉔集合相違釈

gītañ ca vāditañ ca これがコンパウンドになると = gītavāditaṃ

gītañ ca = gītaṃ + ca, **vāditañ ca** = vāditaṃ + ca の連声　gīta（a.n.sg.nom.）歌 vāditaṃ/vādita（a.n.sg.nom.）音楽、器楽← vādeti（v.）奏する、かなでる、の pp.

gītavāditaṃ/gītavādita（a.n.sg.nom.）声楽と器楽

cakkhu ca sotañ ca ghānañ ca = cakkhusotaghānaṃ

cakkhu（n.sg.nom.）眼　**ca**（conj.）そして、また、～と　**sotañ ca** = sotaṃ + ca

ghānañ ca = ghānaṃ + ca の連声　sotaṃ/sota（n.sg.nom.）耳 ghānaṃ/ghāna（n.sg.nom.）鼻

cakkhusotaghānaṃ/cakkhusotaghāna（n.sg.nom.）眼と耳と鼻と

jarā ca maraṇañ ca = jarāmaraṇaṃ

jarā（f.sg.nom.）老　**ca**（conj.）そして、また、～と

maraṇañ ca = maranaṃ + ca の連声　maraṇaṃ/maraṇa (n.sg.nom.) 死

jarāmaraṇaṃ/jarāmaraṇa (n.sg.nom.) 老と死

hatthino ca assā ca rathā ca pattikā ca = hatthassarathapattikaṃ

hatthino/hatthin (m.pl.nom.) 象　ca (conj.) そして、また、〜と

assā/assa (m.pl.nom.) 馬　rathā/ratha (m.pl.nom.) 車

pattikā/pattika (m.pl.nom.) 歩行者、歩兵

hatthassarathapattikaṃ/hatthassarathapattika (n.sg.nom.) 諸の象兵と馬兵と車兵と歩兵と

㉕非集合相違釈

samaṇā ca brāhmaṇā ca = samaṇabrāhmaṇā

samaṇā/samaṇa (m.pl.nom.) 沙門　ca (conj.) そして、また、〜と

brāhmaṇā/brāhmaṇa (m.pl.nom.) 婆羅門

samaṇabrāhmaṇā/samaṇabrāhmaṇa (m.pl.nom.) 諸々の沙門と婆羅門と

cando ca suriyo ca = candasuriyā

cando/canda (m.sg.nom.) 月　ca (conj.) そして、また、〜と

suriyo/suriya (m.sg.nom.) 太陽　candasuriyā/candasuriya (m.pl.nom.) 月と太陽と

devā ca manussā ca = devamanussā

devā/deva (m.pl.nom.) 天　ca (conj.) そして、また、〜と

manussā/manussa (m.pl.nom.) 人

devamanussā/devamanussa (m.pl.nom.) 諸の天と人と

mātā ca pitā ca = mātāpitaro

mātā/mātar (f.sg.nom.) 母　ca (conj.) そして、また、〜と　pitā/pitar

(m.sg.nom.) 父

mātāpitaro/mātāpitar(m.pl.nom.) 母と父

surā ca asurā ca narā ca nāgā ca yakkhā ca = surāsuranaranāgayakkhā

surā/sura(m.pl.nom.) 神　　**ca**(conj.) そして、また、〜と

asurā/asura(m.pl.nom.) 阿修羅　　**narā**/nara(m.pl.nom.) 人、人々

nāgā/nāga(m.pl.nom.) 竜　　**yakkhā**/yakkha(m.pl.nom.) 夜叉

surāsuranaranāgayakkhā/surāsuranaranāgayakkha(m.pl.nom.) 諸々の天と阿修羅と人と竜と夜叉と

㈤隣近釈（りんごんしゃく）

p166 ㉖隣近釈は合成している二語の前語が不変語であり、後語が名詞形のものである場合で、副詞（単数 acc.）として用いられるものである。

nagarassa + upa = upanagaraṃ

nagarassa/nagara(n.sg.gen.) 城　　upa(pref.) 近く

upanagaraṃ(sg.acc → adv.) 城の近くに

rathassa + anu = anurathaṃ

rathassa/ratha(m.sg.gen.) 車　　anu(pref.) 随って、従って

anurathaṃ(adv.) 車に従って

vātassa + anu = anuvātaṃ

vātassa/vāta(m.sg.gen.) 風　anu(pref.) 随って、従って　anuvātaṃ風に順って

anu + aḍḍhamāsaṃ = anvaḍḍhamāsaṃ

anu(pref.) 随って、従って

aḍḍhamāsaṃ = aḍḍha + māsaṃ aḍḍha(a. 語基) 半、半分　māsaṃ/māsa(m.sg.acc.) 月

anvaḍḍhamāsaṃ(adv.) 半月毎に　anu + aḍḍhamāsaṃ が連声の法則により
anvaḍḍhamāsaṃ となっています。

mañcassa + heṭṭhā = heṭṭhāmañcaṃ

mañcassa/mañca(m.sg.gen.) 寝台　heṭṭhā(pref.adv.) 下に、下方に
heṭṭhāmañcaṃ(adv.) 寝台の下に

pāsādassa + upari = uparipāsādaṃ

pāsādassa/pāsāda(m.sg.gen.) 高楼、重閣、高閣　upari(adv.prep.) 上に、上方に
uparipāsādaṃ(adv.) 高閣の上に

pākārassa + tiro = tiropākāraṃ

pākārassa/pākāra(m.sg.gen.) 垣根、かき、城壁　tiro(prep.adv.) 超えて、横切って
tiropākāraṃ(adv.) 垣根を横切って

gāmassa + anto = antogāmaṃ

gāmassa/gama(m.sg.gen.) 村　anto(prep.) 内、内に　antogāmaṃ(adv.) 村内で

nagarato + bahi = bahinagaraṃ

nagarato/nagara(n.sg.abl.) 城→城から　bahi(adv.) 外に
bahinagaraṃ(adv.) 都市の外で、城の外で

sotaṃ + pati = paṭisotaṃ

sotaṃ/sota(m.sg.acc.) 流れ　pati(pref.) 対、反逆、向って
paṭisotaṃ(adv.) 流れに逆らって　pati = paṭi

vātaṃ + pati = paṭivātaṃ

vātaṃ/vāta (m.sg.acc.) 風　　pati (pref.) 対、反逆、向って

paṭivātaṃ (adv.) 風に逆らって　⇔ anuvātaṃ (adv.) 風に順って

kamaṃ + yathā = yathākkamaṃ

kamaṃ/kama (m.sg.acc.) 順序、次第　yathā (adv.) ～の如くに、～のように

yathākkamaṃ (adv.) 順序の如く　yathākkamaṃ と k が二つになっているのは連声の法則によります。

balaṃ + yathā = yathābalaṃ

balaṃ/bala (a.n.m.sg.acc.) 力　　yathā (adv.) ～のように、～に従って

yathābalaṃ (adv.) 力に従って

bhūtaṃ + yathā = yathābhūtaṃ

bhūtaṃ/bhūta (a.m.sg.acc.) 存在した、真実の← bhavati (v.) ある、存在する、の pp.

yathā (adv.) ～のように、～に従って yathābhūtaṃ (adv.) 真実の如く、如実に

bhattassa + pacchā = pacchābhattaṃ

bhattassa/batta (a.n.sg.gen.) 食事、食　pacchā (adv.) 後に、背後に、西方に

pacchābhattaṃ 食事の後に、食後に

jīvo + yāva = yāvajīvaṃ

jīvo/jīva (a.n.m.) 命　　yāva (adv.prep.) ～まで、限り、～の間は

yāvajīvaṃ (adv.) 寿命の限り、一生涯

attho + yāva = yāvadatthaṃ

attho/attha（m.sg.nom.）義、利益　yāva（adv.prep.）～まで、限り、～の間は

yāvadatthaṃ（adv.）欲求の限り、欲するだけ

ā + samuddā = āsamuddaṃ

ā（pref.prep.）～まで、～から　　samuddā/samudda（m.sg.abl.）海

āsamuddaṃ（adv.）海まで

㈥有財釈（うざいしゃく）

p167 ㉗有財釈とは合成語の後語が必ずしも本来の性を取ることなく、この合成語が他の名詞形の形容詞として用いられるために、それが形容する主体である名詞形の性を取る場合です。その主体となる名詞などは省略されていることが多いです。

たとえばここに bhinnā nāvā という言葉があるとします。bhinnā は bhinna（a. 破壊した）の女性形です。すなわち f.sg.nom. であり、これは nāvā（f.sg.nom.）船、を修飾しているから nāvā と性数格が一致しています。

これがコンパウンドの持業釈となった場合 bhinnā + nāvā で bhinnanāvā 破壊された船ということになります。ところが有財釈ですと bhinnā-nāvo となって、nāvo の後に manusso が省略されていると見ます。そのため nāvā は本来なら絶対あり得ない nāvo という男性形となってしまいます。これは manusso（人）が省略されていて、その manusso を bhinnānāvā が修飾しているため、manusso の男性、単数、主格の形にあわせて nāvā が女性、単数、主格から男性、単数、主格 nāvo に変化したためです。そのために、bhinnā-nāvo manusso となるべきところ manusso が省略されているため bhinnā-nāvo となっています。意味は「破壊された船を持っていた人」となります。

持業釈での意味は「破壊された船」でパーリ語は bhinnānāvā となります。船の本来の女性名詞となっています。

有財釈では「破壊された船を持っていた人」となって、船が壊れて大損した人ということになります。このように、他の名詞などの形容詞として働くコンパウンドが有財釈です。

p168 ㉘普通の場合

chinnā + hatthā (yassa, so) = chinna-hattho

chinnā/chinna (a.m.pl.nom.) 切断された、切られた← chindati (v.) 切る、断つ、切断する、の pp.　hatthā/hattha (m.pl.nom.) 手

chinna-hattho/chinnahattha (m.sg.nom.) 手を切られた［人］ここでは hattho の後に manusso［人］が省略されています。

　また chinnā + hatthā の後に（yassa, so）とあるのは「彼の（yassa）手が切られた（chinnā + hatthā）その彼が（so）＝手を切られた人（chinnahattho）である」という意味です。

bhinnā + nāvā (yassa, so) = bhinnanāvo

bhinnā (f.sg.nom.) 破壊した、こわれた← bhindati (v.) 破る、の pp.
ここでは本来は bhinna という男性語基の形のところであるが、女性名詞の nāvā にあわせて女性語基の sg.nom. の形になっています。

nāvā (f.sg.nom.) 船

bhinnanāvo (a.m.sg.nom.) 破船した［人］　ここでは nāvo の後に manusso が省略されていると見ます。nāvā は本来女性名詞ですが、manusso という男性、単数、主格にあわせて nāvo という男性、単数、主格の形になっています。

　また bhinnā + nāvā の後に（yassa, so）とあるのは「彼の（yassa）船が破船した（bhinnā + nāvā）その彼が（so）破船した［人］（bhinnanāvo）である」という意味です。

jitāni + indriyāni (yena, so) = jitindriyo

jitāni/jita (a.n.pl.nom.) 勝った、征服した← jayati (v.) 勝つ、征服する、

の pp.

indriyāni/indriya(n.pl.nom.) 根、感官

jitindriyo/jitindriya(a.m.sg.nom.) 諸感官を征服した［人］ここでは indriyo の後に manusso が省略されていると見ます。indriya は本来中性名詞ですが、男性名詞である manusso を形容する形容詞となっているので、manusso にあわせて男性、単数、主格の形になっています。

また、jitāni + indriyāni の後に（yena, so）とあるのは「彼によって（yena）諸感官が征服された（jitāni + indriyāni）その彼が（so）諸感官を征服した［人］（jitindriyo）である」という意味です。

sampannāni + sassāni(yasmiṃ.so) = sampanna-sasso

sampannāni/sampanna(a.n.pl.nom.) 成就した、そなえた← sampajjati (v.) 起こる、なる、成功する、の pp.　ここで sampannāni は sassāni を修飾しているので sassāni にあわせて n.pl.nom. になっています。

sassāni/sassa(n.pl.nom.) 穀物

sampanna-sasso/sampanna-sassa(a.m.sg.nom.) 穀物が豊作した［国］ここで sampanna は豊作の意味です。また国は janapada という男性名詞です。

ここでは sasso の後に国という意味の言葉 janapado が省略されていると見ます。sassa は本来中性名詞ですが、男性名詞である janapada の男性、単数、主格 janapado を形容する形容詞となっているので、janapado にあわせて男性、単数、主格の形となっています。

また sampannāni + sassāni の後に（yasmiṃ.so）とあるのは、「そこにおいて（yasmiṃ）穀物が豊作した（sampannāni sassāni）その国が（so）穀物が豊作した（sampannasasso）国である」という意味です。

㉙合成語の後語が女性名詞で、その語基が ī.ū または tar で終わる場合には、その合成語は接尾辞 ka を取って ika, uka となる。

matā + mātā(yassa, so) = matamātuko

matā/mata (a.f.sg.nom.) 死んだ← marati (v.) 死ぬ、の pp. matā は mata の女性形

mātā/mātar (f.sg.nom.) 母

matamātuko/matamātuka (m.sg.nom.) 母が死んだ［子］ここで子は putta です。ここでは mātuko の後に putto が省略されていると見ます。

また matā + mātā の後に（yassa, so）とあるのは「彼の（yassa）母が死んだ（matā mātā）その彼が（so）母が死んだ［子］（matamātuko）である」という意味です。

bahū + vadhuyo (yassa, so) = bahuvadhuko

bahū (f.pl.nom.) 多く bahū は bahu の女性形 vadhuyo/vadhū (f.pl.nom.) 若妻

bahuvadhuko/bahuvadhuka (a.m.) 多くの若妻ある［男］ここで男は purisa です。ここでは bahuvadhuko の後に puriso が省略されていると見ます。

また bahū + vadhuyo (yassa, so) とあるのは「彼の（yassa）多くの若妻のある（bahū + vadhuyo）その彼が（so）多くの若妻ある（bahuvadhuko）男である」という意味です。

㉚同一語が、それの形容する主体的名詞の性に従って三性の何れともなる場合。

āgatā samaṇā → āgatā samaṇā (yasmiṃ, so) = āgata-samaṇo (ārāmo)
āgatā samaṇā → āgatā samaṇā (yasmiṃ, taṃ) = āgata-samaṇaṃ (vanaṃ)
āgatā samaṇā → āgatā samaṇā (yasmiṃ, sā) = āgata-samaṇā (Sāvatthī)

āgatā/āgata (a.m.pl.nom.) 来れる← āgacchati (v.) 来る、近づく、の pp.

samaṇā/samaṇa (m.pl.nom.) 沙門

ārāmo が省略されていると見ると、コンパウンドは āgata-samaṇo と āgata samaṇa の男性、単数、主格の形となります。「沙門たちの（āgata-samaṇo）来集している［園］（ārāmo）」。

ところが vanaṃ が省略されていると見ると、コンパウンドは āgata-samaṇaṃ と vanaṃ が vana が林の（n.sg.nom.）であるように中性、単数、主格の形となります。「沙門たちの（āgata-samaṇaṃ）来集している［林］（vanaṃ）」。

Sāvatthī が省略されていると見ると、コンパウンドは āgata-samaṇā と Sāvatthī が Sāvatthī サーヴァッティーの f.sg.nom. であるように āgata-samaṇa の女性、単数、主格の形となります。「沙門たちの（āgata-samaṇā）来集している［サーヴァッティー］（Sāvatthī）」。

以上のように形容される名詞によって性が違ってきて、このように男性、中性、女性の三つの場合が考えられる場合もあります。

āgatā samaṇā（yasmiṃ, so）＝āgata-samaṇo（ārāmo）とある yasmiṃ は「そこにおいて（yasmiṃ）沙門たちが来集しているところの園（ārāmo）」そして so は「その（so）沙門たちが来集している（āgata-samaṇo）園は（ārāmo）」という意味です。so は ārāmo を指しています。

āgatā samaṇā（yasmiṃ, taṃ）＝āgata-samaṇaṃ（vanaṃ）とある yasmiṃ は「そこにおいて（yasmiṃ）沙門たちが来集しているところの林（vanaṃ）」そして taṃ は「その（taṃ）沙門たちが来集している（āgata-samaṇaṃ）林は（vanaṃ）」という意味です。taṃ は vanaṃ を指しています。

āgatā samaṇā（yasmiṃ, sā）＝āgata-samaṇā（Sāvatthī）とある yasmiṃ は「そこにおいて（yasmiṃ）沙門たちが来集しているところのサーヴァッティー（Sāvatthī）」そして sā は「その（sā）沙門たちが来集している（āgata-samaṇā）サーヴァッティー（Sāvatthī）は」という意味です。sā は Sāvatthī を指しています。

このように形容される本体の名詞などに対して、有財釈となる形容する名詞の方は、その本体になる名詞に性数格が合致します。

◆複雑合成語

p168 ㉛合成語の中には幾種類かの合成関係が混在した複雑合成語がある。

bhikkhu-sahassa-paributo（buddho）

bhikkhu（m. 語基）比丘　　　**sahassa**（num. 語基）千

paributo/paributa（a.m.sg.nom.）囲まれた、従えた

buddho/buddha（m.sg.nom.）仏陀

この語は次の二重の合成関係から成っています。

a）bhikkhūnaṃ + sahassaṃ = bhikkhu-sahassaṃ（依主釈）

bhikkhūnaṃ/bhikkhu（m.pl.gen.）　比　丘　sahassaṃ/sahassa（num. sg.nom.）千 bhikkhu-sahassaṃ/bhikkhu-sahassa（n.sg.nom.）比丘たちの千人＝千人の比丘たち　ここでは千は複数ですが、数詞の曲用のし方にしたがって n.sg.nom. の形となっています。

b）bhikkhu-sahassena + paributo

bhikkhu-sahassena（a.n.sg.instr.）千人の比丘たち paributo/paributa（a.m.sg. nom.）従われた　前語が instr. で後語が nom. の依主釈

bhikkhu-sahassena-paributo 千人の比丘たちに従われた（仏陀）

gandha-mālādi-hatthā（manussā）manussā は省略されています。

gandha（m. 語基）香　　　**mālā**（f. 語基）花輪　　　**ādi**（m. 語基）等

hatthā/hattha（m.pl.nom.）手

香や花輪等を（gandha-mālādi）手にした（hatthā）［人々］（manussā）

dvattiṃsa-mahāpurisa-lakkhaṇa-paṭimaṇḍito（buddho）

「三十二大人相に荘厳された（仏）」

これは四重の合成関係から成っています。

a）mahanto + puriso = mahāpuriso 持業釈

mahanto（a.m.sg.nom.）偉大なる　puriso/purisa（m.sg.nom.）男の人

mahāpuriso（m.sg.nom.）大人（たいじん）

b）mahāpurisānaṃ + lakkhaṇāni = mahāpurisa-lakkhaṇāni

mahāpurisānaṃ/mahāpurisa（m.pl.gen.）　大　人 lakkhaṇāni/lakkhaṇa（n.pl.nom.）相

mahāpurisa-lakkhaṇāni 大人相　前語が gen. で後語が nom. の依主釈

c) dvattiṃsa ＋ mahāpurisa-lakkhaṇāni

dvattiṃsa（num. 語基） 三十二 mahāpurisa（m. 語基） 大人 lakkhaṇāni/lakkhaṇa（n.pl.nom.） 相 dvattiṃsa-mahāpurisa-lakkhaṇāni 三十二大人相

dvattiṃsa があるので帯数釈

d) dvattiṃsa-mahāpurisa-lakkhaṇehi ＋ paṭimaṇḍito（yo so） ＝ dvattiṃsa-mahāpurisa-lakkhaṇa-paṭimaṇḍito patimaṇḍito/paṭimaṇḍita（a.m.sg.nom.） 飾られた

「三十二大人相によって荘厳された（仏陀）」

（yo so）は「三十二大人相によって荘厳された彼が（yo）＝その彼が（so）三十二大人相によって荘厳された［仏陀］である」との意味です。仏陀が省略されています

第八章　宝経

宝経はスッタニパータに収録されているお経です。日本テーラワーダ仏教協会の日常読誦経典にも収められています。このお経はヴェーサリーの人々が飢饉や疫病などで危機に陥った時、お釈迦様にお願いして来ていただいて、お釈迦様がこのお経をヴェーサリーの城門のところでヴェーサリーの人々の災害を防除するためにお説きになられました。このことによってヴェーサリーの人々は救われました。

宝経　ratana　suttaṃ

ratana(n. 語基) 宝 suttaṃ/sutta(n.sg.nom.) お経

第222偈

Yānīdha bhūtāni samāgatāni bhummāni vā yāni va antalikkhe, sabbeva bhūtā sumanā bhavantu ; athopi sakkacca suṇantu bhāsitaṃ.

Yānīdha = yāni + idha の連声 yāni/ya(関係代名詞. n.pl.nom.) 所のもの idha(adv.) ここに

ここでは yānīdha を見た場合、辞書にはのっていません。こういう場合は連声を考えてみます。そしたら ya + anīdha か yāni + idha かとなってきます。ただ ya は辞書では pron.(代名詞)rel.(relative 関係代名詞) と出ていますが、曲用した形ではありません。語基の形です。anīdha という言葉もありません。これではだめです。そこで yāni + idha と見当をつけてみます。すると yāni は ya の中性 (n.) の複数 (pl.) 主格 (nom.) あるいは対格 (acc.) と解ります。(辞書 p391 関係代名詞の表参照) そして idha は「ここに、此界に」という意味の副詞 (adv.) です。これで意味は通ります。一応こう決定しておきます。

bhūtāni/bhūta(a.n.pl.nom.) 存在した、生物、生類← bhavati(v.) 存在する、の pp.

samāgatāni/samāgata(a.n.pl.nom.) 来集した← samāgacchati(v.) 来集する、の pp. この「来集した」という意味の言葉は bhūtāni を修飾しているので bhūtāni と同じ中性（n.）複数（pl.）主格（nom.）となっています。

bhummāni/bhumma(a.n.pl.nom.) 地の、土地

vā(adv.conj.) あるいは、または

yani/ya(関係代名詞. n.pl.nom.)

va = vā(adv.conj.) あるいは、または

antalikkhe/antalikkha(n.sg.loc.) 虚空

sabbeva = sabbe + eva の連声　sabbe/sabba(a.m.pl.nom.) 一切　eva (adv.) まさしく

bhūtā/bhūta(a.m.pl.nom.) 存在した、生物、生類

sumanā = su + manā　su(pref.) 善い　manā/manas(n → 有財釈 m.PL.nom.) こころ、意　sumana(a.m.pl.nom.) 意が善い、心喜んだ

bhavantu/bhavati(v.imper.3.pl.) 存在する、ある、→あれよ、

athopi = atho + pi の連声　atho(indecl) 時に、また、さらに　pi(adv.conj.) も、また

sakkacca/sakkaroti(v.ger.) 恭敬する、尊敬する→（adv.）恭敬して、尊敬して

suṇantu/suṇāti(v.imper.3.pl.) 聞く

bhāsitaṃ/bhāsita(a.n.sg.acc.) 説いた、話した← bhāsati(v.) 説く、話す、の pp.

さて、ここで訳をします。それぞれの言葉について名詞、代名詞は意味を調べ性数格を確定していますし、動詞などについても意味を調べ法（命令法、願望法など）人称、単数複数などを確定していますので、それにもとづいて訳をしてゆきます。

Yānīdha の yāni, bhūtāni, samāgatāni, bhummāni,「yāni va antalikkhe」の yāni はすべて n.pl.nom. となっていて、その中で bhūtāni が基本となる言葉です。Yānīdha の yāni も bhūtāni[生きもの、精霊] であるところのものと

なってbhūtāniと同じと見ることもできます。それ以外のsamāgatāni, bhummāni,「yāni va antalikkhe」のyāniはすべてbhūtāniを修飾する関係にあります。

そこでここまでの訳としては

訳）ここに（idha）集まって来た（samāgatāni）生き物たちは（bhūtāni）あるいは（vā）地にいるものたち（bhummāni）、あるいは（va）虚空において（antalikkhe）いるものたちも（yāni）、

次も訳してみます

訳）まさしく（va = eva）一切の（sabbe）生き物たちは（bhūtā）心喜んで（sumanā）あれよ（bhavantu）。さらに（atho）また（pi）恭敬して（sakkacca）［私が］説くことを（bhāsitaṃ）聞きなさい（suṇantu）。

ここまでは順調に訳せました。

第223偈

Tasmāhi bhūtā nisāmetha sabbe, mettaṃ karotha mānusiyā pajāya, Divā ca ratto ca haranti ye baliṃ, tasmāhi ne rakkhatha appamattā.

Tasmāhi = tasmā + hiの連声　tasmā/ta（人称代名詞. 3.n.sg.abl.）それ
hi（adv.conj.）実に、何となれば

bhūtā/bhūta（a.m.pl.voc.）生き物→生きものたちよ

nisāmetha/nisāmeti（v.imper.2.pl.）注意する、傾聴する、心する

sabbe/sabba（m.pl.voc.）一切、すべて

mettaṃ/mettā（f.sg.acc.）慈しみ

karotha/karoti（v.imper.2.pl.）作す→作せよ、作しなさい

mānusiyā/mānusī（f.sg.dat.）人間

pajāya/pajā（f.sg.dat.）人々　　Divā（adv.）日中に

ca（conj.）そして、また　　ratto/rattā（f.sg.loc.）夜

haranti/harati（v.pr.3.pl.）運ぶ、持ち来る、持ち去る

ye/ya（関係代名詞. m.pl.nom.）所のもの

balim̩/bali（m.）犠牲、供養、供物　　**ne**/ta（人称代名詞. 3.m.pl.acc.）彼
rakkhatha/rakkhati（v.imper.2.pl.）護る→護りなさい
appamattā = a + pamattā　a（pref.）否定　pamattā/pamatta（a.m.pl.nom.）放逸な、気づきがない　appamatta（a.m.pl.nom.）怠りなく

訳をします。

ここでは集まって来た生き物（精霊）たちに呼びかけています。（呼格）

訳）まさに（hi）それ故に（Tasmā）すべての（sabbe）生きものたちよ（bhūtā）［あなた方は］注意して聞きなさい（nisāmetha）。人間たちに（mānusiyā pajāya）慈しみを（mettaṃ）作しなさい（karotha）。昼に（Divā）そして（ca）夜に（ratto）人間たちは（ye）供物を（baliṃ）持って来ます（haranti）。まさに（hi）それ故に（tasmā）［あなた方は］彼等を（ne）怠りなく（appamattā）護りなさい（rakkhatha）。

ここは別にむつかしい表現はなかったように思います。sabbe と bhūtā は呼びかけと思いました。もちろんどちらも m.pl.nom. でも意味は通ります。それでも呼格の方が適当と思いました。また、nisāmetha と karotha と rakkhatha という三つの命令法が使われています。

第224偈

Yaṃ kiñci vittaṃ idha vā huraṃ vā, saggesu vā yaṃ ratanaṃ paṇītaṃ, Na no samaṃ atthi tathāgatena, idam pi buddhe ratanaṃ paṇītaṃ, Etena saccena suvatthi hotu.

Yaṃ/ya（関係代名詞. n.sg.nom.）所のもの
kiñci（疑問代名詞 n.sg.nom.）何ものか、何でも、何であれ
= kiṃ + ci, cid　kiṃ（疑問代名詞）　ci, cid（indecl.）いかなる、でも
vittaṃ/vitta（a.n.sg.nom.）喜んだ、幸福な、富、財産　**idha**（adv.）ここに、この［世］に
vā（adv.conj.）あるいは、又は　　　**huraṃ**（adv.）他界に、他世に
saggesu/sagga（m.pl.loc.）天、天界、天上　**ratanaṃ**/ratana（n.sg.nom.）

宝

paṇītaṃ/paṇīta（a.n.sg.nom.）適用された、勝れた← paṇeti（v.）適用する、判決する、の pp.

Na（adv.）否定　　no（adv.）確かに　　samaṃ（adv.）等しく

atthi（v.pr.3.sg.）ある、存在する

tathāgatena/tathāgata（m.sg.instr.）如来

この具格は「～と」いう意味の具格→如来と

idam pi ＝ idaṃ ＋ pi の連声

idaṃ（指示代名詞. n.sg.nom.）これ　　pi（adv.conj.）～も、また

buddhe/buddha（m.sg.loc.）仏陀→仏陀において

ratanaṃ/ratana（n.sg.nom.）宝　　paṇītaṃ/paṇīta（a.n.sg.nom.）勝れた

Etena/etad（指示代名詞. n.sg.instr.）これ

saccena/sacca（n.sg.instr.）真実　　suvatthi（f.sg.nom.）安全、幸せ

hotu/hoti（v.imper.3.sg.）ある、成る→あれよ、ありますように

訳）この世における（idha）あるいは（vā）他の世における（huraṃ）いかなる（kiñci）財富（vittaṃ）というもの（yaṃ）であれ、あるいは（vā）天界における（saggesu）［いかなる］勝れた（paṇītaṃ）宝（ratanaṃ）というもの（yaṃ）であれ、確かに（no）如来と（tathāgatena）等しいものは（samaṃ）存在しない（na atthi）。これ（idam）も（pi）仏陀における（buddhe）勝れた（paṇītaṃ）宝（ratanaṃ）［である］。この（Etena）真実によって（saccena）幸せが（suvatthi）あるように（hotu）。

第 225 偈

Khayaṃ virāgaṃ amataṃ paṇītaṃ, yadajjhagā sakyamunī samāhito, Na tena dhammena samatthi kiñci, idam pi dhamme ratanaṃ paṇītaṃ, Etena saccena suvatthi hotu.

Khayaṃ/khaya（m.sg.acc.）滅尽

virāgaṃ/virāga（m.sg.acc.）離貪　virāga の vi は離の意味の接頭辞。

rāga は貪

amataṃ/amata（a.n.sg.acc.）不死の、甘露、涅槃　amata は a ＋ mata。a は否定の接頭辞。mata は marati（v.）死ぬ、の pp.。mata 死んだ、死者

paṇītaṃ/paṇīta（a.n.sg.acc.）勝れた

yadajjhagā ＝ yad ＋ ajjhagā の連声　yad ＝ yaṃ/ya（関係代名詞. n.sg.acc.）所のもの

ajjhagā/adhigacchati（v.aor.3.sg.）到達する、証得する

yadajjhagā は辞書にはのっていませんので連声を考えてみます。すると yad というのは関係代名詞の表にのっていますので、yad と ajjhagā で分けてみます。すると ajjhagā も adhigacchati の aor. として出ていますので、それを参考にして訳を確定します。

sakyamunī ＝ sakya ＋ munī のコンパウンド　sakya（m. 語基）釈迦、釈氏　munī ＝ muni（m.sg.nom.）牟尼、聖者　sakyamuni（m.sg.nom.）釈迦牟尼

samāhito/samāhita（a.m.sg.nom.）定置した、入定した、入定者 ← samādahati（v.）定める、置く、心を統一する、の pp.

Na（adv.）否定　　**tena**/ta（人称代名詞. 3.m.sg.instr.）それ

dhammena/dhamma（m.sg.instr.）法

samatthi ＝ samo ＋ atthi の連声　samo/sama（a.m.sg.nom.）等しき、同じ

atthi（v.pr.3.sg.）ある

kiñci（疑問代名詞 n.sg.nom.）何か、何であれ

idam pi ＝ idaṃ ＋ pi の連声

idaṃ（指示代名詞. n.sg.nom.）これ　　pi（adv.conj.）〜も、また

dhamme/dhamma（m.sg.loc.）法→法における

ratanaṃ/ratana（n.sg.nom.）宝　　**paṇītaṃ**/paṇīta（a.n.sg.nom.）勝れた

Etena/etad（指示代名詞. n.sg.instr.）これ

saccena/sacca（n.sg.instr.）真実　　**suvatthi**（f.sg.nom.）安全、幸せ

hotu/hoti（v.imper.3.sg.）ある、成る→あれよ、ありますように

訳）心統一した（samāhito）釈迦牟尼が（sakyamunī）到達された（ajjagā）ところの（yad）［煩悩の］滅尽（Khayaṃ）、離貪（virāgaṃ）勝れた（paṇītaṃ）不死の（amataṃ）［境地］。その（tena）法と（dhammena）等しいものは（sama）何であれ（kiñci）存在（atthi）しない（na）。これ（idam）も（pi）法における（dhamme）勝れた（paṇītaṃ）宝（ratanaṃ）［である］。この（Etena）真実によって（saccena）幸せが（suvatthi）あるように（hotu）。

第226偈

Yam buddhaseṭṭho parivaṇṇayī suciṃ, samādhim ānantarikaññam āhu, samādhinā tena samo na vijjati, idam pi dhamme ratanaṃ paṇītaṃ, Etena saccena suvatthi hotu.

Yam buddhaseṭṭho ＝ yaṃ ＋ buddhaseṭṭho の連声　yaṃ/ya（関係代名詞. n.sg.acc.）所のもの　buddhaseṭṭho ＝ buddha ＋ seṭṭho のコンパウンド　buddha（m. 語基）仏陀　seṭṭho/seṭṭha（a.m.sg.nom.）最勝の、最上の　buddhaseṭṭha（a.m.sg.nom.）最勝の仏陀

parivaṇṇayī ＝ parivaṇṇayi（ī と伸びているのは韻律による）/parivaṇṇayati ＝ parivaṇṇeti（v.aor.3.sg.）賞賛する→賞賛した

ここでは e ＝ aya の法則を覚えておきましょう。parivaṇṇayati から parivaṇṇayi という aor. は出来ていますが、e ＝ aya の法則を知っておいて parivaṇṇayati が parivaṇṇeti と同じであると知って辞書で parivaṇṇeti を引かないと「賞賛する」という意味は出てきません。

suciṃ/suci（a.m.sg.acc.）浄い、清浄の

samādhim は本来は samādhiṃ ですが ānantarikaññam の ā という母音の前に来ているので連声の法則で ṃ が m に変わっています。

samādhim/samādhi（m.sg.acc.）心統一

ānantarikaññam āhu　＝ ānantarikaṃ ＋ yaṃ ＋ āhu の連声 ānantarikaṃ の ṃ とその次の yaṃ の y が連声の法則によって ññ とな

っている。また yaṃ の ṃ も āhu の ā という母音の前にあるので、連声の法則によって m となっている。

ānantarikaṃ = ānantarika (a.m.sg.acc.) 無間の　yaṃ/ya (関係代名詞. n.sg.acc.) 所のもの　āhu/āha (v.pr.3.pl.) 言う、言った

samādhinā/samādhi (m.sg.instr.) 心の統一

tena/ta (人称代名詞. 3.m.sg.instr.) それ　**samo**/sama (m.sg.nom.) 同じ、等しい

na (adv.) 否定　**vijjati**/vindati (v.pass.) 知る、見出す→知られる、見出される

idam pi = idaṃ + pi の連声

idaṃ (指示代名詞. n.sg.nom.) これ　pi (adv.conj.) ～も、また

dhamme/dhamma (m.sg.loc.) 法→法における

ratanaṃ/ratana (n.sg.nom.) 宝　paṇītaṃ/paṇīta (a.n.sg.nom.) 勝れた

Etena/etad (指示代名詞. n.sg.instr.) これ

saccena/sacca (n.sg.instr.) 真実　**suvatthi** (f.sg.nom.) 安全、幸せ

hotu/hoti (v.imper.3.sg.) ある、成る→あれよ、ありますように

ここでは ānantarikaññam āhu の連声の理解と parivaṇṇayī の aor. の理解に e = aya が重要です。

訳）最勝の（seṭṭho）仏陀が（buddha）賞賛された（parivaṇṇayī）清浄なるもの（yam suciṃ）それを（ñaṃ）無間の（ānantarikañ）心統一と（samādhiṃ）言う（āhu）。その（tena）心統一と（samādhinā）等しいものは（samo）存在しない（na vijjati）。これ（idam）も（pi）法における（dhamme）勝れた（paṇītaṃ）宝（ratanaṃ）［である］。この（Etena）真実によって（saccena）幸せが（suvatthi）あるように（hotu）。

第 227 偈

Ye puggalā aṭṭha satam pasatthā, cattāri etāni yugāni honti, Te dakkhiṇeyyā sugatassa sāvakā, etesu dinnāni mahapphalāni, idam pi saṅghe ratanaṃ paṇītaṃ, Etena saccena suvatthi hotu.

Ye/ya（関係代名詞. m.pl.nom.）所のもの

puggalā/puggala（m.pl.nom.）人、士、士夫　　**aṭṭha**（num. 語基）八

satam pasatthā ＝ sataṃ ＋ pasatthā の連声　sataṃ/santa（m.pl.gen.）善い、正しい、善い人、正しい人→善き人々の← atthi（v.）ある、の ppr.　pasatthā/pasattha（a.m.pl. nom.）賞賛された

cattāri/catu（num.n.nom.）四　**etāni**/etad（指示代名詞. n.pl.nom.）これ

yugāni/yuga（n.pl.nom.）対　　honti/hoti（v.pr.3.pl.）ある、なる

Te/ta（人称代名詞. 3.m.pl.nom.）彼→彼等は

dakkhiṇeyyā/dakkhiṇeyya（a.m.pl.nom.）供養されるべき

sugatassa/sugata（m.sg.gen.）善逝　sāvakā/sāvaka（m.pl.nom.）声聞、弟子

etesu/etad（指示代名詞. n.pl.loc.）これ

dinnāni/dinna（a.n.pl.nom.）与えられた← dadāti（v.）与える、の pp.

mahapphalāni ＝ maha ＋ p ＋ phalāni のコンパウンド　maha/mahant（a. 語基）大いなる

maha は mahant がコンパウンドになる時の語基の一つの形　phalāni/phala（n.pl.nom.）果

idam pi ＝ idaṃ ＋ pi の連声

idaṃ（指示代名詞. n.sg.nom.）これ　　pi（adv.conj.）～も、また

saṅghe/saṅga（m.sg.loc.）僧団→僧団における

ratanaṃ/ratana（n.sg.nom.）宝　　**paṇītaṃ**/paṇīta（a.n.sg.nom.）勝れた

Etena/etad（指示代名詞. n.sg.instr.）これ

saccena/sacca（n.sg.instr.）真実　　**suvatthi**（f.sg.nom.）安全、幸せ

hotu/hoti（v.imper.3.sg.）ある、成る→あれよ、ありますように

訳）善き人々が（satam）賞賛した（pasatthā）八つの（aṭṭha）輩の（puggalā）ものたちは（ye）これら（etāni）四つの（cattāri）対（yugāni）であり（honti）、彼等は（Te）供養されるべき方々であり（dakkhiṇeyyā）善逝の（sugatassa）弟子たち（sāvakā）である。これ

らの方々に対する（etesu）布施は（dinnāni）大果が（mahapphalāni）ある。これ（idam）も（pi）僧団における（saṅghe）勝れた（paṇītaṃ）宝（ratanaṃ）［である］。この（Etena）真実によって（saccena）幸せが（suvatthi）あるように（hotu）。

第228偈

Ye suppayuttā manasā daḷhena nikkāmino gotamasāsanamhi, Te pattipattā amataṃ vigayha laddhā mudhā nibbutiṃ bhuñjamānā, idam pi saṅghe ratanaṃ paṇītaṃ, Etena saccena suvatthi hotu.

Ye/ya（関係代名詞. m.pl.nom.）所のもの

suppayuttā ＝ su ＋ p ＋ payuttā　su（pref.）善い　payuttā/payutta（a.m.pl.nom.）努力せる、努めたる　suppayutta（a.m.pl.nom.）善く努力した

manasā/mano（n.sg.instr.）意→意によって　**daḷhena**/daḷha（a.n.sg.instr.）堅固の

nikkāmino/nikkāmin（a.m.pl.nom.）欲のない、欲を離れた

gotamasāsanamhi ＝ gotama ＋ sāsanamhi のコンパウンド

gotama（m. 語基）ゴータマ　コンパウンドの前の言葉ですので語基となっています。

gotama の go は雄牛のことで tama は最上級を示す接尾辞です。それで gotama と言えば最上の牛あるいは最勝の牛となります。

sāsanamhi/sāsana（n.sg.loc.）教え→教えにおいて

gotamasāsana（n.sg.loc.）ゴータマの教え　　Te/ta（人称代名詞. 3.m.pl.nom.）彼

pattipattā ＝ patti ＋ pattā のコンパウンド　patti（f.）得達、得ること

pattā/patta（a.m.pl.nom.）得た← pāpuṇāti（v.）得る、の pp.

pattipattā/pattipatta（a.pl.nom.）得達すべきものを得た者

amataṃ ＝ a ＋ mata　a（pref.）否定　mata（a.）死んだ、死者← marati（v.）死ぬ、の pp.

amata(a.n.sg.acc.) 不死の、不死、甘露、涅槃

vigayha/vigāhati(v.ger.) 潜入する、入る→入って

laddhā/labhati(v.ger.) 得る→得て　　**mudhā**(adv.) ただで、無益で

nibbutiṃ/nibbuti(f.sg.acc.) 寂滅「仏のことば註(二)」に『《寂滅》とは煩悩の苦悩が鎮まった(patippassaddha-kilesa-daratha)果定(phala-samāpatti)、阿羅漢果の境地における心統一である。』とあります。

bhuñjamānā/bhuñjamāna(a.m.pl.nom.) 享受している← bhuñjati(v.) 受容する、享受する、食べる、の ppr.

idam pi 以下は 227 偈と同じなので省略します。

訳) 堅固な(daḷhena) 意によって(manasā) 善く努力し(suppayuttā) ゴータマの教えにおいて(gotamasāsanamhi) 欲を離れた(nikkāmino) 者たち(ye)、彼等は(Te) 得達すべきもの[涅槃]を得たものたちであり(pattipattā) 不死[涅槃]に(amataṃ) 入って(vigayha) ただで(mudhā) 得て(laddhā)、寂滅を(nibbutiṃ) 享受しているものたちである(bhuñjamānā)。これ(idam) も(pi) 僧団における(saṅghe) 勝れた(paṇītaṃ) 宝(ratanaṃ) [である]。この(Etena) 真実によって(saccena) 幸せが(suvatthi) あるように(hotu)。

第229偈

Yathindakhīlo paṭhaviṃ sito siyā catubbhi vātebhi asampakampiyo, Tathūpamaṃ sappurisaṃ vadāmi yo ariyasaccāni avecca passati, idam pi saṅghe ratanaṃ paṇītaṃ, Etena saccena suvatthi hotu.

Yathindakhīlo = yathā + inda + khīlo の連声　yathā(adv.) ～のように　inda(m. 語基) インドラ、帝釈天　khīla(m.sg.nom.) 標柱

indakhīlo/indakhīla(m.sg.nom.) 帝柱、門柱

paṭhaviṃ/paṭhavī(f.sg.acc.) 大地、地　**sito**/sita(m.sg.nom.) 依止した、依存した

siyā/atthi(v.opt.3.sg.) ある　　**catubbhi**/catu(num.m.instr.) 四

vātebhi/vāta（m.pl.instr.）風
asampakampiyo = a + sampakampiyo a（pref.） 否 定 sampakampiyo/sampakampiya（a.m.sg.nom.）振動させるべき、動かすべき← sampakampeti（v.grd.）振動させる、動かす **asampakampiyo**/asampakampiya（a.m.sg.nom.）動かすべきでない
Tathūpamaṃ = tathā + upamaṃ の連声　tathā（adv.）そのように upamaṃ（adv.）〜のように、〜の如く、譬喩として
Tathūpamam（adv.）その譬喩のように
sappurisaṃ = sat + purisaṃ のコンパウンド　sat（a. 語基）ありつつ、善なる← atthi（v.）ある、の ppr.　purisaṃ/purisa（m.sg.acc.）人
sappurisa（a.m.sg.acc.）善き人
vadāmi/vadati（v.pr.1.sg.）言う　**yo**/ya（関係代名詞. m.sg.nom.）所のもの
ariyasaccāni = ariya + saccāni のコンパウンド　ariya（a. 語基）聖なる
saccāni/sacca（n.pl.acc.）真理、諦　**ariyasaccāni**/ariyasacca（n.pl.acc.）聖諦
avecca（adv.）確かに、決定的に、絶対に　**passati**（v.pr.3.sg.）見る、見出す
idam pi 以下は 227 偈と同じなので省略します。
訳）門柱が（indakhīlo）大地に（paṭhaviṃ）依って立って（sito）あるならば（siyā）、四方からの（catubbhi）風によっても（vātebhi）揺らぐことのない（asampakampiyo）ように（yathā）、［四］聖諦を（ariyasaccāni）確かに（avecca）観る（passati）ものは（yo）、そのたとえのように（Tathūpamaṃ）善き人と（sappurisaṃ）［私は］言う（vadāmi）。これ（idam）も（pi）僧団における（saṅghe）勝れた（paṇītaṃ）宝（ratanaṃ）［である］。この（Etena）真実によって（saccena）幸せが（suvatthi）あるように（hotu）。

第230偈

Ye ariya saccāni vibhāvayanti gambhīrapaññena sudesitāni, kiñcāpi te honti bhusappamattā, na te bhavaṃ aṭṭhamaṃ ādiyanti, idam pi saṅghe ratanaṃ paṇītaṃ, Etena saccena suvatthi hotu.

Ye/ya（関係代名詞. m.pl.nom.）所のもの

ariyasaccāni = ariya + saccāni のコンパウンド ariya（a. 語基）聖なる

saccāni/sacca（n.pl. acc.）真理、諦　　ariyasacca（n.pl.acc.）聖諦

vibhāvayanti/vibhāvayati = vibhāveti（v.pr.3.pl.）明らかにする、説明する

ここでは第三人称複数現在形をあらわすために nti という語尾にしたいのですが、vibhāveti では nti としづらいので vibhāvayati として nti をつけて vibhāvayanti とされたものと思います。

gambhīrapaññena = gambhīra + paññena のコンパウンド　gambhīra（a. 語基）深い、深甚の　paññena/pañña（a.m.sg.instr.）智慧ある

gambhīrapaññena/gambhīrapañña（a.m.sg.instr.）深い智慧あるもの

sudesitāni = su + desita　su（pref.）善い　desita/deseti（v.）示す、の pp.

sudesitāni/sudesita（a.n.pl.acc.）善く説き示された

kiñcāpi = kiñci + api の連声　kiñci/kaci（疑問代名詞 n.）何か、何であれ

api（indecl.adv.）～もまた、～さえも　　kiñcāpi たとい～でも

te/ta（人称代名詞. 3.m.pl.nom.）彼　　**honti**/hoti（v.pr.3.pl.）ある

bhusappamattā = bhusa + p + pamattā のコンパウンド　bhusa（a. n. 語基）大いに、強く、盛んに　pamattā/pamatta（a.m.pl.nom.）放逸なる、怠慢なる

na（adv.）否定　　**bhavaṃ**/bhava（m.sg.acc.）生存

aṭṭhamaṃ/aṭṭhama（a.m.sg.acc.）第八の　**ādiyanti**/ādiyati（v.pr.3.pl.）取る

idam pi 以下は 227 偈と同じなので省略します。

訳）深い智慧ある人によって（gambhīrapaññena）善く説き示された（sudesitāni）［四つの］聖なる諦を（ariya saccāni）明らかにする（vibhāvayanti）ものたちは（ye）、たとい（kiñcāpi）彼等が（te）大いに放逸なる者たちと（bhusappamattā）なっても（honti）、彼等は（te）第八の（aṭṭhamaṃ）生存を（bhavaṃ）取ることは（ādiyanti）ない（na）。これ（idam）も（pi）僧団における（saṅghe）勝れた（paṇītaṃ）宝（ratanaṃ）［である］。この（Etena）真実によって（saccena）幸せが（suvatthi）あるように（hotu）。

第231偈

Sahāvassa dassanasampadāya tayassu dhammā jahitā bhavanti ; Sakkāyadiṭṭhi vicikicchitañ ca sīlabbataṃ vāpi yadatthi kiñci, catūhapāyehi ca vippamutto cha cābhiṭhānāni abhabbo kātuṃ, idam pi saṅghe ratanaṃ paṇītaṃ, Etena saccena suvatthi hotu.

Sahāvassa ＝ sahā ＋ va ＋ assa の連声　sahā/saha（pref.）共に　va ＝ eva（adv.）まさしく

assa/ta（人称代名詞. 3.m.sg.gen.）彼

dassanasampadāya ＝ dassana ＋ sampadāya のコンパウンド　dassana（n. 語基）見、見ること　sampadāya/sampadā（f.sg.instr.）円足、成就

tayassu ＝ tayas ＋ su　tayas/tayo（num.m.nom.）三 tayo は s ではじまる語の前に来る時 tayas の形になる。su（indecl.adv.）まさに

dhammā/dhamma（m.pl.nom.）法

jahitā/jahita（a.m.pl.nom.）捨てられた← jahati（v.）捨てる、の pp.

bhavanti/bhavati（v.pr.3.pl.）ある、成る、～となる

Sakkāyadiṭṭhi ＝ Sakkāya ＋ diṭṭhi のコンパウンド　sakkāya（m. 語基）個体、身体、有身　diṭṭhi（f.sg.nom.）見、見解　Sakkāyadiṭṭhi（f.sg.nom.）有身見

vicikicchitañ ca ＝ vicikicchitaṃ ＋ ca の連声　vicikicchitaṃ/vicikicchita（a.n.sg. nom.）疑える、疑　ca（conj.）また、そして

sīlabbataṃ = sīla + b + bataṃ　sīla（n. 語基）戒　bataṃ/bata = vata（n.sg.nom.）禁戒、誓戒　sīlabbata（n.）戒禁

vāpi = vā + api　vā（adv.conj.）または、あるいは　api（indecl.）また、〜もまた、おそらく、いえども

yadatthi = yaṃ + atthi の連声　yaṃ/ya（関係代名詞. m.sg.nom.）所のもの

atthi（v.pr. 3.sg.）ある

kiñci（疑問代名詞 n.sg.nom.）　何

yadatthi kiñci　ある（atthi）ところのものは（yad）何であれ（kiñci）

catūhapāyehi = catūhi + apāyehi の連声　catūhi/catu（num.abl.）四

apāyehi/apāya（n.pl.abl.）悪趣

ca（conj.）そして、また

vippamutto/vippamutta（a.m.sg.nom.）脱した、自由となった

cha（num）六　**cābhiṭhānāni** = ca + abhiṭhānāni　ca（conj.）そして、また

abhiṭhānāni/abhiṭhāna（n.pl.acc.）極罪

abhabbo/abhabba（a.m.sg.nom.）不可能な

kātuṃ/karoti（v.inf.）為す→為すべく、為すことが出来る

idam pi 以下は 227 偈と同じなので省略します。

訳）まさに（va）彼が（assa）知見の成就（dassana-sampadāya）とともに（Sahā）、実に（su）三つの（tayas）ことが（dhammā）捨てられたものと（jahitā）なる（bhavanti）。有身見（Sakkāyadiṭṭhi）、疑（vicikicchitañ）そして（ca）戒禁は（sīlabbataṃ）、あるものは（yadatthi）何であれ（kiñci）［捨てられたものとなる］。そして（ca）四つの（catūh）悪趣から（apāyehi）脱したものと（vippamutto）なり、また（ca）六つの（cha）極罪を（abhiṭhānāni）為すことは（kātuṃ）不可能である（abhabbo）である。これ（idam）も（pi）僧団における（saṅghe）勝れた（paṇītaṃ）宝（ratanaṃ）［である］。この（Etena）

真実によって（saccena）幸せが（suvatthi）あるように（hotu）。

第232偈

kiñcā pi so kammaṃ karoti pāpakaṃ kāyena vācā uda cetasā vā, Abhabbo so tassa paṭicchādāya, abhabbatā diṭṭhapadassa vuttā, idam pi saṅghe ratanaṃ paṇītaṃ, etena saccena suvatthi hotu.

kiñcā pi ＝ kiñci ＋ api の連声　kiñci（疑問代名詞. n.sg.nom.）何ものか、何でも

api（indecl）〜もまた、恐らく、いえども　　kiñcā pi たとい〜でも

so/ta（人称代名詞. 3.m.sg.nom.）彼　kammaṃ/kamma（n.sg.acc.）行為

karoti（v.pr.3.sg.）為す　　pāpakaṃ/pāpaka（a.n.sg.acc.）悪い

kāyena/kāya（m.sg.instr.）身体　　vācā（f. 語基）語、言葉

uda（indecl.）あるいは　　cetasā/ceto（n.sg.instr.）心、心想

vā（adv.conj.）または、あるいは

Abhabbo ＝ a ＋ bhabbo　a（pref.）否定　bhabbo/bhabba（a.m.sg.nom.）可能の、出来る

abhabba（a.m.sg.nom.）不可能の

so/ta（人称代名詞. 3.m.sg.nom.）彼　tassa/ta（人称代名詞. 3.m.sg.gen.）彼、それ

paṭicchādāya/paṭicchādā（f.sg.dat.）覆い隠すこと

abhabbatā（f.sg.nom.）不可能、不能　abhabbatā の tā は「〜たること、〜性」などの意味を表す接尾辞。女性名詞となる。パーリ語文法 p154

diṭṭhapadassa は diṭṭha ＋ padassa のコンパウンド　diṭṭha（a.m. 語基）見られた、見た　padassa/pada（n.sg. gen.）境地　diṭṭha-padassa（m.sg. gen.）［涅槃の］境地を見た者

vuttā/vutta（a.f.sg.nom.）言われた、説かれた← vuccati（v.）言う、の pp.

idam pi 以下は 227 偈と同じなので省略します。

訳）たとい（kiñcā）彼が（so）身体によって（kāyena）、言葉（vācā）

あるいは（uda）また（vā）心によって（cetasā）悪い（pāpakaṃ）行為を（kammaṃ）為そうとも（karoti pi）彼が（so）そのことを（tassa）覆い隠すことは（paṭicchādāya）不可能である（Abhabbo）。［涅槃の］境地を見たものにとって（diṭṭha padassa）不可能なことであると（abhabbatā）言われている（vuttā）。これ（idam）も（pi）僧団における（saṅghe）勝れた（paṇītaṃ）宝（ratanaṃ）［である］。この（Etena）真実によって（saccena）幸せが（suvatthi）あるように（hotu）。

第233偈

Vanappagumbe yathā phussitagge gimhāna māse paṭhamasmiṃ gimhe, Tathūpamaṃ dhammavaraṃ adesayī nibbānagāmiṃ paramaṃhitāya, idam pi buddhe ratanaṃ paṇītaṃ, etena saccena suvatthi hotu.

Vanappagumbe ＝ Vana ＋ p ＋ pagumbe のコンパウンド　vana（n. 語基）森

pagumbe/pagumba（m.sg.nom.）叢林　pagumbe は「仏のことば註パラマッタジョーティカー」第二巻 p285 によって loc. ではなく nom. とします。

yathā（adv.）～のように

phussitagge/phussitagga（m.sg.nom.）花の咲く梢 phussitagge も e で終わっていますが「仏のことば註」第二巻 p285 によって m.sg.nom. とします。

gimhāna/gimha（m.pl.gen.）夏→夏の　　**māse**/māsa（m.sg.loc.）月

paṭhamasmiṃ/paṭhama（a.m.sg.loc.）第一の、最初の　**gimhe**/gimha（m.sg.loc.）夏

Tathūpamaṃ ＝ Tathā ＋ upamaṃ　tathā（adv.）そのように　upamaṃ（adv.）～のように、譬喩として　tathūpamaṃ（adv.）その譬喩のように

dhammavaraṃ ＝ dhamma ＋ varaṃ のコンパウンド　dhamma（m. 語

基）法　varaṃ/vara(a.m.sg.acc.) すぐれた、高貴の、最上の dhammavaraṃ(m.sg.acc.) 最上の法

adesayī/desayati = deseti(v.aor.3.sg.) 示す

nibbāna-gāmiṃ = nibbāna + gāmiṃ のコンパウンド nibbāna(n. 語基) 涅槃

gāmiṃ/gāmin(a.m.sg.acc.) 行く、行かせる、導くもの

nibbānagāmiṃ/nibbānagāmin(a.m.sg.acc.) 涅槃に導くもの

paramaṃhitāya = paramaṃ + hitāya のコンパウンド

paramaṃ/parama(a. 語基) 最高の、最上の

paramaṃ の ṃ は語呂合わせのために挿入

hitāya/hita(a.n.sg.dat.) 有益な、利益　**paramaṃhitāya**/paramaṃhita (n.sg.dat.) 最高の利益

idam pi = idaṃ + pi の連声

idaṃ(指示代名詞. n.sg.nom.) これ　　pi(adv.conj.) ～も、また

buddhe/buddha(m.sg.loc.) 仏陀→仏陀において

ratanaṃ/ratana(n.sg.nom.) 宝　　**paṇītaṃ**/paṇīta(a.n.sg.nom.) 勝れた

Etena/etad(指示代名詞. n.sg.instr.) これ

saccena/sacca(n.sg.instr.) 真実　　**suvatthi**(f.sg.nom.) 安全、幸せ

hotu/hoti(v.imper.3.sg.) ある、成る→あれよ、ありますように

訳）諸々の夏の［月の中の］(gimhāna) 最初の (paṭhamasmiṃ) 夏の (gimhe) 月において (māse)［春において］、森の中の叢林の (Vanappagumbe)［満開の］花をつけた梢のように (phussitagge) そのたとえのとおり (Tathūpamaṃ) 涅槃に導く (nibbāna-gāmiṃ) 最上の法を (dhammavaraṃ) 最高の利益のために (paramaṃhitāya) 説き示された (adesayī)。これ (idam) も (pi) 仏陀における (buddhe) 勝れた (paṇītaṃ) 宝 (ratanaṃ)［である］。この (Etena) 真実によって (saccena) 幸せが (suvatthi) あるように (hotu)。

第234偈

Varo varaññū varado varāharo anuttaro dhammavaraṃ adesayī, idam pi buddhe ratanaṃ paṇītaṃ, Etena saccena suvatthi hotu.

Varo/vara(a.m.sg.nom.) すぐれた、高貴の、最上の

varaññū = vara + ññū　vara(a.) すぐれた　ññū(suffix.m.) 知る人

varaññū/varaññū(a.m.sg.nom.) すぐれたことを知る人

varado = vara + da　da は dadāti と関連あり　varado/varada(m.sg.nom.) すぐれたことを与える人

varāharo = vara + āharo　vara(a.) すぐれた、最上の　āharo/āhara ← āharati(v.) 持ち来る、運ぶ、と関連あり　varāharo/varāhara(a.m.sg.nom.) すぐれたものをもたらす人

anuttaro = an + uttaro　an(pref.) 否定　uttaro/uttara(a.m.sg.nom.) より上の

anuttaro/anuttara(m.sg.nom.) 無上の

dhammavaraṃ = dhamma + varaṃ のコンパウンド　dhamma(m.語基) 法　varaṃ/vara(a.m.sg.acc.) すぐれた、最上の　dhammavaraṃ/dhammavara(a.m.sg.acc.) すぐれた法

adesayī/deseti(v.aor.3.sg.) 説き示す

idam pi 以下は233偈と同じなので省略します。

訳) すぐれた人が（Varo）すぐれたことを知る人が（varaññū）すぐれたことを与える人が（varado）すぐれたことをもたらす人が（varāharo）［そのような］無上の人が（anuttaro）すぐれた法を（dhamma varaṃ）説き示された（adesayī）。これ（idam）も（pi）仏陀における（buddhe）勝れた（paṇītaṃ）宝（ratanaṃ）［である］。この（Etena）真実によって（saccena）幸せが（suvatthi）あるように（hotu）。

第235偈

Khīṇaṃ purāṇaṃ navaṃ natthi sambhavaṃ, virattacittā āyatike

bhavasmiṃ, Te khīṇabījā avirūḷhicchandā nibbanti dhīrā yathā yaṃ padīpo, idam pi saṅghe ratanaṃ paṇītaṃ, Etena saccena suvatthi hotu.

Khīṇaṃ/khīṇa（a.n.sg.nom.）尽きた、滅せられた← khīyati（v.）尽きる、滅ぶ、の pp.

purāṇaṃ/purāṇa（a.n.sg.nom.）昔の、以前の、古い

navaṃ/nava（a.n.sg.nom.）新しい

natthi ＝ na ＋ atthi の連声　　na（adv.）否定　　atthi（v.pr.3.sg.）ある

sambhavaṃ/sambhava（m. 有財釈→ n.sg.nom.）発生

virattacittā ＝ viratta ＋ cittā のコンパウンド　viratta（a. 語基）離貪の← virajjati（v.）離貪する、離染する、の pp.　cittā/citta（n. 有財釈→ m.pl.nom.）心

virattacittā/virattacitta（a.m.pl.nom.）心離貪したもの

āyatike/āyatika（a.m.sg.loc.）未来の

bhavasmiṃ/bhava（m.sg.loc.）生存

Te/ta（人称代名詞. 3.m.pl.nom.）彼

khīṇabījā ＝ khīṇa ＋ bījā のコンパウンド　khīṇa（a. 語基）尽きた、滅せられた

bījā/bīja（n. 有財釈→ m.pl.nom.）種子

khīṇabījā/khīṇabīja（m.pl.nom.）種子の尽きた（生存の種子の尽きた）

avirūḷhicchandā ＝ a ＋ virūḷhi ＋ c ＋ chandā のコンパウンド　a（pref.）否定

virūḷhi（f. 語基）増長、成長、興隆　chandā/chanda（m.pl.nom.）欲、志欲

aviruḷhicchanda/avirūḷhicchanda（a.m.pl.nom.）成長を欲しない者

nibbanti/nibbāti（v.pr.3.pl.）消火する、煩悩を消尽する

dhīrā/dhīra（a.m.pl.nom.）堅固な、賢者

yathāyaṃ ＝ yathā ＋ ayaṃ の連声　yathā（adv.）～のように　ayaṃ（指示代名詞 m.sg.nom.）これ

padīpo/padīpa（m.sg.nom.）灯火 idam pi ＝ idaṃ ＋ pi の連声

idam pi 以下は 227 偈と同じなので省略します。

訳）古い（purāṇaṃ）［業は］尽き（Khīṇaṃ）新しく（navaṃ）発生する（sambhavaṃ）［業は］存在しない（natthi）。未来の（āyatike）生存に対して（bhavasmiṃ）心離貪したもの（virattacittā）［となり］、［生存の］種子の尽きた（khīṇabījā）［種子の］成長を欲しない（avirūḷhicchandā）かの（Te）賢者たちは（dhīrā）この（yam）灯火（padīpo）のように（yathā）消える（nibbanti）。これ（idam）も（pi）僧団における（saṅghe）勝れた（paṇītaṃ）宝（ratanaṃ）［である］。この（Etena）真実によって（saccena）幸せが（suvatthi）あるように（hotu）。

第 236 偈

Yānīdha bhūtāni samāgatāni bhummāni vā yāni va antalikkhe,
Tathāgataṃ devamanussapūjitaṃ Buddhaṃ namassāma suvatthi hotu.

Yānīdha ＝ yāni ＋ idha の連声　yāni/ya（関係代名詞. n.pl.nom.）所のもの

idha（adv.）ここに

bhūtāni/bhūta（a.n.pl.nom.）存在した、生物、生類← bhavati（v.）存在する、の pp.

samāgatāni/samāgata（a.n.pl.nom.）来集した← samāgacchati（v.）来集する、の pp.

bhummāni/bhumma（a.n.pl.nom.）地の、土地

vā（adv.conj.）あるいは、または　yāni/ya（関係代名詞. n.pl.nom.）

va ＝ vā（adv.conj.）あるいは、または　antalikkhe/antalikkha（n.sg.loc.）虚空

Tathāgataṃ/tathāgata（m.sg.acc.）如来

devamanussapūjitaṃ ＝ deva ＋ manussa ＋ pūjitaṃ のコンパウンド

deva（m. 語基）天

manussa（m. 語基）人　pūjitaṃ/pūjita（a.m.sg.acc.）供養された← pūjeti

（v.）供養する、の pp.

Buddhaṃ/buddha（m.sg.acc.）仏陀

namassāma/namassati（v.pr.1.pl.）礼拝する　→命令法ととることも可能

suvatthi（f.sg.nom.）幸せ　　hotu/hoti（v.imper.3.sg.）ある

訳）ここに（idha）集まって来た（samāgatāni）生き物たちは（bhūtāni）あるいは（vā）地にいるものたちも（bhummāni）、あるいは（va）虚空において（antalikkhe）いるものたちも（yāni）、諸々の天と人々によって供養された（deva-manussa-pūjitaṃ）如来を（Tathāgataṃ）、仏陀を（Buddhaṃ）［私たちは］礼拝しましょう（namassāma）。幸せが（suvatthi）ありますように（hotu）。

第237偈

Yānīdha bhūtāni samāgatāni bhummāni vā yāni va antalikkhe,
Tathāgataṃ devamanussapūjitaṃ Dhammaṃ namassāma suvatthi hotu.

第236偈と変わっているところはDhammaṃだけです。

Dhammaṃ/dhamma（m.sg.acc.）法

訳）ここに（idha）集まって来た（samāgatāni）生き物たちは（bhūtāni）あるいは（vā）地にいるものたちも（bhummāni）、あるいは（va）虚空において（antalikkhe）いるものたちも（yāni）、諸々の天と人々によって供養された（devamanussa-pūjitaṃ）如来を（Tathāgataṃ）、法を（Dhammaṃ）［私たちは］礼拝しましょう（namassāma）。幸せが（suvatthi）ありますように（hotu）。

第238偈

Yānīdha bhūtāni samāgatāni bhummāni vā yāni va antalikkhe,
Tathāgataṃ devamanussapūjitaṃ Saṅghaṃ namassāma suvatthi hotu.

第237偈と変わっているところはSaṅghaṃだけです。

Saṅghaṃ/saṅgha（m.sg.nom.）僧団

訳）ここに（idha）集まって来た（samāgatāni）生き物たちは（bhūtāni）あるいは（vā）地にいるものたちも（bhummāni）、あるいは（va）虚空において（antalikkhe）いるものたちも（yāni）、諸々の天と人々によって供養された（devamanussa-pūjitaṃ）如来を（Tathāgataṃ）、僧団を（saṅghaṃ）［私たちは］礼拝しましょう（namassāma）。幸せが（suvatthi）ありますように（hotu）。

Patthanā 祈願文

patthanā（f.sg.nom.）願、欲求

Etena sacca vajjena dukkhā vūpasamentu no.

Etena/etad（指示代名詞. n.sg.instr.）これ

sacca vajjena = sacca + vajjena のコンパウンド　sacca（n. 語基）真理、真実

vajjena/vajja（a.）言われるべき語、言葉← vajjati（v.）奏でられる、の grd.

sacca vajjena/saccavaija（a.n.sg.instr.）真理の言葉　**dukkhā**/dukkha（m.pl.nom.）苦しみ

vūpasamentu/vūpasameti（v.imper.3.pl.）静める、寂止させる、消滅させる

no（人称代名詞. 1.pl.gen.）私→私たちの

訳）この（Etena）真理の（sacca）言葉によって（vajjena）私たちの（no）苦しみが（dukkhā）なくなりますように（vūpasamentu）。

Etena sacca vajjena bhayā vūpasamentu no.

先の偈と違うのは bhayā だけです。

bhayā/bhaya（m.pl.nom.）恐怖

訳）この（Etena）真理の（sacca）言葉によって（vajjena）私たちの（no）恐怖が（bhayā）なくなりますように（vūpasamentu）。

Etena sacca vajjena rogā vūpasamentu no.

先の偈と違うのはrogāだけです。

rogā/roga（m.pl.nom.）病気

訳）この（Etena）真理の（sacca）言葉によって（vajjena）私たちの（no）諸々の病が（rogā）なくなりますように（vūpasamentu）。

著者略歴

木岡治美（きおか・はるみ）

1948 年大阪府に生まれる。
1966 年大阪府立三国丘高校卒。
1970 年大阪大学文学部中途退学。
宗教法人日本テーラワーダ仏教協会アラナ精舎管理人。
大阪府岸和田市のアラナ精舎でパーリ語を教える。
著書に日常読誦経典パーリ語ノートと転法輪経無我相経パーリ語ノートがある（いずれも非売品）。

読めばわかるパーリ語文法

2016 年 9 月 17 日　初版発行

著　者　木　岡　治　美
発行者　浅　地　康　平
発行所　株式会社　山喜房佛書林

〒 113-0033　東京都文京区本郷5 - 28 - 5
電話（03）3811－5361　振替00100－0－1900

印刷・製本　長野印刷

ISBN 978-4-7963-0274-6 C3015　Printed in Japan